JN303000

会社役員の法的責任とコーポレートガバナンス

小林秀之+高橋 均——◆編著

同文舘出版

はしがき

　本書は、コーポレート・ガバナンスの観点から、特に会社役員の義務と責任問題に焦点をあてた上で、個別のテーマに関する法的論点の整理と実務上の対応について、直近の判例や事例を紹介しつつ論じたものであり、コーポレート・ガバナンスや会社役員に関わる問題に日頃から関心の高い読者を対象としている。

　今日、経済環境の変化や企業の社会的責任に対する世間の関心の高さなどから、会社役員（取締役、監査役、執行役、会計参与等）の責任問題が重要なテーマになることが多い。また、現実にも、業務担当役員の直接的な違法行為にとどまらず、監視・監督義務違反が問われる局面が増加している。今や会社役員は、コーポレート・ガバナンスによる責任強化や株主代表訴訟による責任追及にさらされ、「受難の時代」に入ったともいえるかも知れない。

　従前、株主代表訴訟制度が機能不全の時代は、専ら、債権者等の第三者である利害関係者が、役員に対して直接、損害賠償請求訴訟を提起していたが、平成5年の商法改正に伴い、株主が役員の責任を追及する経済的負担が軽減し、提訴が容易になっている今日においては、株主代表訴訟の提起を恐れて、新経営陣が旧経営陣に対して損害賠償請求を行っている事例も散見される。一方、内部告発やインターネットの普及にともない、企業不祥事の対外的な漏洩等のリスクが格段に高まっており、リスク管理に対する役員としての対応は、その重要性を増してきている。

　そこで、本書では、会社役員の責任問題に関係する今日的なテーマを厳選し、その法的論点を整理するとともに、企業不祥事防止やリスク管理の視点を意識して、今後の展望や実務的な対応に言及した。具体的には、社外役員を巡る直近の論点と立法上の課題と対応、内部統制システムの整備と検証方法、内部通報制度が適切に運用されるための課題と対応、反社会的勢力との取引に関する具体的な指針と対応の方向性、株主と取締役との利益相反が生

じやすいMBO（Management Buyout）と役員の責任との関係などについて検討している。また、会社役員が責任を問われたときの経済的負担の軽減を目的として、その認知度が高まっている会社役員賠償責任保険（D&O保険）については、保険の概要の紹介に加え、会社情報の開示や敵対的買収まで保険対象を拡大した最新の保険情報についても解説している。

テーマについては、近時、代表的な裁判例として取り上げられたり、企業不祥事例として報道されたものを参考にしつつ、各執筆者が最も関心のあるものを選択した結果である。執筆にあたっては、各人が原稿案や論点メモなどを持ちより、相互に意見交換を行った上で最終原稿としているため、書籍全体としての一貫性は担保しているが、基本的には、各章は独立した論稿となっている。各執筆者とも、各々の所属組織の意見を代弁したものではなく個人の立場で論述しているが、いずれも法律を専門とする研究者・実務家であり、各々のこれまでの知見や経験が十分に活かされた内容である。

本書の刊行にあたっては、ブレークモア法律事務所の橋本円弁護士には、草稿段階から本書全体に目を通していただき、一部については貴重なコメントや修正のご指摘をいただいた。この場を借りて厚く御礼申し上げたい。

また、同文舘出版㈱の青柳裕之氏には、企画の段階から発刊に至るまで随分とお世話になった。青柳氏の適切なフォローには大変に感謝している。

本書を通じて、会社役員の責任問題と諸課題への対応に対して、多くの読者が理解を深め、結果としてわが国のコーポレート・ガバナンスの強化につながる法的論点の整理と実務上の有益な対応につながるものと確信している。

平成22年3月

執筆者を代表して
小林　秀之
高橋　均

目次

序章

- 本書の目的 ―――――――――――――――――――――― 2
- 本書の構成 ―――――――――――――――――――――― 3
- 第Ⅰ部「会社機関とリスク管理」について ―――――――――― 4
- 第Ⅱ部「個別事象と役員の責任」について ――――――――― 7
- 第Ⅲ部「会社役員の経営上のリスクと保険」について ―― 13

第Ⅰ部 会社機関とリスク管理

第1章 社外役員の義務と責任

1. 序 ―――――――――――――――――――――――― 20
2. 取締役の義務と分類 ――――――――――――――――― 21
   - (1) 業務執行取締役の責任　22
   - (2) 監視義務取締役の責任　25
   - (3) 業務執行上の責任と監視義務上の責任の差異　28
3. 社外役員の責任 ――――――――――――――――――― 29
   - (1) 社外役員の定義と役割　29
   - (2) 社外役員の責任の程度　32
4. 社外役員の課題と対応 ――――――――――――――――― 34
   - (1) 社外取締役の課題　34
   - (2) 社外役員の機能発揮のための方向性　36
   - (3) 社外役員の義務と責任の関係　44
5. 結語 ―――――――――――――――――――――――― 46

第2章 違法行為に直接関与していない役員の監視・監督責任

1. 序 ——————————————————————— 58
2. 取締役の監視・監督義務等と内部統制システム ——— 59
   - (1)監視・監督義務から内部統制システム構築義務へ　59
   - (2)内部統制システム構築義務の内容　61
3. 内部統制システムの整備の検証方法 ——————— 64
   - (1)内部統制システムのフェーズ分類　64
   - (2)内部統制システムの機能の検証方法　67
4. 内部統制システムの整備に関する判断基準 ———— 70
5. 違法状態における業務執行に関する役員の責任 —— 72
   - (1)問題の所在　72
   - (2)「違法行為等」の分類　74

(3)違反した場合の責任 ————————————— 76

第Ⅱ部　個別事象と役員の責任

第3章 内部通報制度の構築・運用に関する役員の義務と責任

1. 序 ——————————————————————— 92
2. 内部通報制度の構築・運用と役員の善管注意義務 — 92
   - (1)役員の内部統制システム構築義務・監視義務　92
   - (2)内部統制システムにおける内部通報制度の位置づけ　95
   - (3)役員の内部通報制度構築・監視義務　98

3. 内部通報制度の運用上の諸問題 ──────────103
　(1)内部通報により把握した不祥事への対処のあり方　103
　(2)役員の「不祥事公表義務」　104
　(3)内部通報に対する不利益取扱いと取締役の責任　109

4. まとめ ────────────────────113

第4章　反社会的勢力との取引と役員のリスク管理体制整備義務

1. 序 ──────────────────────122
2. 事件の検討 ─────────────────123
　(1)神戸製鋼所株主代表訴訟事件　124
　(2)蛇の目ミシン工業株主代表訴訟事件　128
　(3)スルガコーポレーション事件　134
　(4)プリンスホテル損害賠償請求事件　138
3. 企業に反社会的勢力の排除を求める社会動向 ────144
　(1)企業が反社会的勢力による被害を防止するための指針　144
　(2)東京証券取引所のコーポレート・ガバナンス報告書　146
　(3)金融庁の各業者向けの総合的な監督指針　147
　(4)全国銀行協会の各種取引規定　148
　(5)不動産取引からの反社会的勢力の排除　149
　(6)公営住宅からの反社会的勢力の排除　150
　(7)福岡県の暴力団排除条例　150
4. 反社会的勢力リスク管理体制整備の視点 ──────152
　(1)不当要求の拒絶から一切の関係遮断へ　152
　(2)デュープロセスの確保　153
　(3)時間軸の発想を持つ　154

第5章 MBOにおける取締役の責任

1. 序 ———————————————————————— 158
2. MBOの利益相反構造 ————————————————— 158
   - (1) 構造的利益相反関係　158
   - (2) 検討の対象　159
3. 取締役の損害賠償責任追及の法的手段 ————————— 160
   - (1) 金融商品取引法に基づく損害賠償請求　160
   - (2) 会社法および民法に基づく損害賠償請求　161
   - (3) 想定される任務懈怠行為　163
4. 事例と検討 ————————————————————— 168
   - (1) レックスHD事件　168
   - (2) 検討（役員責任追及訴訟に与える影響について）　175
5. 今後の展望 ————————————————————— 179
   - (1) 取締役が現実に損害賠償請求される可能性について　179
   - (2) 3つの歯止め　182

第Ⅲ部　会社役員の経営上のリスクと保険

第6章 会社役員賠償責任保険（D&O保険）

1. 序―会社役員賠償責任保険（D&O保険）とは ——————— 196
2. わが国におけるD&O保険の導入 —————————————— 197
   - (1) 米国におけるD&O保険　197
   - (2) わが国におけるD&O保険の導入　198
   - (3) その後の動き　200

3. わが国D&O保険の基本的な構造 —————————200
 (1)役員の会社に対する責任　200
 (2)役員の第三者に対する責任　202
 (3)D&O保険の基本構造　202

4. D&O保険の概要 ————————————————203

5. D&O保険を活用する際の留意事項 ——————228
 (1)契約締結のための準備と交渉　228
 (2)保険会社の引受け　229
 (3)保険事故と保険金の支払　229
 (4)保険料の税務処理　230
 (5)新保険法の施行および保険約款の改定　231

第7章　その他の保険

1. 序 ———————————————————————236

2. 会社情報の開示に関する賠償責任保険 —————236
 (1)主たる保険カバー　236
 (2)開発・販売の経緯　237
 (3)保険の概要　237
 (4)D&O保険との調整　239

3. 敵対的な企業買収に対応する費用保険 —————240
 (1)主たる保険カバー　240
 (2)開発・販売の経緯　240
 (3)保険の概要　240
 (4)保険契約上の留意事項　243

索　　引 ————————————————————————245
判例索引 ————————————————————————249

略 記 表

	略記	正式名称
法令	会	会社法
	会施規	会社法施行規則
	金商	金融商品取引法
	商	商法
	民	民法
	民訴	民事訴訟法
	旧商	旧商法
	旧商特	旧商法特例法
	旧商施	旧商法施行規則
	憲	憲法
法令以外	民集	最高裁判所民集判例集
	金判	金融・商事判例
	判時	判例時報
	判タ	判例タイムズ
	労判	労働判例
	NBL	NBL
	監査	月刊監査役
	企会	企業会計
	ジュリ	ジュリスト
	商事	旬刊商事法務
	曹時	法曹時報
	法協	法学協会雑誌
	民商	民商法雑誌

※法令は平成22年3月15日現在

序章

本書の目的

　本書は、企業法務を専門とする研究者や弁護士、あるいは役員責任保険の専門家といった企業法務の実務家が、自らの専門に応じて、会社役員の責任および義務のうち昨今特にクローズアップされているいくつかの論点および保険商品について、それぞれ詳述するものである。

　本書は、主に会社の法務担当者や会社役員といった、仕事上会社役員の責任および義務に日常的に注意を払わなければならないような立場にある方々による参照を想定したものである。そのため、学術的な用語や抽象的な議論はできるだけ避け、なるべく平易な表現で具体的な場面を想定できるような記述を心がけている。また、このような読者を想定していることから、本書において論述の対象となっている論点および保険商品は、いずれも学術上クローズアップされているものではなく、実務上クローズアップされている論点または保険商品となっている。

　本書は、一つの章において一つの論点または保険商品につき論述する形式をとっており、各章は、それぞれ完結した論文となっている。そのため、読者において必要とされる論点または保険商品について述べた章を参照して頂ければ、その論点または保険商品についての理解が得られることとなっている。もちろん、本書を通読して頂ければ、会社役員の責任と義務の今日的な論点およびこれに関連する保険商品について横断的な理解が得られることになると確信している。

　なお、上述の通り、本書は、会社法その他の関連法令に関する体系書ではないし、会社役員の責任および義務についても、体系的、網羅的に述べられているわけではない。また、現行制度に関する、立法論的な当否の検討や、比較法的な検討を十分に行われているわけでもない。本書を通読された上、関連法令に関する一層の理解を希望される場合には、優れた体系書がほかに複数あるから、これらを参照されたい。

本書の構成

　本書は、第Ⅰ部「会社機関とリスク管理」、第Ⅱ部「個別事象と役員の責任」および第Ⅲ部「会社役員の経営上のリスクと保険」の三つの部からなる。

　これらの三つの部は、第Ⅰ部が役員の責任と義務に関する総論（すなわち、誰が、誰に対して、どのような場合に、どのような責任を負うかという一般的な記載）についての記述、第Ⅱ部が役員の責任と義務に関する各論（すなわち、個別の事例において、誰が、誰に対して、どのような場合に、どのような責任を負うかという記載））についての記述、第Ⅲ部が役員の責任が現実化した場合にこれに基づく経済的な負担を回避するための方策である保険商品に関する記述となる。

　もちろん、本書は、前述の通り会社役員の責任と義務について、体系的な記載を意図するものではないから、総論、各論および保険の各項目から、いくつかの論点または保険商品を抽出して論述する形式をとっている。すなわち、総論の項目からは、「社外役員の義務と責任」および「違法行為に直接関与していない取締役の監視・監督責任」という二つの論点を、各論の項目からは、「内部通報制度の構築・運用に関する取締役・監査役の義務と責任」「反社会的勢力との取引と役員のリスク管理体制整備義務」および「MBOにおける取締役の責任」という三つの論点をそれぞれ抽出し、保険の項目では、「会社役員賠償責任保険（D&O保険）」ならびに「その他の保険」（すなわち、会社情報の開示に関する賠償責任保険および敵対的な企業買収に対応する費用保険）という二つの保険を紹介している。

　以下では、各章の概要について、簡単に紹介する。

第Ⅰ部「会社機関とリスク管理」について

　第Ⅰ部では、「社外役員の義務と責任」および「違法行為に直接関与していない取締役の監視・監督責任」という二つの論点について論じられている。

第1章「社外役員の義務と責任」
　ここでは、導入の是非が議論されている社外役員の義務と責任について、金融審議会金融分科会や経済産業省の企業統治研究会における議論、立法の経緯、外国における議論を紹介した後、社外役員の責任と義務を整理し、社外役員の監視義務の問題と今後の方向性について論じられている。
　第一に、一般論として、取締役は、会社と委任関係にあり、会社のために善管注意義務および忠実義務を負うが、その義務の内容は、業務執行と、他の取締役の監視とに大別されるとする。前者に基づく責任（業務執行取締役の責任）については、①従業員に対する不適切な指図等、取締役本人の過失の有無が直接的に問われる場合が多い反面、後者に基づく責任とは異なり経営判断原則による保護が認められ得る点および②訓戒、減俸、降格等から、刑事告発、訴訟提起まで取締役に対する責任追及の方法が多様である点が特徴的であるとする。
　他方、後者に基づく責任（監視義務取締役の責任）では、取締役が他の取締役が管掌する事業分野について監視することの非効率性、困難性を指摘した上、取締役相互の間に信認関係（fiduciary relation）があるとし、信認義務違反に該当する他の取締役の行為を、取締役会を通じて監視することが、取締役の監視義務の内容であるとし、上場会社については、この開始義務の内容が、内部統制システムの運用状況を適切に監視する義務に変容している点を指摘する。このような理解の下で、義務に違反しないための方策を検討するとともに、取締役会に上程されない案件に関する取締役の監視義務につ

き、裁判例および学説に照らして、取締役が他の取締役の業務執行を知ることができることおよび業務執行を知るべきであったのに看過した特段の事情がないことの二つの条件が整わない限り、監視義務が認められないと結論づける。

　第二に、社外役員について、社外役員制度が商法および会社法に取り込まれる沿革および会社法における社外役員の位置づけにつき概観する。ここでは、社外役員の主な役割は、監視義務であると位置づけた上、社外役員の監視義務の責任の程度については、関連する裁判例（ネオ・ダイキョウ株主代表訴訟事件一審・控訴審判決、ダスキン株主代表訴訟事件控訴審判決）上、社内取締役の責任との差異に関する言及がないこと、法令上も、責任限度額に関する規定があるものの（会425条1項1号）、社内取締役と比較して、その監視義務を緩和する旨の直接的な規定は存在しないことから、現行法上は社外役員の活動は、事業報告等を通じて広く株主の評価に委ねていると結論づける。

　第三に、社外役員制度の問題点として、社外取締役設置を義務づけられる会社が委員会設置会社に限られる点を挙げ、社外役員の機能発揮の方向性として、上記の内部統制システムの運用状況に対する監視等を挙げた上、社外取締役設置後の社外取締役の活用に向けた社外役員の独立性要件の強化、社外役員の説明責任の強化等を求める政策提言をする。

第2章「違法行為に直接関与していない役員の監視・監督責任」

　ここでは、取締役の監視・監督義務および監査役の義務が、内部統制システムの構築・モニタリング・運営・修正義務等へと変容している中で、取締役および監査役がいかにこれらの義務を全うすべきであるかについて論じられている。

　第一に、法令上体制構築の決定を求められる大会社の中でも、内部統制システム構築義務を負う上場会社などの大企業においては、各取締役が会社の

業務執行の全てを把握することが困難であるため、取締役の監視・監督義務や監査役の義務の大部分が事実上内部統制システム構築義務へと変容していることを指摘する。さらに、内部統制システム構築義務違反が問題となった事件（大和銀行株主代表訴訟事件、ダスキン株主代表訴訟事件およびヤクルト株主代表訴訟事件）の概要および判旨を概観し、これらの判決において、違法行為の発生時点を基準として、かかる義務違反を原因として役員の責任が認められた例はないことを指摘する。

　その上で、現時点においては、取締役が負担する内部統制システム構築義務の内容には、内部統制システムの仕様の決定のみならず、採用された内部統制システムが機能しているかどうかの検証および機能していないシステムの復旧する必要が含まれるべきであり、かかる検証および復旧は、監査役による監査の対象となるべきであるとする。システムの仕様の決定については、経営判断の原則が働き、取締役の広範な裁量が認められるとする。

　第二に、取締役が、内部統制システムが機能しているかどうかの検証をするにあたり、違法行為の予防（フェーズ１）、違法行為等の発見・認識（フェーズ２）、違法状態の解消（フェーズ３）および再発防止措置（フェーズ４）の各フェーズに分けた上、各フェーズをそれぞれ独立して評価および検証することが望ましいとする。

　その上で、各フェーズの検証方法として、規程類や制度組織が存在するかという分析のみならず、現実に発生した違法行為等がどのように発見され処理されているかという分析が必要であるとする。

　第三に、各フェーズの検証にあたり、取締役および監査役が、検証として何をすれば免責されるのかという基準として、「内部統制システムが適切に構築され、各フェーズにおいて正常に機能していることを合理的に信頼できる理由がある場合、違法行為等の防止、伝達、対応を直接担当しない取締役は、内部統制システムが有効に機能していることを前提に担当業務執行取締役により内部統制システムに基づいて適切な処理が行われることを信頼する

ことができ、それにより監視・監督違反を問われない。」「監査役は、内部統制システムが有効に機能していることを前提に監査を行なうことができ、それにより善管注意義務違反を問われない。」という基準（第1フォーミュラ）および「内部統制システムが適切に構築され機能していることは、規程類や制度組織が適切に整備されていることに加えて、発生した違法行為等に関して、その原因の究明や対応を通じて、内部統制システムの各フェーズが適切に機能していること、瑕疵がある場合は速やかに治癒されていることが業務執行取締役等により取締役会または各取締役に報告され、それを疑うべき特段の事情がない限り合理的に信頼することができる。」という基準（第2フォーミュラ）の二つを提案する。

　第四に、違法行為等が既に発生した場合、役員がいかなる対応をするべきであるかについて論ずる。ここでは、まず、拓銀カブトデコム事件判決（最二小判平成20・1・28判タ1262号69頁）および拓銀栄木不動産事件判決（最二小判平成20・1・28判タ1262号63頁）の事案の概要および判旨を概観し、許容される取締役の裁量の範囲は、事案の内容により異なるようことを指摘する。その上で、既に発生した違法行為等の内容に応じてとるべき対応が異なることを検討し、「違法行為等が行われ違法状態が継続している場合、それが法令違反の場合又は第三者の権利を侵害するおそれがある場合は、役員は自社の利益（損失の回避）に優先して当該違法状態を直ちに解消する義務がある。また、それが自社を害するおそれに留まる場合は、当該事実を前提として最善の結果になるように行為する義務があり、その意思決定については経営判断の原則が適用される。」という基準（第3フォーミュラ）を提案する。

第Ⅱ部「個別事象と役員の責任」について

　第Ⅱ部では、「内部通報制度の構築・運用に関する取締役・監査役の義務

と責任」、「反社会的勢力との取引と役員のリスク管理体制整備義務」および「MBOにおける取締役の責任」という三つの論点について論じられている。

第3章「内部通報制度の構築・運用に関する役員の義務と責任」

　ここでは、内部通報制度の意義、機能および位置づけ、内部通報制度の構築と構築した制度の運用に関する取締役および監査役の義務と責任の有無および内容について論じられている。

　第一に、内部通報制度を、「会社がコンプライアンス体制を堅持するため、その違反行為についてのモニタリングを行うに際して、経営陣からの執行ラインでのモニタリングとは別に行われる、会社内部または会社の指定した外部の窓口による社員の内部通報の受付制度」と定義し、同制度の機能は、隠蔽される不祥事を早期に内部通報によって経営トップが把握し、自浄作用を発揮してコンプライアンス体制を見直すことで、当該不祥事が仮に外部への告発によって露見した場合に会社が被る重大な損失を回避することであるとする。

　内部通報制度と内部統制との関係については、財務分野の内部統制の基本的要素の一つであるモニタリングと同様の機能を有するとともに、会社法上の内部統制のうち、①損失の危険の管理に関する規程その他の体制、②使用人の職務の執行が法令および定款に適合することを確保するための体制、③株式会社ならびにその親会社および子会社から成る企業集団における業務の適正を確保するための体制の実効性を高めるものであると指摘する。

　また、取締役と監査役の内部通報制度構築義務について、これが争われたものの肯定されなかったダスキン事件控訴審判決（大阪高判平成18・6・9判時1979号115頁）の事案の概要および判旨を概観する。その上で、事件の起こった平成12年は、まだ内部通報制度の導入機運が高まる以前の段階であったのに対し、内部通報制度が多くの企業で導入され、監査役の監査基準にも挙げられるようになった今日では、同制度の適切な構築・運用を怠った取

締役や、その監査を怠った監査役が善管注意義務違反を問われる虞は、従前に比較して飛躍的に増大していると主張する。

　第二に、構築された内部通報制度の運用上の問題として、取締役が適切な運用を怠れば（監査役がその適切な監査を怠れば）善管注意義務違反にあたる場合があるとし、運用においては、①多様な通報手段の確保、通報者に関する秘密保護と情報管理の徹底、通報内容の担当役員や経営トップへの伝達、事実関係の調査、適切な処分と改善策の実施、適時の外部公表等が必要であるほか、②制度それ自体の周知徹底と社員研修、制度の効果的な運用のための改善措置、③通報者に対する不利益処分の防止が重要であるとする。

　また、内部通報制度の運用に関連して取締役および監査役が負担する義務として、不祥事公表義務の有無につき検討する。ここでは、前掲ダスキン事件判決の判旨を概観し、同判旨がかかる義務を肯定したものと断定できるわけではないとした上、仮に取締役が不祥事公表義務を課せられるとしても、これは善管注意義務の一内容として課せられるものであるから、経営判断の原則が適用される場面であるとする。なお、同判決が、取締役の善管注意義務違反を認定するにあたり「社会的責任」に言及した旨を指摘し、内部通報制度により確立、維持されるべき「コンプライアンス」の内容は、法令遵守のほか、業界の自主ルールや企業倫理の遵守を含む広義のものであるとする。

　さらに、適法に内部通報を行った者に対する不利益な取扱いについて、会社の賠償義務を認めたトナミ運輸事件一審判決（富山地判平成17・2・23判時1889号16頁）を紹介し、不利益な取扱いの結果、通報者への損害賠償や消費者ないし取引界への信頼喪失等によって会社が甚大な損害を受けるとなれば、これに関わった取締役、およびその監査を怠った監査役の責任が問われる虞は多分に考えられるとする。

　第三に、これらを踏まえて、内部通報制度の導入が進み、その運用上の問題点への意識も高まりつつある現状においては、その的確な構築・運用を欠

くコンプライアンス体制をもって善管注意義務を果たしたと評価される可能性は逓減しているとする。

第4章「反社会的勢力との取引と役員のリスク管理体制整備義務」

　ここでは、反社会的勢力と関わることにより負担することになるリスクの内容を示し、実際に会社が反社会的勢力と関わった事例および企業に反社会的勢力の排除を求める社会動向を紹介し、最後に反社会的勢力リスクを管理する上で留意すべき事項につき論者の見解を示している。

　第一に、反社会的勢力リスクとの間で取引をするリスクとして、不当要求を受けるリスクおよび社会的非難を浴びて信用を失墜するリスクがあることを指摘した上、役員は、リスク管理体制（内部統制システム）の整備の一環として、このようなリスクを回避するための体制整備を義務づけられているとする。

　第二に、反社会的勢力との取引や反社会的勢力への対応において、会社役員にどのような善管注意義務が課せられるかを考察している。ここでは、(1)総会屋に対する利益供与があった事案（神戸製鋼所株主代表訴訟事件。和解）、(2)仕手筋に対する利益供与があった事案（蛇の目ミシン工業株主代表訴訟事件。最二小判平成18・4・10民集60巻4号1273頁、東京高判平成20・4・23金判1292号14頁（差戻審・確定））、(3)スルガコーポレーションがビル立退き交渉に反社会的勢力関係企業を利用した事案、(4)プリンスホテルが右翼団体の街宣活動を避けるために日本教職員組合の施設利用を拒否した事案（東京地判平成21年7月28日。控訴）を挙げ、これらの事案を概観する。

　その上で、事案(1)の裁判所所見から、取締役は、利益供与やそのための裏金捻出が行われないよう内部統制システムを構築しこれが機能していることを検証する義務を負うとの見解を示し、事案(2)の上告審判決、差戻審判決を受けて、具体的に反社会的勢力から利益供与の要求を受けた場合に、役

員として冷静な判断をするために、外部機関との連携や、社外取締役や社外監査役による社外の視点の取込みが重要であるとする。事案(3)については、反社会的勢力と協力関係にあったスルガコーポレーションが、事件発覚後3ヵ月で倒産したことを捉えて、前述した「社会的非難を浴びて信用を失墜するリスク」が現実化した典型例であると指摘する。事例(4)については、取締役の第三者に対する損害賠償責任（会429条）を認めた判決に対する考察として、経営判断原則を適用する余地がないかについて論者なりの問題提起を試みる。

第三に、企業に反社会的勢力の排除を求める社会動向として、「企業が反社会的勢力による被害を防止するための指針」（平成19年6月19日犯罪対策閣僚会議幹事会申合せ）、「コーポレート・ガバナンスに関する報告書の記載要領の改訂について」（平成20年2月4日東京証券取引所）、「主要行等向けの総合的な監督指針」（平成20年3月26日金融庁）、「普通預金規定、当座勘定規定および貸金庫規定に盛り込む暴力団排除条項の参考例の制定について」（平成20年9月24日全国銀行協会）、「不動産取引からの反社会的勢力の排除のあり方検討会－とりまとめ－」（平成21年3月30日国土交通省）等が相次いで公表されたことを、公表内容の概要を示して指摘する。

第四に、反社会的勢力リスクの管理方法として、①従前のように、個別の不当要求を拒絶するのではなく、そもそも反社会的勢力との一切の関係を遮断すべきであるとする。そのために、具体的な対応としては、不当要求を受けたときにどのようにトラブルシューティングするかという対応ばかりではなく、取引先の中に反社会的勢力が入り込んでいないかどうかを、常時モニタリングする方法が望ましいと主張する。

他方で、②反社会的勢力リスクをゼロにすることが現実的に困難であることを指摘し、結局のところ、「社会的非難を浴びて信用を失墜するリスク」を回避するためには、情報収集と分析のプロセスを適正に管理し、かかるプロセスを履践して取引相手が反社会的勢力か否かを判断したという事実を主

張するほかないとする。

また、今後、反社会的勢力に対する社会全体の「許容度」がますます狭まるであろうとの見通しから、このような将来の見通しを織り込んだリスク管理が必要であると主張する。

第5章「MBOにおける取締役の責任」

ここでは、MBOにおいて、取締役がMBOに反対する株主に対して、金融商品取引法、会社法または民法に基づきいかなる場合に損害賠償請求を受ける可能性があるか、株主において損害賠償請求と代替的な損害回復手段の選択が可能な場合に損害賠償請求を選択するインセンティブがあるか、いかなる論点が整理された場合に損害賠償請求を受けるリスクが高まるかという各点につき論じられている。

第一に、MBOにおける買収者と既存の株主との間の利益相反構造を概説し、検討の対象を、レックスHDおよびサンスターの事案に倣い、第一段階として公開買付けが、第二段階として全部取得条項付種類株式の取得が行われることを想定し、既存の株主が取締役に対して損害賠償請求をする場面に限定する。

第二に、MBOの第一段階である公開買付けにおける一定の違法行為について、金融商品取引法が明文をもって損害賠償規定を設けている点につき概説する。また、かかる規定がない場合であっても、民法709条または会社法429条第1項に基づく損害賠償請求が可能であるとして、これらの各条項に基づく請求の関係、請求の要件、賠償の対象および範囲等につき概説する。さらに、取締役の責任追及手段として重要である会社法429条1項に的を絞り、なにをもって任務懈怠行為とするかを検討する。取締役による法令違反行為を任務懈怠行為と捉える構成として、金融商品取引法上の風説の流布・偽計取引等の禁止または虚偽不実表示使用の禁止の違反行為や、重要な事項につき虚偽の記載のある意見表明報告書を提出するという違法行為を取り上

げる。また、法令違反行為以外の行為をもって任務懈怠行為と捉える構成については、MBOの利益相反構造に照らして取締役の善管注意義務・忠実義務を検討し、取締役と株主の利益相反から生じる弊害の防止措置を講じる義務が含まれるとの見解を示す。

　第三に、代表的事例としてレックスHD事件を概観した上で、その役員責任追及訴訟に与える影響が論じられている。まず、同事件決定で示された株式の取得価格の算定方法によっても、株価算定基準が確立したとは言えないことが指摘されている。次に、同事件決定は、訴訟における任務懈怠や損害の認定にあたって、MBO指針が今後積極的に活用される可能性を生じさせるものと捉えて、MBO指針の概要を紹介する。

　第四に、今後の展望として、株主が現実に損害賠償請求訴訟を提起する可能性について論じ、株主において、損害賠償請求と代替的な損害回復手段（全部取得条項付種類株式の取得価格決定の申立て）のいずれを選択するインセンティブがあるかを比較検討する。そして、代替的手段を取りうる場合には、株主が損害賠償請求を選択するメリットは見当たらないものの、代替的手段が取りえない場合に、獲得金額が訴訟コストを上回ると期待できるのであれば、取締役に対して損害賠償請求訴訟を提起する可能性は十分にあると結論づける。ただし、①損害額の算定方法、②鑑定費用の負担、及び③過失相殺当の各問題は、訴訟による獲得金額が訴訟コストを上回るとの期待を削ぐことから、提訴の歯止めになるとの見解を示している。

第Ⅲ部「会社役員の経営上のリスクと保険」について

　第Ⅲ部では、「会社役員賠償責任保険（D&O保険）」ならびに「その他の保険」（すなわち、会社情報の開示に関する賠償責任保険および敵対的な企業買収に対応する費用保険）という大別して二つの保険について論じられている。

第6章「会社役員賠償責任保険（D&O保険）」

　ここでは、「会社役員賠償責任保険」（D&O保険）の意義、米国におけるD&O保険の概要、これがわが国において導入された経緯、わが国におけるD&O保険の基本的構造、約款の各条項の概要およびD&O保険を活用する際の留意事項について論じられている。

　D&O保険は、賠償責任保険の一種であり、会社役員が負担する損害賠償責任のリスクを軽減するものである。多くは、会社役員を被保険者、保険会社を保険者、会社を保険契約者とする第三者のためにする保険契約であり、基本契約部分である「会社役員賠償責任保険普通保険約款」と「株主代表訴訟担保特約条項」その他の特約条項からなる。

　米国のD&O保険は、①会社役員が職務上負担した損害賠償責任を会社が補償すること前提として、当該補償の履行について付保する部分と、②会社が補償しない役員の賠償責任および費用負担について付保する部分とを含んだパッケージ・ポリシーであるが、前者の保険部分の比重が大きいことが特徴となっている。

　わが国では、1990年代にD&O保険の発売が開始されたが、米国のものとは異なり、役員の賠償責任による損害を保険金でてん補する形が基本とされた。役員が敗訴または和解したときに会社が保険料を負担する点が商法上問題視されたため、保険を「基本契約」と「株主代表訴訟担保特約」とに分けて、後者の保険料に相当する部分は役員が負担するという形で整理された。その後、商法改正および会社法への大改正、さらに、保険法の全面改正に合わせて、約款の追加および修正が行われている。

　わが国におけるD&O保険の基本的な構造として、①役員の会社に対する責任は、これを会社が自ら追及する場合は保険の対象とはならない。これが株主代表訴訟により追及される場合は、役員が勝訴したときは普通約款に基づき争訟費用がてん補され、役員が敗訴または和解したときは株主代表訴訟担保特約により損害賠償金および争訟費用がてん補される。②役員の第三者

に対する責任は、役員が勝訴したときは普通約款に基づき争訟費用がてん補され、役員が敗訴または和解したときは普通約款により損害賠償金および争訟費用がてん補される。このほか、実務上重要なD&O保険約款の最新の内容について詳述する。

最後に、論者の理解として、今後D&O保険を活用する際には、保険契約の締結に先立つリスク評価、保険会社との適切な交渉、保険料の税務処理といった各点のほか、保険法改正（2010年4月施行）とこれに伴う約款の改定の影響を十分に考慮する必要があるとする。

第7章「その他の保険」

ここでは、会社役員に係る経営上のリスクをカバーする保険のうち、付保の範囲を①ディスクロージャーに関する賠償責任に限定したものと、②敵対的な企業買収に対応するための費用に限定したものにつき、それぞれの概要を紹介する。

まず、付保の範囲をディスクロージャーに関する賠償責任に限定した保険としては、「情報開示賠償責任保険」等がある。同保険は、金融商品取引法によるディスクロージャーの強化を背景として、上場会社を対象に販売されている。被保険者は会社または役員であり、保険事故は、開示書類の不実記載または不実開示に起因して会社または役員が損害賠償責任を負担することによって被る損害である。D&O保険と付保範囲が重複するため、いずれの保険を適用すべきかにつき調整規定が設けられている。

次に、付保の範囲を敵対的な企業買収に対応するための費用に限定した保険としては、「敵対的TOB対応費用保険（重大事故対応保険）」等がある。同保険は、敵対的TOB開始後一定期間内に防戦のために会社が負担した費用の一部をてん補するものである。保険事故発生時の損害拡大防止の観点から、保険契約者兼被保険者となる会社は、当該保険契約の締結を殊更に開示してはならないとされる。

第Ⅰ部

会社機関とリスク管理

　第Ⅰ部では、会社機関設計とリスク管理の項目について、特に社外役員の責任と義務、および内部統制システムの整備の観点から論点を整理し検討する。
　企業は単に収益を上げるのではなく、コーポレート・ガバナンスが適切に機能していることが重要であるが、そのためには、会社実態に則した会社機関設計とそれに応じたリスク管理が求められる。そこで、第Ⅰ部では、コーポレート・ガバナンスのための会社の態勢のあり方という大きな事項に係る会社機関とリスク管理に焦点をあてている。具体的には、取締役の職務執行を監視する上で重要な役割を担っている社外役員に関する論点と課題、および現行法の範囲内での運用上の工夫、さらには将来的な立法上の措置等の方向性を考察するとともに、違法行為に直接関与していない取締役への監視義務を果たすための内部統制システムの整備とその検証方法、およびその判断基準について詳細に論じる。

第1章

社外役員の義務と責任

　会社役員には、直接の業務執行に対する善管注意義務と他の役員の業務執行に対する監視義務がある。監視義務は、一定の信認関係に依拠することは許容範囲とされるが、他の取締役の業務執行に対して、必要に応じて是正等の意見を具申する義務である。

　社外役員は、取締役会の出席等による監視義務を負っているが、不祥事防止のために、その役割はますます高まっている。そして、社外役員の機能が十分に発揮されるためには、内部統制システムの整備や執行役員制の導入による取締役会の活性化、第三者委員会に対する社外役員の関与が必要である。また、社外役員の選定基準について、各企業が積極的に開示する工夫も考えられる。他方、社外役員の重要性が増す中で、その独立性の厳格化や活動状況の開示の強化等、立法上の手当ても将来的に検討の余地がある。

　重要なことは、社外取締役の有無やその就任人数の多寡により、企業統治の優劣を一律に格付けするのではなく、社外役員の役割を十分に認識し実質的に活用している企業が評価されるべきである。

1. 序

　社外役員、とりわけ社外取締役の導入の是非を巡って議論が活発化している。金融庁の金融審議会金融分科会の下では「我が国金融・資本市場の国際化に関するスタディグループ」[1]が設置され、上場会社などのコーポレート・ガバナンスのあり方の検討の中で社外役員の問題が議論された。また経済産業省の「企業統治研究会」[2]でも同様に、社外取締役を巡る議論が行われた。

　社外役員に関しては、企業統治（コーポレート・ガバナンス）の一環として問題が提起され、その時々で立法化されてきた経緯がある[3]。しかし、今日において、未だ社外役員を巡る議論が起きている背景には、海外から独立社外取締役設置の法制化への意見に加え[4]、国内の主要機関投資家も、株主総会における議決権行使の基準として、社外取締役の導入有無を判断基準とする主張を行っていること[5]が考えられる。

　かかる主張の趣旨は、企業統治の観点からみて、社外役員が重要な役割を担っており、その期待への裏返しでもあるといえよう。確かに、欧米、とりわけアメリカにおいては、経営監視機構改革の歴史の中で、独立取締役（independent director）の存在は大きな地位を占めている。すなわち、1940年の米国証券取引委員会（SEC）による社外取締役で構成する監査委員会の設置の勧告以降、1970年代の社外取締役の独立性強化の動きを経て、1977年には、ニューヨーク証券取引所（NYSE）は、独立取締役が過半数からなる監査委員会の設置を義務づけた。また、アメリカ法律協会（ALI）も、大規模公開会社は独立取締役のみで構成される監査委員会を設けることを提言した。さらに、2001年に発覚したエンロン事件を契機として、サーベンス・オクスリー法（Sarbanes-Oxley Act of 2002）が成立・施行され、アメリカ法制史上初めて、連邦レベルの監査委員会の強化を受けて[6]、ニューヨーク証券取引所等は上場規則を改正した[7]。

アメリカの経営監視機構は、取締役会による一層性であることから、取締役会の改革、とりわけ取締役会を構成する取締役の要件に早くから焦点があたったのに対して、わが国では、監査役(会)との二層制となっており、監査役(会)の制度改革が先行した[8]。しかし、監査役の機能については、否定的な見解が依然として多いようである[9]。

監査役制度の改正については、会計監査人の選任・報酬に対して、監査役に決定権を付与することなど、監査役に関してさらなる法令の改正議論もあるが[10]、企業不祥事防止のための企業統治のあり方としては、監査役制度の改正に限定せずに、取締役(会)の改革にも同時に焦点をあてる必要があろう[11]。

企業不祥事防止のためには、罰則を強化するという事後規制もあるが[12]、一方で、企業自治の下で、会社役員の監視義務の実効性確保が重要な論点となる。そこで、本章では、社外役員[13]に焦点をあてて、社外役員の責任と義務を整理するとともに、企業不祥事防止の観点から、社外役員の監視義務の問題と今後の方向性について論じる。

2. 取締役の義務と分類

取締役と会社は委任関係(会330条、民644条・656条)にあるから、取締役の任務懈怠によって会社に損害を及ぼすことになれば、取締役は債務不履行の一般原則(民415条)によって、会社に対して損害賠償責任を負う(会423条1項)。また、第三者に対しても、取締役が職務を行う中で悪意または重大な過失があったときは、損害賠償の責任を負う(会429条1項)。

取締役の任務懈怠が意味するところは、取締役は法令・定款ならびに株主総会の決議を遵守して、会社のために忠実にその職務を行う義務がある(会355条)ため、善良なる管理者としての注意義務(善管注意義務)を怠って会社に対して損害を発生させれば、過失責任が問われることになる[14]。そし

て、取締役の任務懈怠や職務遂行上の悪意・重過失を防止するために、取締役を構成している取締役会が取締役の職務執行を監督し(会362条2項2号)、監査役(会)が取締役の職務執行を監査する（会381条1項前段）ことを定めているのが現行の法制度である。

　取締役は、株主から負託を受けて会社経営の専門家として、会社の収益を上げ、ひいては株主に配当等の形でその収益を還元することを期待されている。その際の行動は、業務執行取締役として、自らもしくは部下を指揮・命令しながら、管掌する事業部等の組織の業績を上げ、会社全体の利益向上に貢献することが求められている。一方で、取締役会の構成員として、他の取締役の職務執行が、法令・定款に違反していないか、会社経営にとって合理的な経営判断に基づいたものか監視・監督する義務を負っている。前者が、業務執行取締役として、直接的に責任が生じる行為責任に対して、後者は、他の取締役の不法行為等に対して対応策を講じないことから生じる責任という点で、不作為の責任ともいえよう。そして、この両者は、過失の観点から、分けて整理するべき性格のものである。

(1) 業務執行取締役の責任

　会社経営を遂行する上で、リスクはつきものである。例えば、平成20年秋のアメリカにおけるリーマンブラザーズの経営破たんを契機とした急激な経済環境の悪化は、一企業の経営努力では対応が困難な外的要因である。他にも為替変動や天変地異も同様である。かかる想定外の変化の影響を受けて、企業収益が悪化して赤字に陥ることは現実にはあり得る。また、十分な事前情報の収集に基づくフィジビリスタディを行ったにもかかわらず、需給予測がはずれることにより、当初予定の事業計画と乖離することも考えられる。このように、取締役が経営を遂行するにあたり、様々なリスクを想定したり現実の問題に対峙しながら、リスクの未然防止やリスクの最小化を図っている。仮に、取締役が職務を遂行する中で、管理者として果たすべき注意義務

を疎かにしリスクへの対応を誤った結果、会社や第三者に損害を発生させたならば、その取締役は善管注意義務違反として責任を負うことになるであろう。

　この場合の当然になすべき注意義務とは、①適切かつ十分な情報に基づいて、合理的な判断を行っているか、②経営者として専門性を発揮した判断を行っているか、③法令・定款に違反する行為でないことを十分に認識しているか、の三点が要件であろう。そして、かかる要件の下、経営判断の前提となる事実認識と判断の過程に不注意な誤りがなく、かつ判断の内容が著しく不合理でなければ、当該経営判断は取締役の裁量の範囲内と考えられ、善管注意義務違反とはならない[15]。取締役が上記の要件を満たした経営判断を行っていながら、会社に損害を発生させた結果に対して、後知恵的に損害賠償を課すこととなれば、取締役の判断や行動は委縮し、思い切った経営を行うことが困難となり、却って会社や株主の利益とならない可能性が高まるであろう[16]。かかる点を考慮すると、業務執行に伴う過失責任の特徴に留意しておく必要があろう。

　第一の特徴は、業務執行を行う本人に直接的な責任が及ぶという点である。この場合の責任には、違法行為を自らが行う場合は勿論のこと、違法行為を部下に命じたり、部下の違法行為を知り得る立場にありながら、何ら是正措置を講じない場合も含まれる。オーナー系の小規模会社はともかくとして、通常は代表取締役が全ての業務分野にわたって、自らが業務執行を実行したり、指揮・命令を行うことは不可能である。したがって、会社経営上は、事業分野毎に管掌取締役を任命し、その管掌役員が事実上の組織の長となって当該事業分野の業務執行に携わる。管掌取締役は、管掌する事業分野に関する情報収集を行い、専門知識を活かして企画・立案を行った上で、会社の内規で定められた事項に関して、取締役会をはじめとする重要会議に付議する形で仰裁を受けて最終的に会社の意思決定となる。しかし、取締役会等に付議する事項の企画・立案に関しては、全て管掌取締役の下で行われ

ことが通常であることから、管掌取締役は、事実上、当該事業に関する全ての経営責任を負っていることになる。すなわち、法令・定款を遵守し、経営判断を行う際に何ら落ち度がないかなどを注意深く検討した上で、主体的な職務を遂行することが必要であり、この点は、単に収益上の問題に限定されず、後述する取締役の監視義務と比較して、遥かに過失性の有無や程度が直接的に問われることになる。

　第二の特徴は、業務執行担当取締役の責任の取り方は、様々な点である。業務執行を行う場合には、自ら意思決定し行動する場合であれ、部下に指揮・命令する場合であれ、管掌取締役の職務遂行とその責任が直接的に関係する。このために、仮に、会社に何らかの損害を及ぼしたことが明らかな場合は、①法令・定款に違反したものか、②当該取締役の故意・過失の度合、③会社が被った損害の規模・程度、④当該取締役のこれまでの会社に対する貢献、を考慮した上で、会社に対する責任の度合が決定される。基本的には、法令・定款違反の故意・過失性が高いか否かは、責任の有無を判断する上で重要な基準となる[17]。会社が被った損害の規模・程度については、必ずしも金額の多寡のみならず、会社の評判・信用を毀損したものか否か（いわゆる、レピュテーションリスク）も判断材料となる。取締役の会社への貢献については、仮に取締役の現時点の経営判断によって会社に損害を及ぼしたとしても、これまでの本人の会社への幅広い貢献を考えると、将来的にも同様な貢献が期待できるものと判断できれば、株主から負託された取締役の選任という法制度の趣旨からして、引き続き経営者として、就任させることが得策との判断もあり得るであろう。

　かかる状況を総合的に判断した上で、会社として、注意・訓戒、給与・賞与カットまたは不支給、出勤停止、左遷、降格、懲戒解雇、損害賠償、刑事告発、訴訟提起等を状況に応じて決定する。取締役の責任については、社内の懲罰委員会や取締役会で議論する場合や、代表取締役に一任する方法があるが、業務執行取締役の責任については、監視義務違反による責任の取らせ

方と比較しても、その背景となる判断要素が多いために、具体的な処分の方法が多岐にわたる点が特徴であろう。取締役の責任に対して具体的な手段や方法を選択することも、実は、重要な経営判断の一つであると考えられる。単なる判断の誤りに対して、一律に重い責任を課すことは、取締役の業務遂行上の委縮にもつながりかねず、株主の利益にもならない。法令・定款違反を遵守している前提の下で、業務遂行上の裁量権の逸脱の程度が焦点となる。

(2) 監視義務取締役の責任

　取締役会は、全ての取締役で組織し、取締役の職務の執行を監督する会社機関である（会362条1項・2項2号）。そして、取締役会を構成している各取締役は、会社に対して他の取締役の業務執行に関する監視義務を負うものと解される。すなわち、代表取締役が、他の取締役に会社業務の一切を任せきりにし、不正行為ないし任務懈怠を看過することは、自らの任務懈怠につながるのみならず[18]、各取締役もまた、代表取締役が行う業務執行について、取締役会を通じて監視義務を負っている[19]。監視とは、「監督の一態様として、ある行為が、その主体が守らなければならない業務に違反していないか、その行為の目的達成のために適当であるか否かについて常時注意を払ってみていること」[20]であり、会社の意思決定に重要な役割を果たす取締役会[21]や経営会議等[22]の場を通じて、各取締役は監視義務を担っている。取締役が他の取締役の業務執行の適正性を監視する義務を果たすためには、善良なる管理者としての注意をもって行うことが不可欠であることから、監視義務の本質は善管注意義務であろう。その際、監視義務には、単に他の取締役の監視を行うことにとどまらず、不適正な行為であると認識した場合には、その是正措置を含む。

　他方、自ら業務執行を担当する取締役にとって、他の取締役が管掌する事業分野まで、詳細かつ個別に調査・検証することは、非効率的なだけでなく

現実的にも不可能である。業務執行取締役が担当する事業分野は通常、長年の職務実績と知見が評価されて担当していることが通例であることから、専門外の取締役が業務執行取締役の案件について、常時監視することは、専門性の観点からも困難である。

このために、監視義務においては、取締役間に一定の信認関係（fiduciary relation）が存在していると考えられる。信認関係は、イギリスの判例法上確立したものであり、信託における受託者と受益者の関係、代理における代理人と本人との関係、組合における組合員相互の関係、会社における会社と取締役の関係が代表的なものといわれており[23]、アメリカでも広く認められる概念である。取締役間における信認関係とは、他の業務執行取締役が業務執行を行っている分野・領域については、適正な業務執行をしているという信頼を前提として差し支えないということになろう。リスクの大きい案件であればある程、業務執行取締役は、企画・立案から実行に至るまでに多くの調査・確認や検討を行うこととなるが、それら一つひとつに業務担当外の取締役が確認することは現実的ではなく、同じ経営者として一定の信頼関係を置くことは自然である。その上で、業務執行取締役がその裁量を大きく逸脱していたり、法令・定款違反にあたるような事業を推進しているか否かを、取締役会等の会議体を通じて、監視することとなる[24]。そして、法令・定款違反や不当な行為に対しては、取締役会等の場で明確に反対意見を表明したり、是正措置を要請することであり、監査役には、取締役の違法行為差止請求権（会385条1項）も存在する。そして、これらの証拠を取締役会議事録等の中で記録してとどめておくにより、仮に係争に至った場合は、監視義務違反との主張に対する抗弁となる。

他方、取締役会に上程されない案件の場合においても、取締役の監視義務が発生することから、経営会議をはじめとした社内委員会での出席等を通じて、取締役会の場合と同様に、反対意見を表明することが必要である。しかし、各種会議や委員会にも上程されない案件については、判例では取締役の

監視義務責任を制限している。例えば、支払の見込みがないのに敢えて融通手形を交換していた会社の代表取締役と平取締役の監視義務違反を巡って争われた「海老晃農水損害賠償事件」において、札幌地裁は「取締役は、取締役会に上程されない事項については、代表取締役の業務活動の内容を知ることが可能である等の特段の事情がある場合に限って監視義務の責任を負う」[25]と判示した。また、代表取締役の放漫な経営によって倒産したことを巡って争われた「共栄商会事件」において、東京地裁は「代表取締役の業務活動の内容を知りもしくは容易に知り得るべきであるのにこれを看過したなどの特段の事情がある場合に監視義務の責任を負う」[26]とし、代表取締役等の業務活動の内容を知り得ることに対して、特段の過失性がなければ監視義務違反を負わないと判示している。また、学説上も、「取締役が使用人を兼務しているために、業務執行者の不適正な行為を知ることができたときや、そのような行為が行われるおそれが大きいときなど、不当な業務執行を知りもしくは知り得るべき特段の情報がある場合に限って、取締役の監視義務を認めると解する見解が多い」[27]としている。

　取締役会に上程していない案件における取締役の監視義務の過失性の要件としては、①取締役が、他の取締役の業務執行を知ることができること、②業務執行を知るべきであったのに看過した特段の事情がないこと、の場合であると整理することができよう。実務的には、「取締役が他の取締役の業務執行を知ることができること」とは、取締役会以外の会議または委員会で、客観的に他の取締役の業務執行状況の審議を行う場や報告をうけたりする場が存在するケースであり、「業務執行を知り得るべきであったのに看過した特段の事情がないこと」とは、例えば、内部通報制度によって不正事項の指摘が社内であったのにもかかわらず対応を放置した場合に、放置した特段の理由がなければ監視義務違反ということになるものと思われる。また、取締役や監査役には、取締役会招集権または招集請求権が付与されており（会366条、383条2項・3項）、必要に応じて取締役会の開催を促すことを通じ

て、業務執行取締役への監視義務を果たすことも可能である。

　もっとも、オーナー企業等、代表取締役に特に権限が集中している会社においては、平取締役が、代表取締役の行動や意思決定に対して、適切な監視義務を果たすことは困難であるかもしれない[28]。しかし、このことが平取締役の監視義務に対してその過失要件が緩和されるとは考え難く、代表取締役の法令・定款違反の行為に対して反対である旨の意思表示を何らかの形で示しておかなければ、当該取締役の過失責任は免れることはないといえよう。

(3) 業務執行上の責任と監視義務上の責任の差異

　以上のように、取締役の責任には、業務執行上の責任と監視義務上の責任があるが、各々を比較するとその性格に差異がある。

　第一の差異は、経営判断原則の適用についてである。業務施行上の責任においては、業務担当取締役の直接的な行為に起因する責任が問われることになるが、その際は経営判断原則による保護の適用がある。一方、監視義務としての責任については、他の取締役の行為の監視・監督に伴う責任であり、法令・定款違反等の問題点や課題を認識しながら、指摘したり対応策をとらないことによる不作為の行為にその特徴がある。業務執行上の責任では、業務執行取締役には自らの事業管掌分野に対して、一定の裁量権があることから、取締役として専門性を活かしつつ合理的な判断を行っている限り、故意の法令・定款違反でない限り、経営判断原則がセーフ・ハーバールールとして機能する。一方、監視義務としての責任は、認識しつつ対応策をとらせないこと自体に、既に故意・過失性があることから、経営判断原則がそもそも適用される余地はないといえよう。

　第二の差異は、内部統制システムとの関わりである。内部統制（Internal Control）は、アメリカでは早くからその重要性が認識されていたが、わが国においては、「大和銀行株主代表訴訟事件」が大きな契機となっている[29]。大阪地裁は、内部統制システムを「健全な会社経営を行うために、会社が営

む事業の規模、特性等に応じたリスク管理体制」と定義した上で、「代表取締役または業務担当取締役は、いわゆる内部統制システムを構築する義務を負うとともに、構築義務を履行しているか否かを監視する義務がある」と判示した[30]。その後、平成14年の商法改正時の際に新たに導入された委員会等設置会社に対して、内部統制システムの概念が明文化（旧商特21条の7第1項2号、旧商規193条）され、会社法では、全ての大会社および委員会設置会社に対して、取締役の職務執行が法令・定款に適合するなど、会社の業務の適正を確保するための体制である内部統制システムの構築の基本方針を取締役（会）が決定することを義務づけた。したがって、取締役は、取締役（会）として内部統制システムの構築の基本方針を決定した後は、その内部統制システムが適切に構築・運用されていることの確認を通じて、監視義務を果たすことになろう。すなわち、業務執行取締役の職務に対しては、内部統制システムの適切な運用状況の確認を行う過程で、その監視義務責任が発生しており、監視義務と内部統制システムの整備は大きく関わっているものと考えられる[31]。

3. 社外役員の責任

(1) 社外役員の定義と役割

現行法上、社外取締役とは「株式会社の取締役であって、当該株式会社又はその子会社の業務執行取締役若しくは執行役又は支配人その他の使用人でなく、かつ、過去に当該株式会社又はその子会社の業務執行取締役若しくは執行役又は支配人その他の使用人となったことがないもの」（会2項15号）と定義されている。また、社外監査役も同様に、「株式会社の監査役であって、過去に当該株式会社又はその子会社の取締役、会計参与若しくは執行役又は支配人その他の使用人となったことがないもの」（同16号）と規定され

ている。すなわち、社外役員は、過去において、自社の役職員に限定されず、子会社の役職員でなかったものも含んでいる点に留意する必要がある。他方、親会社の役職員がその子会社の役員に就任しても、その子会社にとって社外役員に該当する点については、必ずしも説得性がある説明がされているわけではない[32]。

　わが国では、取締役や監査役の役員が社内から登用されるケースが圧倒的な中で、仲間意識の特殊な感情から、必ずしも十分な監視・監督・監査機能が果たせるのかという疑念があった。確かに、役員間に一定の信認関係が存在することは事実であるが、仲間意識が強すぎると、必要以上に信認関係が働く可能性がある。取締役会は、重要な意思決定を行う会社機関であると同時に、取締役会を構成する取締役を監視・監督する役割がある。しかし、経営の執行と監督が分離されていないわが国の取締役会では、自らの担当業務の執行を円滑に推進するために、取締役会での監視・監督機能よりも、担当業務の付議案件を通すことに力点が置かれる傾向も否定できないであろう。また、同じ取締役の立場とはいえ、社内から登用されていることによる歴然とした序列がある中で、平取締役が、上席の常務や代表取締役に対して、正面から異議や反対を述べることは、心理的に必ずしも容易なことではないものと推察される。

　かかる状況を回避するために、社内のしがらみに捉われることなく監視・監督機能を発揮し、大所高所から意見を述べたり、不祥事防止に向けた積極的な役割を期待されたのが、社外役員であるといえよう。

　社外取締役が導入されたのは、平成14年の商法改正で導入された委員会等設置会社である。すなわち、経営と執行を分離したアメリカ型の形態である委員会等設置会社は、指名・報酬・監査の3委員会を必置とし、かつ各々の委員会を構成する取締役の過半数を社外取締役とした。

　もっとも、わが国の法制史上、社外役員の導入は社外取締役が初めてではない。社外取締役の導入に先立ち、平成5年の商法改正において社外監査役

制度が導入された。監査役制度の強化の一環として、大会社においては、3人の監査役を構成員とする監査役会制度を法定化（平成5年旧商特18条1項・18条の2第1項）し、あわせて常勤監査役と社外監査役を1人以上とした（同18条1項・2項）。通常、社外監査役は非常勤であることが多いため、常勤かつ社内監査役と非常勤かつ社外監査役によって構成されるパターンが多いことになる。その後、平成13年の商法改正では、社外監査役の要件を厳格化するとともに[33]、大会社においては社外監査役を半数以上とする要件を義務化した。

監査役の職務は「取締役の職務執行を監査する」（旧商274条1項、会381条1項前段）ことであり、自らが直接、経営の執行を行う会社機関ではない。したがって、監査役の職責は、監査活動を通じて、取締役が法令・定款違反行為がないか見極めることであり、本質的には監視義務としての責任と異なるものではない。取締役には、前述したように、業務執行担当としての責任と、取締役会を構成する一員としての監視義務責任があるのに対して、監査役には、監視義務責任が本分であり、仮に監視義務責任を果たさなければ、任務懈怠責任に問われることになろう。

かかる監査役の職責を考えると、社外役員としてまず社外監査役が導入されたのは、偶然ではないだろう。監査役としての監視機能をより強固なものとするために、社外監査役制度が導入されたわけである。そして、大会社では、社外監査役の員数を、当初の1人以上から半数以上としたこと（平成13年旧商特18条1項）は、社外監査役の影響力を増進させる立法趣旨があったものと考えられる。

その後、委員会等設置会社では、経営の執行と監督機能を分離する会社機構の中で、取締役会は、監視・監督機能に、より重点を置いた機能を持たせることになった。そして、指名・報酬・監査の3委員会が企業統治にとって重要な役割をもつことから、各委員会の過半数に社外取締役を義務づけたものと考えられる。かかる形態は、会社法における委員会設置会社にそのまま

継承されている（会400条）。

(2) 社外役員の責任の程度

　社外役員の大きな役割が監視義務であるが、社外取締役の監視義務と社外取締役ではない取締役（以下、「社内取締役」という）との責任の程度の差はあるのであろうか。

　社外役員は、通例的には非常勤であることが多く、就任している会社の業務実態に日常的に接しているわけではない。具体的には、取締役会への出席およびその場での意見陳述が主体となる。かかる状況下において、社外かつ非常勤の役員に対して、社内出身の常勤役員と同様の監視義務を負うかが問題となる。

　この点について、利益相反のある不動産取引の決議に関連して社外取締役の監視義務について争われた「ネオ・ダイキョウ株主代表訴訟事件」において、一審の神戸地裁尼崎支部では、中立的立場としての社外取締役の責任を果たさなかったとして、社外取締役の責任を認容した[34]。一方、控訴審である大阪高裁では「取引の詳細を知ったのは取締役会の席上がはじめてであったこと、不動産取引が会社の定款に違反しないことは弁護士に確認し、価格については、不動産鑑定士の鑑定書によっているから問題ないと考えたこと」として、監視義務の過失性を否定し、取締役としての監視義務を怠ったことにはならないと判示した[35]。社外取締役として判断を行うに際して、必要な情報に基づき、かつ判断の合理性に不注意な誤りはないとの結論であろう。しかし、上記判例においては、個別・具体的な状況に照らして判断しているのであり、社外取締役と社内取締役の監視義務の程度の判断基準に差があるのか、仮にあるとして、いかなる基準の差であるかまでは言及していない。

　他方、「ダスキン株主代表訴訟事件」のように、社外監査役の責任が認容されている事例もある。すなわち、大阪高裁は、「自ら上記方策の検討（食

品衛生法違反の添加物が混入された肉まんを製造・販売等を認識した後の事実の公表等の対応のこと（筆者注記））に参加しながら、以上のような取締役らの明らかな任務懈怠に対する監査を怠った点において、善管注意義務違反があることは明らかである」と判示した[36]。「ダスキン株主代表訴訟事件」では、同社の社外取締役が、事件への速やかな公表など同社のブランドの防御が第一である旨を詳細に記載した提言書を当時の代表取締役社長に対して提出していることと比較して、社外監査役の対応は明らかに不作為の行為であり、責任を認容したものである。本件は、情報を把握しているのにもかかわらず、役員として積極的な対応を講じていなければ、社外役員であるからといって免責とはならないことを明確に示している判例といえよう。

　会社法の規定では、社外取締役については、代表取締役や社内取締役と比較して、最低責任限度額を報酬の2年分として、その責任の度合を軽くしている（会425条1項1号）[37]。この点からみると、法は代表取締役や社内取締役と比較して、社外取締役としての監視義務の程度を軽減しているようにも考えられる。

　他方で、社外役員を設けた会社では、社外役員を選任するに際して、株主総会参考書類には、社外役員の特則が規定されている。具体的には、社外取締役の場合では、①社外取締役候補者である旨（会施規74条4項1号）、②社外取締役候補者とした理由（同2号）、③法令または定款に違反する事実等ならびに予防行為および発生後の行為（同3号）、④他社における法令または定款に違反する事実等ならびに予防行為および発生後の行為（同4号）、⑤社外取締役としての職務を適切に遂行することができるものと会社が判断した理由（同5号）、⑥社外取締役候補者に関するその他の事実（同6号）、⑦就任年数（同7号）、⑧責任限定契約を締結している場合に、その内容の概要（同8号）、⑨社外取締役候補者の意見（同9号）、である。

　一方、事業報告では、①他の会社との兼職（会施規124条1号）、②他の会社との兼任状況（同2号）、③親族関係（同3号）、④主な活動状況（同4

号)、⑤責任限定契約を締結している場合に、その内容の概要(同5号)、⑥報酬等の総額(同6号・7号)、⑦親会社等からの報酬等(同8号)、⑧社外監査役の意見(同9号)、を記載しなければならない。株主総会参考書類では、社外取締役の選任にあたって、その適切性に対する開示を重点にしているのに対して、事業報告では、当該事業年度における活動等、社外取締役としての監視・監督義務責任を果たしているかその妥当性を判断することを主眼にした開示項目である。社外監査役も、株主総会参考書類と事業報告において、同様に開示対象項目が規定されている(会施規76条4項・124条)。

かかる点を考慮すると、社外取締役に関する現行法制は、その責任の程度について責任の範囲や責任の過失性の点で、緩和措置を直接的に規定はしていないものの、責任免除規定から類推すると、社内取締役と比較して責任の程度を軽減していること、社外取締役の活動は、株主総会参考書類や事業報告を通じて、広く株主の評価に委ねているといえよう。

その他、社外役員に関して、①重要財産の処分・譲受け、多額の借財について、特別取締役の決議に委ねるためには、社外取締役の選任が必要であること(会373条1項2号)、②公開会社の場合は、社外取締役・監査役の報酬等の議案を提出する場合は、株主総会参考書類や事業報告に別建てで開示する必要があること(会施規82条3項・124条6項)、③社外役員であることは、登記事項でもあること(会911条2項18号・22号イ・24号・25号)、が規定されている。

4. 社外役員の課題と対応

(1) 社外取締役の課題

社外取締役の役割が、社外の視点からみた監視機能であることは前述した通りであるが、社外取締役の選任は委員会設置会社を選択しなければ義務化

されていない[38]。現行法上は、監査役設置会社と委員会設置会社の選択制であるが、監査役設置会社から委員会設置会社に移行した会社数は、前身の委員会等設置会社から数えて一定の年月が経過しているのにもかかわらず、一向に増加する気配はない[39]。委員会設置会社が増加しない理由として考えられる点は、報酬・指名・監査の三つの委員会を必ず設置しなければならないこと、特に、代表取締役社長等の人事権を社外者に負託し、かつその決定を取締役会で覆すことができないことにわが国の経営者は抵抗感があるからかもしれない。

委員会設置会社と監査役設置会社の数がある程度均衡し、かつ委員会設置会社において企業不祥事が少ないことが実証的に明確であるならば、委員会設置会社の大きな特徴である経営執行と監督の分離、かつ社外取締役が過半数を構成することによる監視・監督機能の体制は効果があるとの推論も成り立つであろう。そして、委員会設置会社のガバナンス体制が世間の評価を受けることにより、その中心的役割を果たす社外取締役の存在もクローズアップされてくるかもしれない。

他方、監査役設置会社においても、社外取締役の導入が禁止されているわけではないので、運用面として社外取締役を選任することも考えられるが、現時点では大きな動きとなっていない[40]。その理由として、以下の点が考えられる。

第一の理由は、社外監査役との関係である。監査役の職責は、取締役の職務執行を監査することであるが、監査役の取締役への監査機能とは、監視機能と置き換えても差し支えないであろう。そして、会社法において、監査役の半数を社外監査役と明定していることは、監査役の取締役への監視機能をより強化するために社外監査役を位置づけていることに他ならない。

取締役と監査役の機能の最大の差異は、取締役会において議決権の保持の有無と経営執行の妥当性への監視義務の有無である[41]。しかし、取締役の法令・定款違反に対する監視義務の観点からは、社外取締役と社外監査役の間

で、各々の職務を遂行する上で大きな差異が存在するわけではない。すなわち、経営者からみれば社外取締役を導入しなくても、半数以上の社外監査役を選任していれば、少なくとも監視体制としては、不十分ではないと考えている点である[42]。

第二の理由は、社外取締役の監視・監督機能の有効性に対する疑義である。わが国の場合、社外役員は、他に本業を持つ非常勤である場合が圧倒的に多い事実がある。非常勤であるということは、日常的に当該会社の業務に係ることができないため、社内からの適宜適切な情報供給が不可欠である。しかし、現実的には、非常勤社外取締役に対して、監視・監督機能を発揮するための判断材料として情報が適切に提供される体制となっているか、社内の役職員の意識の問題も含めて必ずしも十分であるという保障はない。かかる状況の中で、形式的に社外取締役を導入したとしても、本来果たすべき監視・監督機能を十分に発揮できるか疑問であるとの声もある[43]。

また、社外取締役の中には、親会社の取締役であったり[44]、親族関係者、大口の取引先など、社外とはいえ就任先会社との関係が深く、社外者として求められるべき独立性要件が不十分と思われるケースが存在するとの考え[45]はもっともであろう。

(2) 社外役員の機能発揮のための方向性

①現行法制下での方向性

業務執行取締役自らが善管注意義務や忠実義務を果たして業務を遂行することが基本であるが、大規模公開会社を中心に、株主による監視が十分に行き届かないことから、監視機能が会社機関を通じて働くことは重要である。特に、近時、買収防衛策の導入・発動や大規模第三者割当増資など、経営者と株主の利害が尖鋭的に対立する場合はなおさらである。加えて、会社法では、定款自治の下で、取締役会に一定の重要事項が授権されていることにも留意する必要がある。

従来の社内出身者で構成された取締役会や監査役(会)による監視機能が十分に発揮することが期待できない場合、社外役員の役割は、今後一層高まるものと思われる。しかし、社外役員を形式的に導入するのではなく、その機能が十分に発揮されるための体制の整備が重要である。そのための方向性として三点あろう。
　第一の方向性は、内部統制システムの構築・運用の整備である。すなわち、業務執行取締役への監視義務を果たすためには、業務執行取締役の行為を個別にチェックするのではなく、会社全体の組織体制の枠組みの中で監視することが挙げられる。
　内部統制システムは、会社法の中で監査役設置会社までその適用範囲を拡大した上で、全ての大会社に対して取締役の職務執行が法令・定款に適合するなど、会社の業務の適正を確保するための体制（内部統制システム）の構築の基本方針について、取締役(会)が決定することを義務づけた（会348条4項・362条5項）[46]。
　かかる状況を取締役の責任の観点から考えると、取締役(会)として内部統制システムの構築の基本方針を決定した後は、その内部統制システムが適切に運用されていることの確認を通じて、取締役や監査役は監視義務を果たすことになろう[47]。内部統制システムの具体的な構築とは、規程類の整備や取締役会への付議基準、情報の報告・伝達体制、事件・事故が発生した後の迅速な初期対応等が考えられ、仮に未整備であるならば、遅滞なく改善を検討し是正構築を講ずることも内部統制システムの一環である。そして、内部統制システムの整備を前提として、業務執行取締役の職務の執行について、他の取締役や監査役は監視義務を果たし、とりわけ、会社内部の人事に左右されない社外役員の役割が重要となってくる。すなわち、内部統制システムの一定の整備が行われていれば、組織体制として、社外役員が監視義務を果たすためのインフラが整備されていることとなり、その実効性が上がるものと思われる。仮に、社外役員の監視義務が問われたとしても、内部統制システ

ムが整備され、任務懈怠となるような過失性がないことを社外役員が主張・立証することができれば、監視義務違反には問われることはないであろう[48]。したがって、社外役員の視点から、内部統制システムの構築および運用状況を監視し、必要に応じて意見を述べたり、是正措置を要請することが社外役員としての善管注意義務を果たすことにもなる。

　第二の方向性は、執行役員制の導入である。前述したように、わが国では、監査役設置会社と委員会設置会社の選択制となっているのにもかかわらず、監査役設置会社が圧倒的多数の状況にある。当初の立法上の狙いは、企業統治の観点から制度間の競争をすることにより、よりよい体制を目指すことにあったはずが、委員会設置会社の法的要件のハードルが高いため、経営者が委員会設置会社への移行を躊躇している可能性が高い。

　しかし、委員会設置会社の特徴である経営の執行と監督を分離し、取締役会と監査委員会による監視・監督・監査機能を強化する方法は一理がある。例えば、監査役設置会社が執行役員制を導入することにより、取締役の員数を減らすことが可能となれば、取締役会においては、十分な審議が期待できる。また、会社上の極めて重要な意思決定以外は、執行役員に対する監視・監督機能に特化することができる。さらに、現行法の下では、監査役は取締役会に出席し意見陳述義務（会383条1項後段）があり、かつ監査役会設置会社では、半数は社外監査役であることを考えると、取締役会における監査役の相対的比率が高まることを背景に監査役の発言を通じた取締役会の活性化が図られ、監視・監督機能が高まることも十分に考えられる。

　この場合、代表取締役の位置づけが問題となる。副社長クラスは自らが営業、購買、技術等の職務を担当することが通常であることから、副社長も代表取締役とすると、業務執行副社長兼代表取締役のような肩書きとなり得る。執行役員制そのものが、法制化されたものではなく会社の自主的な体制であることを考えると、執行役員と取締役の兼務を禁止することも難しいであろう。実務運用上は、代表取締役をはじめとした取締役の員数を極力絞

り、経営の執行と監督の分離を徹底し、取締役による監視義務の責任を強化するとともに、監査役の権限が相対的に強まるような体制とすることが考えられよう。

　第三の方向性は、事件・事故の調査、買収防衛策や大規模第三者割当増資などの経営と株主との利害が対立する案件について、社外役員が積極的に関与することである。最近は、事件・事故が発生した際や、敵対的買収防衛策を発動するときに、第三者特別委員会（以下、「第三者委員会」という）を設置して、その結果を踏まえて結論を出すケースが増加している[49]。

　第三者委員会は、顧問弁護士とは別の弁護士や学者などの有識者によって構成されることが通例であるために、外観的には独立性がある委員会との様相を示している。会社法は、定款自治の観点から取締役会における決議事項を増加させたが、取締役の中には、直接の利害関係者が存在することから利益相反が問題となる。このために、公正妥当な判断を下すために、取締役（会）と利害関係のない専門家や有識者に一次的な判断を委ねるために臨時に設置するのが第三者委員会である。

　第三者委員会は、取締役(会)から委託された案件に対して、独自に調査を行い、結論を出した上で、取締役(会)に対して答申する形態をとるのが通常である。案件によっては、専門性を強く要求されることもあり、取締役(会)が第三委員会に一次的な判断を委ね、その判断を尊重した上で最終的な結論を出す方法は、一面において合理的であるともいえる。また、アメリカにおいても、例えば株主代表訴訟制度の中で、取締役会は公正な判断を下すことが困難であるとして、会社は訴訟委員会（litigation committee）を設置し、独立取締役や弁護士などが中心となって、被告取締役の責任の有無を判断し、裁判所に対して訴訟却下の申立てをすることができる。

　しかし、アメリカの場合は、約半数の州が訴訟委員会を州会社法で規定しており[50]、法定化した組織体であるのに対して、わが国の第三者委員会は、法的裏付けがない任意のものであることに注意する必要がある。取締役会が

かかる第三者委員会を活用する意図は、取締役の責任や買収防衛策のように、株主の利害と関連が深い案件に対して、会社の内部機関である取締役（会）の判断に全面的に依拠することへの批判を回避し、適切な結果判断を下していることを保証するための手続き的な側面が強いように思われる。また、第三者委員会の構成委員は、通常、案件に対する専門性を考慮して選任されることから、第三者委員会の一次的な結論を受けて、取締役（会）がその判断を覆すことは考えにくく、第三者委員会の結論を、取締役（会）が追認しているのにすぎないことも想定される。

　かかる第三者委員会の弊害を考慮すると、第三者委員会に社外役員がメンバーとして入り、できれば社外役員が第三者委員会のイニシアティブを取る形にすれば、第三者委員会の法的裏付けが確保されるとともに、社外役員の社内的位置付けも明確になるものと思われる。事件・事故、事案に対して、社外役員の専門性と社内の事情にもある程度精通している経験を踏まえ、社外役員に外部の第三者委員を加えた上で第三者委員会を構成し、結論を出す形が望ましいのではないであろうか。

　第四の方向性は、社外役員の属性や活動状況を、より具体的・積極的に開示するよう各社が工夫することである。社外役員の存在意義はその監視義務にあるとすれば、就任する会社からの独立性が求められる。しかし、わが国の社外役員の現実は、大口取引先や親族関係、親会社の役職員なども存在し、その独立性が十分に担保されているとは言い難い。このために、社外役員の独立性を強化する立法化が考えられるが、社外役員の独立性について、法令に個別具体的に記載することは、必ずしも容易なことではない。また、少なくとも、わが国よりも社外取締役（独立取締役）の歴史があり、独立性要件が整備されているアメリカにおいても[51]、企業が多額の寄付を行っている大学の教授は、当該会社と利害関係があり、独立性要件を満たさないとされた判例も存在する[52]。この点から明らかなように、単に取引先に限らず、寄付元の関係者や学友など独立性に疑義がある範囲は極めて広い。特に、当

該会社が社外役員を選任し報酬を支払うという点において、会社と社外役員との間では、一定の利害関係が避けられない現実を踏まえると、精神面を含め、当該会社と利害関係を完全に遮断することは実務的には困難である。

　かかる点から、社外役員を選任する際に株主総会招集通知に社外役員候補者とした理由などを記載したり、社外役員の1年間の活動状況を事業報告に記載することにより、社外性（独立性）の妥当性判断を、株主に委ねている現行法は理解できるところである。しかし、現実的には、法令に規定されている必要最低限の事項を抽象的に記載している例が多くみられ、株主や投資家にとって、企業統治の観点から十分な情報となっているか定かではない。むしろ、各々の企業が自らの社外役員の独立性の基準を明確にし、それを積極的に開示するという姿勢が重要である。

　例えば、コニカミノルタ株式会社では、取締役の独立性の運用基準として、大口取引関係者、弁護士等の専門的サービス提供者（過去2年間に年間5百万円以上の報酬を受領している場合）、議決権を有する大株主（3分の1以上の議決権）等は適用除外とすることを明示している[53]。

　コニカミノルタ株式会社の事例にみられるように、各社が積極的に自社の社外役員の選任基準を公表し、その結果、企業統治の観点からみた場合、社外役員の独立性が重要であるとの認識が実証的にある程度証明されれば、株主や投資家の当該会社への評価が高まり、他の会社も社外役員の独立性基準を明確化した上で、開示・公表することにつながっていくであろう。このような趨性を加速させるためにも、日本経済団体連合会（以下、「日本経団連」という）や日本監査役協会等の関係諸団体が、社外役員の独立性基準についての指針等を提示していくことは有益であると考える。

②立法上の対応

　社外役員の配置が有効に機能するために、内部統制システムの構築と一体とした体制を整備し、その中で社外役員への十分かつ的確な情報伝達を行う

こと、執行役員制を導入し、取締役会の活性化と監査役の役割を強化すること、社外監査役を半数要件から過半数要件としたり、社外監査役が監査役会議長を務めるなど、監査役会におけるイニシアティブを社外監査役がとること、社内の調査委員会等で、社外役員が積極的な役割を果たすようにすること、社外役員の選任基準や活動状況をより具体的に開示することによって社外役員の具体的な役割に透明性をもたせることなどは、各社が運用面の点から、独自に工夫することができるものである[54]。そして、法制度上、監査役は適法性監査の観点から妥当性監査にまで及ぶか否かという解釈論上の論点は若干存在するものの、基本的には各社の自主的な対応が十分に可能なものである[55]。そして、積極的な対応を行う企業の社会的信頼が高まり、結果として当該企業価値向上に好影響を及ぼすこととなれば、経済界全体としても、自主的な対応が加速化されることになろう。

　他方、かかる対応を後押しする意味で、将来的には社外取締役の設置の立法化を検討する余地もあると思われる。すなわち、既に、監査役設置会社における社外監査役、および委員会設置会社における社外取締役が法定化されている状況に対して、監査役設置会社に社外取締役の就任を法定化するか否かの論点がある。例えば、企業年金連合会や日本取締役協会は、ガバナンスの観点から社外取締役の導入を主張している[56]。

　これに対して、日本経団連は、「取締役・監査役の選任にあたっては、社外者であるか、独立性があるかといった属性に関する形式的な要件ではなく、人格・識見・能力等を総合的、実質的に判断すべきである。必要以上の制約は、むしろ有為な人材の選任に支障を来す」との反対意見を表明している[57]。確かに、立法化による強制力を持たせることは、社外取締役の導入に対して即効性は認められるが、わが国の企業を取り巻く状況をみて、社外取締役に相応しい人材の確保が可能であるのか、また仮に導入したとしても、その効果が発揮できなければ立法趣旨を活かしたことにはならないであろう。したがって、社外取締役導入の立法化を検討するにあたり、留意すべき

点として次のような点が考えられる。

　第一の点は、社外役員の独立性要件の強化である[58]。社外役員は、当該会社の監視機能の強化が主目的で就任する限り、当該会社からの独立性が十分に確保されていることは、内外に対する説明責任の観点からも重要なことである。したがって、形式的に社外であれば足りるとするのではなく、少なくとも実質的に社外役員としての任務を全うできる人材が選任される必要がある。一方で、独立性要件を網羅的に明文化することは、必ずしも容易なことではないと想定されることから、少なくとも、親会社役職員、3親等以内の親族関係者は適用除外とする明文化が考えられよう[59]。

　第二の点は、社外役員の説明責任の観点である。現在は、事業報告等を通じて、社外役員の取締役会や監査役会への出席状況および発言状況などが開示されている。この点をもう少し進めて、社外役員による当該会社の内部統制の整備・運用状況の評価や、事業年度内に第三者委員会や調査委員会が開催された実績がある場合は、その結果報告を行うことも考えられる。すなわち、社外取締役であれば事業報告に社外取締役として主体的に行った調査等の結果報告を、また社外監査役であれば監査役(会)監査報告に、社外監査役としての監査結果の記載を法定化することも考えられるであろう。あるいは、株主総会において、口頭報告を行う方策も考えられるかもしれない。このように運用面において、各社の社外役員がその活動状況や評価を、事業報告もしくは監査役(会)監査報告または株主総会を通じて積極的な開示を図るように工夫を重ねる一方で、事業報告等への記載事項については、法務省令でもう少し具体的に規定してもよいかもしれない。

　第三の点は、社外役員に求めるべき専門性を十分に吟味した人選を行うことである。法務省令では、監査役または監査委員が財務および会計に関する相当程度の知見を有しているものであるときは、その事実を記載すること（会施規121条9号）との規定がある。確かに、会計・財務と法規・法務の分野は会社経営の根幹としても重要であることから、社内役員にも会計・財務

や法規・法務出身者は存在すると思われる。一方で、専門性が高い分野程、他の取締役や監査役の監視機能が十分に働かない懸念がある。したがって、社外役員には、社外の専門家の眼で会計や法規などの分野について、法令・定款違反がないのか、押さえておくべき最低限のデュープロセスを行っているかなどのチェック機能を期待してよいであろう。また、仮に事件・事故が発生したときの調査委員会や第三者委員会では、特に、会計や法規の専門的知見が要請されることが多いことを考えると、会計士・税理士や弁護士をはじめとした有識者の人選を心掛けるべきであろう。

　第四の点は、社外役員の流動性の観点である。アメリカと異なり、経営者（取締役）の流動性や供給市場が一般化していないわが国においては、非常勤でもある社外役員に過度な負担をかけることは、社外役員のなり手がいなくなるという弊害の可能性もある。このためにも、社外取締役の就任を義務づけるのは、大会社かつ公開会社に限定するなどの配慮は必要であろう。そして、将来的に社外役員の需要が拡大すれば、常勤の社外役員を派遣するための登録制の導入の途もあり得るかもしれない。

(3) 社外役員の義務と責任の関係

　社外役員の監視機能の役割が高まる中で、社外役員の監視義務と責任との関係が論点となってくる。現行法では、社外役員の責任限度額は、報酬等の2年分となっており、社内取締役と比較してその負担が軽い上に、社外役員に対してのみ、責任限定契約の締結が認められている。社外役員のみに責任限定契約の締結が明定されている趣旨として、「責任を軽減するための措置が講じられるという保障はない。そこで、社外取締役等が不安をもつことなくその地位に就くことを促進するため」と説明されている[60]。すなわち、非常勤である社外役員の責任が常勤の社内役員と同程度であると、責任が過大となり人材不足が懸念されたものと推察される。しかし、社外役員は非常勤であることを明定しているわけではなく、社外役員であるために、たとえ常

勤であっても社内出身の役員と責任負担に格差があることは説得的ではない。したがって、責任軽減制度や責任限定契約の締結の有無については、社外役員であるか否かではなく、常勤の役員か否かで判断されるべき性格のものと考える。それでは、非常勤の社外役員と常勤の社内役員との関係では、責任の問題はどのように考えるべきであろうか。

　監視義務の本質は、情報を十分に入手した上で、合理的な判断を下したか否かであり、内部統制システムの整備状況と深く関係している。内部統制システムを構築し適切に運用することは、取締役の重要な職務遂行の一つであることから、少なくとも内部統制システムそのものに重要な欠陥が存在しているとすれば、取締役は社内外にかかわらず、一律に責任があるというべきである。しかし、内部統制システムの構築が整備されていたとしても、その運用が不適切であったとすれば、それは監視義務を果たそうにも果たす前提要件を欠いていることになる。例えば、事件・事故につながる可能性のある案件を非常勤社外役員に報告をしなかったり、虚偽の報告をすることにより非常勤社外役員が適切な判断を行うことができない場合は、常勤社内役員の責任は重いというべきであろう。すなわち、非常勤社外役員は、必要最低限の情報が入手されているという前提で、法令・定款違反を見逃していたり、適宜適切な是正勧告を怠っている限りにおいて、非常勤社外役員としての任務懈怠は免れないと考えるべきである。

　かかる点を考慮すると、社外役員の責任としては、①常勤の社外取締役は、社内取締役と同様にその責任限度額は報酬の４年分すること、②社外監査役の任期も、取締役と同様２年（定款に定めてそれ未満にすることも可）とし[61]、その都度株主総会の選任議案とすること、が相当であると考える。

　他方で、社外常勤役員に社内役員と同様の責任義務を課すのは、社外役員のなり手がいなくなるのではないかという指摘もあり得よう。しかし、内部統制システムの整備の充実が指向され、内部統制システムに則った形で監視義務を果たしていけば、任務懈怠に対する抗弁となり得ること、責任に見合

った報酬を考慮することなどを考えれば、必ずしも人材不足を懸念することもないように思われる。そもそも、時代の要請にあった人材を社会として養成していくことこそ重要なのではないであろうか。

5. 結語

　各国には、各々の歴史的背景があり、企業風土や文化等を踏まえた法制度に基づく経営監視機構が発展してきた。この点を考慮すると、「わが国において、社外役員のあり方を検討するにあたっては、諸外国との制度や実態などの違いを十分に踏まえる必要がある」[62]との指摘はもっともであろう。確かに、社外取締役を1名導入したからといって、直ちに当該会社の経営監視機構が機能し、企業統治として完成されたものとなると考えるのは早計である。社外取締役や社外監査役の役割を代表取締役以下の経営陣が十分に認識した上で、自社の経営監視機構の中で、最大限、社外役員の役割を発揮させるという意識と運用実態が伴わなければ、所詮は形式的な導入にとどまると思われる。

　この点からいえば、社外取締役の導入を立法化することを拙速に推進すれば、外形的な面を意識する余り社外役員の独立性や専門性に十分に配慮した人選は行われないであろう。したがって、社外役員の導入については、独立性要件や専門性要件などとセットで考えるべきものである。

　他方、わが国において、監査役設置会社と委員会設置会社との間で、企業統治の観点からの制度間競争が行われていれば、将来的には現行法のままで、特段の制度改正を行わなくてもどちらかの会社形態に収斂していくことになろう。しかし、現実的には委員会設置会社への移行が極端に少ないことから考えると、制度間競争の結果を待つ時間的余裕はないというべきであり、経営監視として重要な役割を担う社外役員制度について、早急な対応を行う必要があることも事実である。このためには、一部企業が社外役員を現

実に活用し運用している実態や独立性の基準を積極的に開示・公表している点を参考にしつつ、各社も社外役員の役割を認識した上で、その効果が最大限発揮されるような努力を積極的に行うべきであろう。そして、それをサポートするためにも、単に社外取締役の導入等に賛否を表明するのではなく、企業に影響力を持つ関係諸団体は社外役員が広く活用されるための体制整備に向けた指針等を公表する姿勢が重要である。

　企業が不祥事を発生させない体制づくりが進み、社会から信頼を得ることは中長期的に企業価値の向上に役立つ。短期的な業績によって確かに株価は上昇するかもしれないが、不祥事の発生によって一瞬の内に倒産の危機に追い込まれる可能性もある[63]。短期的な業績に余り左右されずに真の社会的信頼を獲得するために、社外役員の役割は、今後更に大きなものになっていくことであろう。単に、社外取締役の導入の有無やその就任人数の多寡で、各企業の企業統治体制を一律に格付けするのではなく、内部統制システムの体制整備と相俟って、社外役員の役割を再認識した上で積極的に活用している企業の評価が高まる仕組みづくりの方が、株主や投資家にとって有益であろう。そして、社外役員の責任と義務に対する社会のコンセンサスが得られ、運用実態についてある程度道筋がつけることができた段階で、社外取締役の義務化等の必要な立法化を図ることが現実的な解であると考える[64]。

[注]

1)　例えば、第18回の会合では、「上場会社等のコーポレート・ガバナンスのあり方について」という議題の下で、「単に社外取締役を強制的に義務化するだけでは、形骸化になってしまうおそれがあるので、監査役の機能の強化ということも併せて検討していなかければならないのではないか」とか「社外取締役の義務化のようなことは、本来、会社法の問題ではないかとう意見もある一方で、日本の金融・資本市場を魅力的なものにするために、上場規則の形で何らかのルール化を図ることも考えられる」などの議論を

行っている。金融審議会金融分科会「第18回我が国金融・資本市場の国際化に関するスタディグループ議事」http://www.fsa.go.jp/singi/singi_kinyu/s_group/gijiroku/20090119.html（平成21年1月19日）。最終報告は、「上場会社等のコーポレート・ガバナンスの強化に向けて」として公表された（平成21年6月17日）。
2) 第1回の議題として「社外役員（取締役、監査役）の独立性の問題、我が国企業への社外取締役の導入促進に問題など我が国のコーポレート・ガバナンス向上に向けたルールの在り方」となっており、社外役員とコーポレート・ガバナンスの関係をより直接的に議論がなされている。http://www.meti.go.jp/committee/summary/0004545/index01.html（平成20年12月2日開催）
　なお、最終報告は、金融審議会金融分科会と同じ平成21年6月17日に、「企業統治研究会報告書」として公表された。
3) わが国で最初に社外役員が導入されたのは、平成5年商法改正における社外監査役の設置である。その趣旨として、「監査役のメンバーに、会社の業務について第三者的な立場にある者を加えることにより、業務執行に対する監査機能を高めることを狙いとするもの」と解説されている。法務省民事局参事官室編『一問一答平成5年改正商法』104頁（商事法務研究会、1993年）。
4) 在日米国商工会議所（The American Chamber of Commerce in Japan）は、その意見書の中で、「上場企業の取締役会に少なくとも3分の1が独立社外取締役であることを義務付けるよう、会社法および日本の証券取引所の規則を改正すること」と主張している。在日米国商工会議所意見書対日直接投資委員会「企業価値研究会による2008年6月の主要提言を実行する法的枠組みの導入を」3頁（2008年7月）。
5) 企業年金連合会（昔の厚生年金基金連合会）は、株主議決権行使基準として、取締役会には、当面、少なくとも社外取締役が1名以上含まれていることを要するとともに、社外取締役の増員については、原則として肯定的に判断するとの見解を示している。企業年金連合会「コーポレート・ガバナンス原則」4頁（2007年2月28日策定）。
6) 具体的には、①社外取締役のみによって構成される監査委員会を設置しなくてはならない、②監査委員会が外部監査人の選任・報酬決定を行う、③監査委員会の委員の1人以上は財務専門家でなくてはならない（設置しない場合は、その理由を明示）、である。
7) 連邦ベースの会社法が存在していないアメリカでは、歴史的に、上場規則によって規制を行っている。ニューヨーク証券取引所（NYSE）でも、サーベンス・オクスリー法の規定に加えて、①取締役の過半数は独立取締役であること、②独立取締役のみによって構成される指名委員会・報酬委員会を設置しなくてはならないこと、③監査委員会の委員は3人以上とすること、を規定している。
　なお、NYSEにおける独立取締役要件については、注(51)を参照。

8)「上場会社等における戦後の機関に関する改正の歴史は、監査役制度の強化の歴史」（江頭憲治郎『株式会社法〔第3版〕』471頁（有斐閣、2009年））という認識に集約される。
9)　森本滋＝岩原紳作ほか「平成14年商法改正と経営機構改革（中）」〔岩原発言〕商事1652号9頁（2003年）、江頭・前掲注(8)472頁。理由として指摘される点は、「監査役の人事権が事実上、取締役会ひいては社長に掌握されている限り十分に機能しえない」（久保利英明「社外役員制度と株主代表訴訟の現状」久保利英明ほか『日本型コーポレート・ガバナンス』165頁（日刊工業新聞社、1998年）。同旨、浜田道代「企業倫理の確立と監査役・株主代表訴訟制度」ジュリ1123号115頁（1997年）。

　　もっとも、監査役監査を通じて、未然に不祥事を防止している事例も多々あるとは思われるが、発生した不祥事に対して、社長等が公に謝罪する場面があっても、監査役が自ら、監査の観点から不祥事の原因や問題点、再発防止のための課題等を説明・公表する実態がないことも原因であろう。
10)　日本監査役協会コーポレート・ガバナンスに関する有識者懇談会「上場会社に関するコーポレート・ガバナンス上の諸課題について」監査555号18～36頁（2009年）。
11)　例えば、2004年に策定された「OECDコーポレート・ガバナンス原則」の中でも、「取締役会は、利益相反（conflict if interest）の可能性がある場合には、独立の判断を下せる十分な数の非執行の取締役会メンバー（non-executive board members）を任命することを検討すべきである」と指摘している。OECD「OECD Principles of Corporate Governance」25頁（2004年4月公表）。
12)　近時の独禁法や金融商品取引法の改正に伴う罰金や課徴金の増加はこの傾向のあらわれである。
13)　会社法上、株式会社等の役員とは、取締役・監査役・執行役であるが、本章では、主に、社外取締役と監査役を念頭において論ずる。
14)　任務懈怠責任とは、善管注意義務違反を意味するのが伝統的解釈である。山下友信「委員会等設置会社における取締役・執行役の責任」民商126巻6号805頁・809頁（2002年）。
15)　経営判断原則は、判例でも確立した考え方である。「野村證券損失補てん事件」東京地判平成5・9・16判時1469頁25頁。

　　なお、アメリカでは、"business judgment rule"として経営判断不介入の法理ともいわれ既に確立した概念である。Dennis J. Block, The Business Judgment Rule, 1695-1696 (5ed.1988).経営判断原則について、わが国への紹介として、戸塚登「経営判断の法則（1）（2）」阪大法学126号1～65頁、127号1～66頁（1983年）。
16)　現役の裁判官からも、経営判断原則に関連して、「あくまで裁量の逸脱を問うもので

第Ⅰ部　会社機関とリスク管理

あり、また経営者に対して結果責任を問うものではない」との見解が示されている。鹿子木康＝山口和宏「東京地裁における商事事件の概要」商事1796号14頁（2007年）。
17) 損失補てん行為を巡って争われた「野村證券事件」において最高裁は、損失補てんは独禁法違反であるとした上で、「損失補てん行為を行った取締役について、当時その行為が独禁法違反との認識を有するには至らなかった」として過失を認めず、取締役の責任を認容しなかった。最判平成12・7・7民集54巻6号1767頁。
18) 最判昭和44・11・26民集23巻11号2159頁。
19) 最判昭和48・5・22民集27巻5号655頁。
20) 佐藤幸治他編集『コンサイス法律用語辞典』230頁（三省堂、2003年）。
21) 監視義務を論ずる場合に、取締役会に上程された事項に関する監視義務（受動的監視義務）と、取締役会に上程されない監視義務（能動的監視義務）を分ける説明もある（弥永真生『リーガルマインド会社法〔第12版〕』208頁（有斐閣、2009年））のは、取締役会を通じた監視のみでは、そもそも取締役会に上程されないこと自体が問題となる場合もあることから、かかる分類を行っているものと思われる。
　　なお、学説上は、取締役会に上程する事項に限定されないという立場で一致している。上柳克郎＝鴻常夫＝竹内昭夫編『新版注釈会社法(6)』〔近藤光男〕280頁（有斐閣、1987年）。
22) 会社の規模が大きくなる程、会社としての意思決定案件の数が増加し、全ての案件を取締役会で審議・決定することは実務上不可能なことから、多くの案件を、経営会議や常務会などの会議体で実質的に意思決定を行う運用をしている会社も多い。しかし、立法趣旨を考慮すれば、任意会議体である経営会議等に全面的に依拠するのではなく、会社にとっての重要案件は極力、取締役会で審議・決定することが望ましいであろう。このためにも、執行役員制の導入や取締役の員数の減少を通じた取締役会の活性化は、実務的に重要な課題である。
23) 植田淳『英米法における信認関係の法理－イギリス判例法を中心として－』3～4頁（晃洋書房、1997年）。
24) 代表取締役がグループ会社に対する無担保で金融支援を行ったものの、当該グループ会社が倒産したため債権回収不能になったため争われた「東京都観光汽船事件」（東京高判平成8・12・11金判・1105号23頁）においては、取締役は、社長の意向に従って取締役会を開催することなく了承し、取締役として取締役会の開催の要請や業務執行の適正性を求めるべく任務を怠ったとして、監視義務違反と認容された。取締役会は、業務執行の意思決定のみならず取締役間の監視・監督義務もあることから考えれば、取締役会を開催しない意思決定は、取締役会が持つ機能を否定していることになる。
25) 札幌地判昭和51・7・30判時840号111頁。

26) 東京地判昭和55・4・22判時983号120頁。
27) 上柳ほか編・前掲注(21)［近藤光男］281頁。
28) 中小企業の名目的取締役が、監視義務を尽くしても、ワンマン的な社長の業務執行を是正することは不可能であったとの理由で、名目取締役の任務懈怠と第三者の損害との因果関係が否定された裁判例として、「理工建設事件」大阪地判昭和59・8・17判タ541号242頁、「(有)興産事件」東京地判平成8・6・19判タ942号227頁などがある。

　逆に、下位者である取締役に対して、代表取締役の監視義務は、業務を監督する立場と責任の重さから、業務上の不適正な行為を発見しやすいともいえ、監視義務違反が問われる可能性も大きくなる。上柳ほか編・前掲注(21)［近藤光男］282～283頁。
29) 内部統制システムに言及した著名な判例としては、大和銀行事件以外に「三菱商事株式会社代表訴訟事件」(東京地判平成16・5・20判時1871号125頁)、「雪印食品株主代表訴訟事件」(東京地判平成17・2・10判時1887号135頁)、「ダスキン株主代表訴訟事件」(大阪高判平成18・6・9資料版商事268号79頁、最判平成20・2・12)、「ヤクルト本社株主代表訴訟事件」(東京高判平成20・5・21判タ1281号274頁)がある。
30) 大阪地判平成12・9・20金判1101号3頁。本判決に対しては、「取締役のリスク管理体制は法令遵守体制（内部統制システム）の構築義務を明確に打ち出し、それに基づく責任を認めた画期的な意義を持つもの」との評価がある。岩原紳作「大和銀行代表訴訟事件一審判決と代表訴訟制度改正問題（上）」商事1576号11頁（2000年）。
31) 「取締役の善管注意義務として内部統制システムを設置し、それが機能していれば、何かが発生しても取締役は免責される」（神田秀樹「新会社法と内部統制のあり方」商事1766号38～39頁（2006年））という点は、取締役の監視義務についてあてはまるものと考えられる。
32) 「親会社はその子会社に対し、株主として監視を行う立場にあるのだから、社外取締役に期待された監視機能と矛盾しないからだと説明されている」とした上で、親会社は必ずしも完全親会社であるとは限らない中で、子会社の少数株主が排除される懸念があることが紹介されている。小林秀之編著『新会社法とコーポレート・ガバナンス〔第2版〕』78頁（中央経済社、2008年）。
33) 従前は、就任前5年間、自社または子会社の役職員でなかったものとなっていたが、5年間の要件が削除された。この点については、社外監査役の半数化の増員の改正と併せて、「監査役の取締役会からの独立性を高め、業務執行に対する監査機能を強化するため」と解説している。太田誠一＝保岡興治＝谷口隆義監修「企業統治関係商法改正法Q&A」商事1623号6頁（2002年）。
34) 神戸地裁尼崎支判平成7・11・17金判1106号15頁。
35) 大阪高判平成10・1・20金判1106号9頁。なお、非常勤社外取締役の責任部分につい

ての上告は不受理となり大阪高裁の決定が確定した。最判平成12・10・20金判1106号23頁。
36)「ダスキン株主代表訴訟事件」・前掲注(29)120頁。
37) 代表取締役または代表執行役は 6 年分、代表取締役以外の取締役（社外取締役を除く）または代表執行役以外の執行役は 4 年分である。
38) 東京証券取引所の上場会社の内、社外取締役を一人も選任していない割合は、55％とのことである。金融審議会金融分科会最終報告・前掲注(1)11頁。
39) 日本監査役協会の調査によると、わずか111社である。http://www.kansa.or.jp/PDF/iinkai_list.pdf（平成22年 1 月 7 日現在）。東京証券取引所の上場会社の中では、全体の2.2％（2008年 8 月現在）とのことである。金融審議会金融分科会最終報告・前掲注(1)10頁。
40) 日本監査役協会の2007年のアンケート調査では、会員会社からの回答数3944社の内、社外取締役の導入割合は、45.5％で（平均2.4人）であり、2001年時点と比較して、若干ではあるが増加傾向（約 7 ％）が伺われる。もっとも、上場会社に限ると、社外取締役の導入割合は、44％（平均1.8人）にとどまっている。日本監査役協会「2007年における監査役及び監査委員会制度運用実態調査結果報告書」72頁（2007年10月30日公表）。
41) 監査役は適法性監査に限定するのか妥当性監査まで及ぶのかという点に関しては、通説としては、適法性監査限定論であったが、会社法の施行以降、株主代表訴訟における取締役の責任追及の妥当性について監査役が判断し、必要があれば不提訴理由書を当事者に送付すること、いわゆる内部統制システムや買収防衛策の基本方針の妥当性について、監査役（会）監査報告書に記載することが要請されるようになったことから、一定の範囲内で妥当性監査にまで及ぶようになったという学説が主張され始めている。前田庸『会社法入門〔第11版補訂版〕』496〜497頁（有斐閣、2008年）、結果として同旨、弥永真生『コンメンタール会社法施行規則・電子公告規則』731〜736頁（商事法務、2007年）。
　　また、監査役が取締役の善管注意義務の違反の有無を監視することは、実際問題としては、妥当性監査にかかる事項についても監査権限を有することをほとんど変わらないとの意見として、神田秀樹『会社法〔第11版〕』217頁（弘文堂、2009年）。
42) もっとも、社外監査役には取締役会での議決権がないため、社長人事に影響を与えることができないことから、社外監査役には期待される役割を果たせないとの意見もある。中谷巖＝田村達也『社外取締役のすべて』36頁（東洋経済社、2004年）。
43) 例えば、経済産業省が主催した研究会では、社外・独立取締役および監査役の選任・拡充を主張しつつも、「一方で、わが国における社外・独立取締役の人材不足や、そもそも社外の者が経営を監督することができるのかといった問題が提起された」とのこと

である。経済産業省企業行動の開示・評価に関する研究会「コーポレートガバナンス及びリスク管理・内部統制に関する開示・評価の枠組について－構築及び開示のための指針－」36～37頁（平成17年8月公表）。
44）委員会設置会社を導入している業界として電機業界がある。日立グループは、17社が委員会設置会社となっている（日本監査役協会調査・前掲注(39)）が、日立製作所のように、その子会社の社外取締役に親会社である日立製作所の取締役が就任しているケースがある。
45）学界からは、「社外監査役の実態は、親会社等関連会社の出身者、取引金融機関の出身者により大部分しめられているが、これらが独立性（特に過去のしがらみ）の点で、期待に合致した人選か否か疑わしい」（江頭・前掲注(8)477頁）との認識の下、「社外取締役・社外監査役の定義は、（中略）、社外性の要件の厳格化、とりわけ独立性の要件の導入が今後の立法論的課題となる」（森本滋「会社法のもとにおける経営管理機構」商事1744号31頁（2005年））との主張につながっている。
46）取締役（会）の専決事項としては、①取締役の職務の執行に係る情報の保存および管理に関する体制、②損失の危険の管理に関する規程その他の体制、③取締役の職務の執行が効率的に行われることを確保するための体制、④使用人の職務の執行が法令および定款に適合することを確保するための体制、⑤当該株式会社ならびにその親会社および子会社から成る企業集団における業務の適正を確保するための体制、⑥監査役がその職務を補助すべき使用人を置くことを求めた場合における当該使用人に関する事項、⑦前号の使用人の取締役からの独立性に関する事項、⑧取締役および使用人が監査役に報告をするための体制その他の監査役への報告に関する体制、⑨その他監査役の監査が実効的に行われることを確保するための体制、である（会施規98条1項・4項、100条1項・3項、委員会設置会社の場合は、112条）。
47）会社法で規定される以前から、「取締役の監視義務は、会社の業務執行が適正に行われることを一般的に確保するための会社内の体制とその機能を中心に考えるべきである」との主張がある。神崎克郎「会社の法令遵守と取締役の責任」曹時34巻4号14頁（1982年）。
48）内部統制システムの構築・運用は、任務懈怠による責任追及を受ける取締役にとって、過失がないことを主張・立証するための立証責任の転換にもなり得よう。すなわち、「取締役の善管注意義務として内部統制システムを設置し、それが機能していれば、何が発生しても取締役は免責される」（神田秀樹「新会社法と内部統制のあり方」商事1766号38～39頁（2006年））ということになる。
49）例えば、役員に対する責任追及では、日興コーディアルグループが、旧経営陣に対して33億円強の損害賠償請求訴訟を提起したが、特別調査委員会（第三者委員会）が調査

した結果に基づいている。商事1800号63〜64頁（2007年）。

　　また、買収防衛策の発動と第三者委員会との関係については、ブルドックソース事件などが著名である。近藤浩＝井田美穂子「特別委員会の運営実務」ビジネス法務7巻10号19〜26頁（2007年）。

50）州会社法で訴訟委員会を規定している州はCalifornia, Delaware, Illinois, Michigan,など、約30州である（2006年末時点）。

　　なお、アメリカでは、州会社法に訴訟委員会を規定していない場合も、裁判所が判例法理から訴訟委員会の決定を尊重する判断を下すことが多いようである。

51）特に、多額の粉飾決算が明るみにでたエンロン事件を契機に2002年に制定されたSarbanes-Oxley Act of 2002の301条では、①取締役としての報酬以外に、いかなる報酬も当該会社から得ていないこと、②当該会社およびその子会社の関係者でないこと、が規定され、独立取締役（independent director）の独立要件が強化された。これを受けて、ニューヨーク証券取引所（NYSE）の上場規則では、①現在または過去3年間において、当該上場会社（親会社および連結子会社を含む）の従業員、②現在または3年間において、近親者が当該上場会社の業務執行役員である者、③過去3年間において、取締役・委員報酬その他以前に提供した業務に対する後払い報酬（継続的業務に対する報酬に限る）を除き、当該上場会社から12ヶ月間に12万ドル以上の報酬を受けた者または近親者がかかる報酬をうけた者、④現在または過去3年間において、当該上場会社の現業務執行役員が報酬委員会となっている他の会社で同時に業務執行役員であった者または近親者がその会社の業務執行役員であった者、⑤過去3会計期間において、当該上場会社との間で、100万ドル以上もしくは連結売上高の2％以上の製品もしくは役務の提供に係る支払いをしたまたは支払いを受けた会社の現従業員、または近親者がその会社の現業務執行役員である者、は独立要件を否定している（303A.02（b））。

52）In re Oracle Derivative Litigation,824A.2d917（Del.Ch2003）、In re Limited Corp., 2002WL537692（Del.Ch）。前者を紹介したものとして、近藤光男「社外取締役の独立性」商事1738号51頁（2005年）、後者を紹介したものとして、行澤一人「株主代表訴訟における会社取締役の独立性の判断基準」商事1822号49頁（2008年）がある。

53）http://konicaminolta.jp/about/csr/csr/governnance/management.02.html（2008年12月30日現在）。なお、コニカミノルタ㈱の独立性の運用基準の明示に対する考え方については、該社を統括する立場にあるコニカミノルタホールディングスの取締役会議長である植松富司「中長期的な企業の発展」監査496号5頁（2005年）が参考になる。

54）企業統治研究会でも、「監査役設置会社において社外取締役の設置を例外なく義務づける場合のガバナンス上の功罪については、より慎重な検討が必要である」とした上で、例えば、社外の有識者から構成されるアドバイザリー・ボード等を設置する例など

を紹介している。企業統治研究会・前掲注(2) 6頁。
55) 企業統治研究会の結論は、①社外取締役を設置し、企業統治体制を整備、実行することについて、開示する（社外取締役の役割、機能の開示等）、②社外取締役制度を選択しない場合、当該企業独自の方法で、企業統治体制を整備、実行することについて、開示すること、としている。企業統治研究会・前掲注(2)頁。
56) 日本取締役協会では、日本の企業実態を踏まえて、そのコーポレート・ガバナンスの一環として「独立取締役」が重要な役割を果たすとし、独自の独立取締役コードを公表した。この中で、取締役会における独立取締役の員数は、独立取締役が取締役会において相応の影響力を及ぼすことができるようなものとすべきと主張している。日本取締役協会社外取締役委員会「独立取締役コード」13～14頁（2005年10月13日公表）。
57) 日本経済団体連合会「我が国におけるコーポレート・ガバナンス制度のあり方について」5～6頁（2006年6月20日公表）。
58) 金融審議会金融分科会の最終報告書の中でも、「親会社や兄弟会社、大株主企業、主要取引先の出身者等を社外取締役・監査役に選任した場合、独立した立場からの監督という趣旨は十分に満たされない懸念がある」と指摘している。金融審議会金融分科会・前掲注(1)12頁。
59) 例えば、会社からの委任を受け、その事業活動や業務執行に深く関与している弁護士、会計士、コンサルタントが社外性の欠格事由とされなかったのは、少なくとも、弁護士および会計士については、法令や資格団体によって厳しい職業倫理規定が課されており、株主の利益を図る観点からは経営監視が可能だと考えられたからであろうとの指摘もある。小林秀之編著・前掲注(32)85頁。
60) 新谷勝『役員の権限と責任・株主代表訴訟』158頁（中央経済社、2005年）。
61) この論点は、監査役の現行の任期4年の短縮化とセットとなる。
62) 日本経済団体連合会・前掲注(57) 5頁。
63) 三井物産の槍田社長（当時）は、企業は赤字だけでなく、コンプライアンスの問題でも倒産する可能性がある旨の見解を示している。第58回監査役全国会議「良質な企業統治体制の確立と監査役の役割」[槍田発言] 監査488号19頁（2004年）。
64) 立法化に至る前に、東京証券取引所などの上場規則によって、会員会社への対応を促す方策もあるかもしれない。例えば、東京証券取引所では「コーポレート・ガバナンスに関する報告書」の記載要領の改訂の中で、社外取締役・監査役の独立性について会社の考え方を記載するように新たに要請している。東京証券取引所「コーポレート・ガバナンスに関する報告書記載要領の改訂及び再提出のお願いについて」（平成21年12月29日公表）。

第2章

違法行為に直接関与していない役員の監視・監督責任

1 　会社役員は、内部統制システムについて、違法行為等の防止や対応において機能していることを不断に確認する必要がある。その結果、内部統制システムが機能していることを疑うべき特段の事情がなければ、役員は、内部統制システムに基づいて適切な業務執行が行われていると信頼することができ、他の取締役の行った業務執行について善管注意義務違反を問われない。
2 　内部統制システムが機能しているかどうかは、当該会社において発生する問題について、都度、内部統制システムの各フェーズが適切に機能していることをモニタリングすることで確認できる。
3 　違法状態が継続している場合、それが法令違反または第三者の権利を侵害するおそれがあるときは、役員は自社の利益に優先して当該違法状態を直ちに解消する義務があるが、自社を害するおそれにとどまるときは、役員は、最善の結果になるように行為すればよく、その意思決定には経営判断の原則が適用される。

1. 序

　取締役は、担当外の業務執行に関しても、代表取締役や担当取締役の業務執行について監視・監督義務を負うと解されているが、現代の上場会社等において、会社の業務執行全般を監視・監督することはそもそも期待しがたい一方、会社法や金融商品取引法において会社の内部統制システム構築義務に関する明文の規定が設けられたことから、内部統制システムの構築義務をもって、取締役の監視・監督義務に置き換えることが可能であると論じられている。
　この点が肯定されるのであれば、自らは関与していない他の取締役の業務執行に関して責任を追及された取締役の「監視・監督義務違反がなかった」という主張は、「内部統制システム構築義務違反がなかった」という主張に置き換わることになる。
　また、監査役についても、内部統制システムが構築されていることを前提に監査を行えば、善管注意義務違反を問われないとも考えられる。
　現に、近年のいくつかの裁判では、会社の内部統制システムまたはリスク管理体制の構築がなされていたかどうかが争点となり、総じて構築されていなかったとはいえない旨の裁判所の判断が示されている。
　しかし、当該判例はいずれも、会社法等において内部統制システム構築義務が規定される以前に発生した事件に関するものであり、各判例で示された基準が現在でも妥当するとは必ずしもいえず、また、業務執行の内容や取締役・監査役の関与の仕方も事案により異なることから、どこまで内部統制システムの構築を行えば「内部統制システム構築義務」が尽くされていたと評価されるのかは、必ずしも明確ではない。
　その結果、取締役は、どこまで内部統制システムを構築しておけば、監視・監督義務違反を問われないか予想することが困難であるし、監査役も、

内部統制システムを信頼したことについて善管注意義務違反を問われないか、確信が持てないことになりかねない。

そこで、本章では、この点について、一定のメルクマールを設定することができないか検討してみたい。

2. 取締役の監視・監督義務等と内部統制システム

(1) 監視・監督義務から内部統制システム構築義務へ

　会社法は、代表取締役および業務執行取締役が取締役会設置会社の業務を執行する権限を有することを規定し、取締役会構成員である取締役の中に、業務執行を行う取締役（以下、「業務執行取締役等」という）と、それ以外の取締役が存在することを明示している（会363条1項）[1]。

　一方、会社において違法行為等[2]が行われた場合、当該行為[3]に直接関与した取締役等が法令の要件を満たせば責任を負うことは当然として、直接関与した取締役以外の取締役も取締役会の構成員として他の取締役に対する監視・監督責任を問われる場合があることが判例・学説上一般に認められてきた（最判昭和48・5・22民集27巻5号655頁ほか）[4]。

　ところで、取締役は取締役会に議案または報告として上程される事項については知り得る立場にあるが、前掲最高裁判決は、「取締役会に上程された事柄についてだけ監視するにとどまらず、代表取締役の業務執行一般につき、これを監視」する義務があると判示しており、取締役の監視・監督義務の対象は取締役会上程事項に限られないことになる。

　しかし、大企業（特に上場会社等の大規模な会社）[5]では、取締役や監査役[6]が、他の取締役等の業務執行の全てについて監視・監督することは物理的に不可能であり、また、現代では、迅速な意思決定を行う目的で、事業部制等を採用し権限が事業部長以下に大幅に委譲されている会社も多く、その

ような組織では、取締役が担当外の事業部門に対してことごとく情報を開示し、他の事業部門の取締役の関与を求めることは、事業部制を採用した趣旨を損ないかねない[7]。

そのため、会社法制定前から、取締役会に上程されない事項に関して取締役がどこまで監視・監督義務を負うかが争点となり、学説や下級審判例においても、取締役の監視義務の範囲に一定の制限を設けることが検討されてきた。その際、米国の例を参考に[8]、取締役は、権限を委任された取締役等の行為については、特に疑うべき事情がない限り問題がないものと信頼することができるとする「信頼の権利」または「信頼の抗弁」の適用が主張され、その前提として内部統制システム構築の必要性を説く見解もあった[9][10][11]。

その後、会社法が、大会社に対し、取締役会において「取締役の職務の執行が法令および定款に適合することを確保するための体制その他株式会社の業務の適正を確保するために必要なものとして法務省令で定める体制の整備」を決定しなければならないと定め（会362条4項6号、同5項、会施規100条）、また、上場会社では、「財務報告の適正を確保するための内部統制システムについての報告書の提出」が要求されるなど（金商24条4の4）、会社において違法行為等の発生を防止するための内部統制システムの構築が法律上の義務とされてきている[12]。一方、この内部統制システムが適切に構築されていれば、取締役は、必ずしも業務執行取締役の個々の業務執行について監視・監督しなくても、会社として違法行為等の発生を防止し、あるいは発生した場合に適切に対応できると期待できることになる。そのため、現在では、少なくとも、各取締役が会社の業務執行の全てを把握することが困難なような大企業では、内部統制システムが適切に構築されていれば、各取締役は、会社の内部統制システムが機能して適正な業務執行が行われることを信頼することができ、特段の事情がない限り、業務執行取締役等の業務執行について個別に監視・監督を行わなくても、監視・監督義務の観点からは免責されるとする見解が主流のように思われる。監査役に関しても、同じく

内部統制システムが適切に構築されていれば、特に疑うべき事情がない限り、内部監査室など会社の下部機関から提供される情報や報告を信頼して、当該情報等に基づいて会社の業務執行を監査すればよいと解されている。すなわち、大企業においては、取締役の監視・監督義務や監査役の職務は、内部統制システムの構築義務に、相当の部分が置き換えられているということができる[13]。

(2) 内部統制システム構築義務の内容

近年、取締役の内部統制システムまたはリスク管理体制構築義務違反の有無が争点となった判決がいくつか見受けられるが、総じて、違法行為等が行われた時点を基準として、これを防止するための内部統制システムまたはリスク管理体制が整備されていなかったとはいえないと解し、いずれの事件でも内部統制システム構築義務または取締役の監視・監督義務の観点では役員の責任は認められていない[14]。

例えば、取締役の内部統制システム（リスク管理体制）構築義務を明示した大和銀行株主代表訴訟事件第1審判決[15]は、大和銀行では、取引を担当する部門（フロント・オフィス）と、取引により作成される契約書、伝票等を照合する部門（バック・オフィス）とを組織上分離して相互に牽制し合う体制が一応実施されていたこと、財務省証券取引を担当する部門とカストディ業務を担当する部門の組織上の分離や兼任禁止は十分ではなかったが、両部門の分離により不正行為の発見、防止ができたとは認められないことから、リスク管理体制は、大綱のみならずその具体的な仕組みについても整備されてなかったとまではいえないと判示している[16]。

また、消費者に販売する食品（「大肉まん」）への未認可添加物の混入と、それが発覚した後の対応に関する役員の責任が問題となったダスキン株主代表訴訟事件[17]の、直接実行者ではない役員11名に対する控訴審判決[18][19]は、危機管理行動チェックリストによる違法行為等に対する対応の整備、担当取

締役の報告義務の規程化、コンプライアンスに関するマニュアル配布や研修の実施およびセミナーの開催等の事実を認定した上で、ダスキンにおける「違法行為を未然に防止するための法令遵守体制（具体的な取組みを含む。）について検討」し、①ダスキンは、当時、担当取締役は経営上の重要な事項を取締役会に報告するように定め、②従業員に対しても、ミスや突発的な問題は速やかに報告するように周知徹底しており、③違法行為が発覚した場合の対応体制についても定めていたし、④実際に起こった食中毒に関する企業不祥事の事案を取り上げて注意を促すセミナーも開催していたとして、「取締役の監視義務が部門ごとの限定なく、会社全体に及ぶことは当然であるが、その監視の方法は、各事業についての事前のチェックに限られるものではない。ダスキンは、経営上の重要な情報を取締役会への報告事項と定めていたから、各取締役が定められた義務を果たせば、各事業部門に生じる問題を全社的に議論することが可能になっていた」から、ダスキンにおけるリスク管理体制のうち違法行為を未然に防止するための法令遵守体制（内部統制システム）は、未認可添加物が混入した「大肉まん」販売当時、当該違法行為時点を基準にすると、整備されていなかったとはいえないと判断して、この点に関する取締役の善管注意義務違反を否定している[20]。

　さらに、デリバティブ取引に関して会社が取引縮小・新規取引中止等の意思決定を行ったにもかかわらず、担当取締役が、レバレッジを掛けるなどの方法で想定元本の拡大等を行い損失を拡大したことについての取締役のリスク管理体制構築義務違反が問題となったヤクルト株主代表訴訟事件控訴審判決[21]は、①ヤクルト本社では、デリバティブの全取引は、同社監査室および監査法人の監査を受け、中間期末および期末には全てのデリバティブ取引の契約書のコピーが監査法人に提出されていたこと、②平成4年9月の月次決算以降、デリバティブ取引の実現損益について独立の勘定科目を設けて計上され、月次損益報告書に区分表示された上、毎月経営政策審議会に報告されて了承され、また、四半期、中間期、期末ごとに取締役会に報告されて了承

第2章　違法行為に直接関与していない役員の監視・監督責任

を受け、投資家、株主にも開示されていたが、その数値は不正な操作が行われたことはなく、会計上も誤りはなかったこと、③ヤクルト本社は、デリバティブ取引の監査強化のため、監査室を管理本部から社長の直属に移管していたことなどの組織体制や運営状況から、「当時のデリバティブ取引についての知見を前提にすると、ヤクルト本社においては、相応のリスク管理体制が構築されていた」としている。

　また、当該判決は、代表取締役や経理担当取締役の責任について、同社ほどの規模の事業会社では、「役員は、広範な職務権限を有しており、かつ、必ずしも金融取引の専門家でもないのであるから、自らが、個別取引の詳細を一から精査することまでは求められておらず、下部組織等が適正に職務を遂行していることを前提とし、そこから挙（上）がってくる報告に明らかな不備、不足があり、これに依拠することに躊躇を覚えるというような特段の事情のない限り、その報告等を基に調査、確認すれば、その注意義務を尽くしたことになる」とし、また、担当ではないその他の取締役について、「相応のリスク管理体制に基づいて職務執行に対する監視が行われている以上、特に担当取締役の職務執行が違法であることを疑わせる特段の事情が存在しない限り、担当取締役の職務執行が適法であると信頼することには正当性が認められるのであり、このような特段の事情のない限り、監視義務を内容とする善管注意義務違反に問われることはないというべきである」と判示し、いずれも善管注意義務違反を否定している。

　ところで、現実に業務執行を担当した取締役等に法律上の責任が発生するような違法行為等が発生し、また、当該違法行為等の発生または発生の可能性に関して他の取締役に情報が伝達されず、あるいは取締役会や他の取締役によるチェック機能や防止機能が働いていなかったのであれば、結果として、当該会社においては内部統制システムが機能していなかったといわざるを得ない。

　もちろん、民法も会社法も過失責任主義を原則とする以上、単に結果論で

判断することは避けなければならないが、当該内部統制システムの機能が十全に働いていなかったのであれば、当該会社において必要とされる内部統制システムの整備がなされていなかったに他ならないから、機能していなかったことについて役員に過失があれば責任が発生するはずである[22]。

したがって、他の取締役の業務執行に関する監視・監督責任を内部統制システムの整備に関する責任に置き換えるのであれば、取締役は、組織体制など静的な観点で内部統制システムを整備するのみでなく、動的な観点からも、それが機能しているかどうか確認し、機能していなかったとすると、それを復旧する必要があるはずであり、それがなされていなければ、内部統制システムが構築されていたことにはならないであろう。また、監査役についても、取締役の業務執行の監査として、内部統制システムが構築され機能しているかどうかは、監査の対象となるはずである。

なお、内部統制システムの構築に関しては、会社の業種、規模、業態等多様であることから、一般には、具体的な定め方については経営判断の原則が働き、合理性を欠くものでなければ、取締役会の広い裁量が許されると解されている[23]。

しかし、それが現実に違法行為の防止の機能を果たしていないのであれば内部統制システムを信頼して監視・監督義務を果たすことはできないはずであるから、どのような会社であっても、役員は、内部統制システムを一度構築すれば免責される訳ではなく、それが機能しているかどうかを不断に確認する必要があるというべきである[24]。

3. 内部統制システムの整備の検証方法

(1) 内部統制システムのフェーズ分類

以上のように、内部統制システムが構築されているというためには、それ

が現実に機能しているかどうかを検証する必要があると考えられるが、その場合に、違法行為等の予防や発生とその処理に関する当該会社における一連の対応について、以下のような各フェーズについて分類して考えることが可能ではないかと思われる。

> フェーズ1　違法行為の予防
> ①　故意行為の予防
> 　　マニュアルの整備や研修の定期的な実施等により役職員にコンプライアンスの趣旨を徹底し理解させること、発覚の可能性やそのために本人も不利益を被ることを明示して違法行為を抑制することなどの主観的な側面、故意の違法行為等の発生を自律的に防止できるような生産設備、製造工程や社内決裁ルール、経理処理ルールを整備することなどの客観的な側面が考えられる。
> ②　過失行為の予防
> 　　同じくマニュアルの整備や研修等により法令等の理解を深め、法令の不知や思い違いによる違法行為を防止することなどの主観的側面、マニュアルや製造工程を明確化し、生産設備や社内規程の整備により事前に過失や事故の発生可能性を排除することなどの客観的側面が考えられる。

> フェーズ2　違法行為等の発見・認識[25]
> ①　違法行為等の発見
> 　　契約書、伝票等の多重チェック、業務執行部門と決裁部門、監査部門等の組織の分離独立等により違法行為等が発生した場合にすみやかに発見できるようなシステムを構築することが考えられる。
> ②　情報の伝達
> 　　違法行為等の内容に応じて必要な機関に伝達されるシステムの構

築や、正規のルートを通じて情報が伝達されない場合の内部通報制度を整備することなどが考えられる。

フェーズ3　違法状態の解消

違法行為等の内容、その結果生じた状況に応じて、以下のような対応が考えられる。
① 新たな損害・被害の発生、損害の拡大の防止
② 自社、従業員、顧客、第三者等に発生した損害の回復
③ 事実の公表
④ 必要に応じて契約解除、告訴などの措置、社内処分

フェーズ4　再発防止措置

違法行為等の発生原因を究明し、内部統制システムに問題が生じていたのであれば、問題のあった各フェーズについて見直し、その機能を回復させる措置が考えられる。

なお、通常は、内部統制システムのフェーズ1に支障があり違法行為等が発生した場合に、フェーズ2以下の段階が続くことになるが、フェーズ2以降の対応が必要となる状況は、フェーズ1の内部統制システムが十分に機能していても発生することがある（例えば、地震など自然災害による原子力発電所等の事故や全くの第三者の犯罪行為による情報漏えいなど[26]）。

その場合でも、違法行為等に対処する過程において、フェーズ2以下の内部統制システムに問題があれば、その結果会社または第三者に損害が発生し、役員の責任が生じる事態もあり得る。すなわち、各フェーズは連続しているとしても、内部統制システムが構築され機能しているかどうかという観点からは、それぞれのフェーズについて独立の評価が必要である[27]。

(2) 内部統制システムの機能の検証方法

　ところで、従前の判例等に現われた事件では、「内部統制システム構築義務」は、主にフェーズ1およびフェーズ2にかかる規程類やマニュアルおよび組織体制の整備等について判断されており、違法行為等が発生した場合に各フェーズにおいて対応できるように運営されていたかどうかという観点からは、余り議論されていないように思われる。

　しかし、いかに規程類や組織体制が整備され、必要な情報が取締役会または各取締役に伝達され相互監視が可能なような制度が設けられていたとしても、各フェーズにおいて役割を担う役職員がその職務を全うせず、あるいはシステム自体に「バグ」が隠れており特定の違法行為等に対応できないような場合は、結果として違法行為等の防止や対応に齟齬が生じることになりかねない。

　したがって、内部統制システムが機能しているかどうかは、規程類や制度組織など静的な側面からみるだけでは不十分であり、現実に発生した違法行為等がどのように発見され処理されているかという動的な側面からみる必要がある。

　ここで、内部統制システムの整備をもって取締役等の監視・監督義務等に置き換えることが可能なような大企業を念頭に置くと、少なくとも過失による事故は、どのように注意したとしても確率的に発生が不可避であり、その都度、内部統制システムによる情報伝達と損害（もしあれば）の修復がなされているはずである。したがって、その過程に関して取締役会または各取締役において適切にモニタリングが行われていれば、その発生原因や情報の伝達過程、対応の内容や決定方法等を吟味することにより、当該会社において構築された内部統制システムが十全に機能しているかどうか検証が可能と考えられる。

　すなわち、役員が、内部統制システムが整備されていることを前提に、そ

れを信頼して行為したことによる免責を主張するのであれば、いわば日常的に発生する違法行為等の各フェーズに関する情報が、担当業務執行取締役等から取締役会または各取締役に報告され、それについての検証が行われて内部統制システムが機能していること、もしくは機能に問題が生じたが回復したことが確認されていることが前提になると考えられる。

　ところで、株主代表訴訟において内部統制システムの構築義務が問題となった事案は、いずれも、結果としてみれば当該会社のリスク管理等における欠陥により発生したものであり、その原因の究明と、損害回復のための適切な対応や再発防止措置がとられたかどうかは、当該会社において構築した内部統制システムが現実に機能しているかどうかの試金石になるといってよいであろう。

　したがって、このような大事件が発生した場合は、第一義的には担当役員（あるいは、当該違法行為等の対応を委嘱された役員）が対応するとしても、担当外の役員も、内部統制システムに欠陥がなかったかどうか、欠陥があったとすれば修復されたかどうか、違法行為等が発生した後に内部統制システムに従って適切な対応がなされたかどうか等について検証する必要があり、そうでなければ内部統制システムが十全に機能していると信頼する根拠を欠くといわざるを得ない。

　もちろん、このような内部統制システムの機能状況が、業務執行取締役等の業務執行報告として行われた場合、他の取締役や監査役は、報告内容が正しいかどうか疑うべき特段の事情がなければ、その報告を事実と判断してよいであろう。

　現実に、大部分の会社においては、取締役会等においてかかる報告が行われ、了承されているのではないかと考えられるが、内部統制システムとの関係を意識して報告されている場合は少ないと思われる[28]。

　しかし、「内部統制システムに対する信頼」の前提としてかかる業務執行報告を行う場合には、当該事例の具体的な事実に加えて、フェーズ1からフ

ェーズ4における内部統制システムに欠陥がなかったかどうか、仮に機能していなかったとすると、それがどのフェーズに関するもので、どのような原因によるものであり、どのように修復したかについての報告が不可欠である[29]。

　なお、全く、内部統制システムの機能状況に関する業務執行報告が行われない場合、内部統制システムがフェーズ1において100％機能し違法行為等が全く発生していない可能性も否定できないから、内部統制システムが正常に機能しているかどうか判断する方法がないようにも思われる。しかし、大企業において、いかに内部統制システムが構築されているとしても、全く事故や違法行為等（特に過失による行為や第三者による侵害等）が発生しないということは経験則上考えがたい。したがって、仮にかかる事項に関する報告が全く行われないとすると、違法行為の発見過程または情報の伝達経路（フェーズ2）に問題があると考えるべきである[30]。

　したがって、そのような場合、担当業務執行取締役以外の役員は、少なくとも内部統制システムのフェーズ2に欠陥がないかどうか担当業務執行取締役等に調査を申し入れる義務があり、それを怠って放置した結果、内部統制システムが機能せず違法行為等が発生した場合は、もはや内部統制システムを信頼したことによって免責される理由はないといわざるを得ない。

　ところで、このように解すると、取締役の内部統制システム構築義務の対象が過度に広がり、かえって実効性が期待できないのではないかとの疑念も考えられなくはない。

　この点については、金融商品取引法における内部統制システムの構成要素として、統制環境、リスクの評価と対応、統制活動、情報と伝達、モニタリング、IT（情報技術）への対応の6項目が挙げられているが、前述した内部統制システムの各フェーズは、上記の各項目を、違法行為等の発生と対応の過程にしたがって再構成したものということも可能である。すなわち、上場企業においては、既に、前記の各フェーズに記載されたような業務執行の

大部分に関しては、既に金融商品取引法に基づくモニタリングが行われているはずなのであって、これを会社法における役員の責任の観点から再構成すれば、大部分はカバーでき、役員に過大な責任や義務を負担させることにはならないのではないかと考えられる[31)32)]。

4. 内部統制システムの整備に関する判断基準

　以上から、内部統制システムの構築を前提として、取締役が他の取締役の業務執行に関するそれ以上の監視・監督義務違反を免れる、あるいは監査役が、内部統制システムにしたがって提供された情報に基づいて監査を行えば免責されるとした場合の条件として、以下のような公式化ができるのではないだろうか。

> ★　第1フォーミュラ
> 　内部統制システムが適切に構築され、フェーズ1～4の各フェーズにおいて正常に機能していることを合理的に信頼できる理由がある場合、違法行為等の防止、伝達、対応を直接担当しない取締役は、内部統制システムが有効に機能していることを前提に担当業務執行取締役により内部統制システムに基づいて適切な処理が行われることを信頼することができ、それにより監視・監督義務違反を問われない。
> 　また、監査役は、同じく内部統制システムが適切に構築され有効に機能していることを前提に監査を行うことができ、それにより善管注意義務違反を問われない。

> ★　第2フォーミュラ
> 　内部統制システムが適切に構築され有効に機能していることは、規程類や制度組織が適切に整備されていることに加えて、発生した違法行為

等に関して、その原因の究明や対応を通じて、内部統制システムの各フェーズが有効に機能していること、あるいは瑕疵があった場合はすみやかに治癒されていることが業務執行取締役等により取締役会または各取締役に報告され、それを疑うべき特段の事情がない限り合理的に信頼することができる。

上記の各フォーミュラに基づくと、各役員は、その職務分担に応じて以下のような責任を負うことになる。

ア 内部統制システムの各フェーズを直接担当する役員

各フェーズにおける内部統制システム上の義務違反は、独立した義務違反行為となる[33]。

内部統制システムの各フェーズについて独立して判断するとすれば、情報の伝達、損害の回復、再発防止などの各フェーズにおいて当該違法行為等への対応を担当した役員も、直接の担当役員としての責任を問われる可能性がある[34]。

イ 内部統制システムの各フェーズを直接担当しない役員

内部統制システムが適切に構築されていない、または有効に機能していないと疑うべき事由がなければ、内部統制システムの各フェーズについて担当業務執行取締役を信頼してよく、担当業務執行取締役等が任務に違背し結果的に違法行為等が発生したとしても、取締役は原則として内部統制システム構築義務に関する善管注意義務違反を問われない。また、監査役は、内部統制システムを信頼して、それが適切に構築され有効に機能していることを前提に監査を行えば原則として善管注意義務違反を問われない。

内部統制システムが適切に構築されていない、または有効に機能していないと疑うべき事由があれば、その事実を調査し、あるいは担当業務執行

取締役等に調査させて、結果を確認し、問題がある場合は、取締役は取締役会の決議により、また監査役は業務執行取締役または取締役会に意見を述べ取締役会で決議させることにより、修復させる義務を負う[35]。

仮に、違法行為等が全く報告されない場合、内部統制システムが完璧に機能し、全く違法行為が発生しないことは経験則上極めて疑わしいから、各役員は内部統制システムの各フェーズ（特にフェーズ2）に関して現実に機能しているかどうか確認する義務がある。

5. 違法状態における業務執行に関する役員の責任

(1) 問題の所在

違法行為等が発生した場合、当該行為に直接関与した役員かどうかにかかわらず、役員が、内部統制システムのフェーズ2ないしフェーズ4の段階に関与する場合があり得る。

さらに、役員就任後に違法行為等の存在が明らかになった場合、フェーズ1については役員としての責任を負う可能性が全くないにもかかわらず、その事後対応であるフェーズ3、フェーズ4を直接担当することがあり得るが、フェーズ3、フェーズ4に関しても独立して役員の責任が発生するとすれば、当該役員は、事後対応に関して忠実義務もしくは善管注意義務違反があれば責任を負うことになる。

一方で、違法行為等が既に発生している以上、この場合の役員の取るべき手段は大きく制約される場合が多い。

このような例として、最近の判例に現われた事件では、後に経営破たんした株式会社北海道拓殖銀行（以下、「拓銀」という）が経営状況の悪化した融資先に対し、その事実を認識しながら行った追加融資に関して意思決定に関与した取締役の責任が争われた事件（拓銀カブトデコム事件）が挙げられ

る。ここで、債務者である株式会社カブトデコム（以下、「カブトデコム」という）の存続が不可能と判断された後に行われた409億円の融資に関し[36]、拓銀取締役らは、カブトデコムが遂行していた「エイペックスリゾート」開発に関する事業（以下、「エイペックス事業」という）を継続し完成させればより多額の貸付金を回収できる可能性、カブトデコムの破たんによる連鎖倒産や同社に多額の貸付金がある道内信用組合の経営支援を回避する必要性などを主張したが、上告審判決[37]で裁判所は①当該融資は、もはやカブトデコムの存続は不可能であるとの認識の元で行われたものであり、その貸付額409億円に対して、追加担保および登記した登記留保担保の実効担保価格は計約163億円であって、当該融資はその大部分につき当初から回収の見込みがなかったこと、②エイペックス事業が完成して独立して採算を得られる見込みが十分にあったとすれば短期的に損失を計上しても中長期的には会社（拓銀）に利益になるとの判断もあながち不合理とはいえないが、当該融資を決定した時点ではエイペックス事業の採算性について大きな疑問があり、中長期的にもエイペックス事業を独立して継続させることにより当該融資に見合う額の回収が期待できたとはいえず、エイペックス事業の完成に伴う担保価値増加や10年後の単年度黒字転換などの報告は十分な資料の検討に基づく合理的なものとはいえないこと、③連鎖倒産や道内の信用組合の破たんによる支援要請は、カブトデコムが存続不可能という前提であれば、同社を数ヶ月延命させたところで回避できないことから、当該融資を行うことを決定した役員2名について、銀行の取締役としての忠実義務、善管注意義務に反するとした。

　また、同じく拓銀の支店副支店長が規程に反し無権限で行った「他店券過振り」により結果として48億4,000万円の無担保の与信が発生した取引先（株式会社栄木不動産。以下、「栄木不動産」という）に対して担保権の設定と引換に行われた20億円の追加融資に関して取締役の責任が追及された事件（拓銀栄木不動産事件）の上告審判決[38]で、裁判所は、「健全な貸付先とは到

底認められない債務者に対する融資として新たな貸出リスクを生じさせるものであるから、本件過振りの事後処理に当たって債権の回収及び保全を第一義に考えるべき拓銀取締役らにとって、(不動産に担保権を設定する条件として20億円の追加融資を求めるという債務者側の提案は)原則として受け容れてはならない提案」であり、追加融資に応じるとの判断について「合理性があるとすれば、それは、本件追加融資の担保として提供される本件不動産について、仮に本件追加融資後にその価値が下落したとしても、その下落が通常予測できないようなものでない限り、本件不動産を換価すればいつでも本件追加融資を確実に回収できるような担保余力(確実な担保余力)が見込まれる場合に限られる」と判示して、本件では、①鑑定を依頼した不動産鑑定士から口頭の報告を受けたのみで根拠ないし裏付けとなる事実が示された形跡もなく、評価自体も実態とかけ離れたもので、他に客観的な資料の検討もなされていないこと、②追加融資のわずか5ヶ月後の評価では、通常予測できないような価格の下落がなかったにもかかわらず本件不動産の実効担保価格は約18億円から22億円に過ぎなかったことなどから、時間的制約があったことを考慮しても、当該取締役らの判断は著しく不合理なものといわざるを得ず、取締役としての忠実義務違反、善管注意義務違反があったとした。

このように、拓銀の取締役の責任に関する2事件については、同日に最高裁で判決の言い渡しがあり[39]、いずれも先行行為の影響下での後行行為に関して取締役の責任が認められたが、その際に許容される取締役の裁量の範囲は、後述するように事案の内容により微妙に異なるように思われる。

(2)「違法行為等」の分類

このように違法行為等(先行行為)が先行する場合の役員の取るべき行動(後行行為)を考える上では、先行行為を、以下のように分類して考える必要があるように思われる[40]。

①法令違反行為

会社が法令違反の状況を惹起している以上、早急に解消する必要がある。

ただし、法令違反の内容や現実に権利侵害のおそれがあるかどうかなどの事情に応じて緊急性には濃淡があり、法令違反が軽微なもので第三者に損害が発生する蓋然性が低ければ、事実の公表を含め適切な対応をするために最小限必要な時間を猶予することは可能と考えられる。

②第三者の権利を侵害する行為

違法行為等が、第三者の権利を侵害する（おそれがある）場合、会社の利益に優先して、直ちに違法状態を解消し、損害の発生の防止または発生した損害の回復を行う必要がある。違法行為等が、不可抗力または会社役員の責任にかかわらない犯罪行為等による場合で、第三者に損害を与える場合（会社自体も合わせて損害を被る場合を含む）も同様である。また、①と同様に、権利侵害が軽微で発生する蓋然性も低ければ、多少の時間の猶予は認められてよいと考える。

なお、この場合、第三者との関係は不法行為（会429条、民709条）により処理すべき問題であり、会社に対する責任としては、役員は第三者に与える損害にかかわらず会社の損害を最小にするように行為すればよく、その判断については経営判断の原則が適用されるという見方もあり得るかもしれないが、第三者の損害を放置して会社の利益を図ること自体が違法であり、結果として会社の利益にもならないと解すべきであろう。

③会社の利益を害する行為

違法行為等が、法令違反ではなく第三者の権利を侵害するおそれもないが会社の利益を害するおそれがある場合、当該違法行為等が発生していることを前提として、会社の損害を最小に留める（損害を最大限回復する）対応をとることが取締役に求められる。先行行為が会社に対する善管注意義務違反

または忠実義務違反である場合、大半がこの類型に含まれると考えられる。また、違法行為等が不可抗力によるものであって、その結果会社にのみ損害が生じる場合も同様であろう。

当該判断については、広く取締役の裁量が認められるべきであり、原則として経営判断の原則が適用される。

以上を公式化すると、次のように表現できる。

> ★ 第3フォーミュラ
> 違法行為等が行われ違法状態が継続し、それが法令違反の場合または第三者の権利を侵害するおそれがある場合は、役員は自社の利益（損失の回避）に優先して当該違法状態を直ちに解消する義務がある。また、それが自社を害するおそれにとどまる場合は、当該事実を前提として最善の結果になるように行為する義務があり、その意思決定については経営判断の原則が適用される。

(3) 違反した場合の責任

後行行為における役員の義務を以上のように解すると、役員がこれに違反した場合には、以下のような責任を負うことになろう[41]。

①法令違反行為・定款違反行為

すみやかに違法状態を解消しなかったために会社、第三者に損害が発生すれば、独立して、当該役員の責任を構成する。

すみやかに違法状態を解消したにもかかわらず、発生した損害は、先行行為に関与した役員の責任である[42]。

②第三者の権利侵害行為

①と同様に、すみやかに違法状態を解消しなかったために第三者（および会社）に損害が発生すれば、独立して、当該役員の責任を構成する。

すみやかに違法状態を解消した場合にも発生したであろう損害は、先行行為に関与した役員の責任である。

③会社の利益を害する行為

経営判断の原則に照らして過失が認められる場合に、当該役員は、当該行為による損害について独立して責任を負う。

「当該行為による損害」とは、現実に発生した損害から「適切な行為をしたとしても発生した損害」を差し引いた金額である。

なお、「適切な行為をしたとしても発生した損害」は、適切な行為がなされれば損害の一部の回復が可能であったとすると、先行行為により現実に発生した損害額を下回る場合がある（後行行為に関する役員の責任は増大する）。

ところで、前述した、拓銀カブトデコム事件と拓銀栄木不動産事件における、後行行為時取締役の裁量の範囲の相違は、信用供与先（カブトデコムと栄木不動産）の信用状況の相違ともいえるが、上記の第3フォーミュラによっても説明できると思われる。

すなわち、拓銀カブトデコム事件では、当該融資（第3融資）が行われる以前に、カブトデコムに対しては、いずれも最高裁において主導した取締役の善管注意義務違反が認められた第1融資、第2融資が行われ、拓銀からカブトデコムグループに対する融資残高は2,597億円に達し、時価評価では1,940億円の保全不足の状態にあった（判決が引用する拓銀内部の調査データによる）。しかし、先行行為は、融資原則に反したものではあったが、その結果生じたのは拓銀における不良債権の増加であって、直ちに解消しなければならない法令・定款違反行為はなく、また、第三者の権利を直接侵害す

るような行為が行われていた訳ではなかったから、当時の状況で追加融資に応じるかどうかは、いずれの選択が拓銀にとって債権回収可能性が高いかという純粋な与信判断の問題といえる[43]。

したがって、当時の拓銀の取締役としては、カブトデコムグループに対して回収が見込めない多額の債権がある前提で、拓銀の損失を（金融機関としての信用やレピュテーションを含めて）最小にするように判断をする必要があり、その判断については経営判断の原則が適用されると考えられる。

現実には、エイペックス事業は、既に会員権の販売不振やキャンセル、カブトデコムによる約153億円の資金流用等の事実があった上、完成までに更に307億円の費用が必要とされており、これによる担保価値の増加や独立して事業を継続することによる債権回収などは、ほとんど根拠のない楽観的な予想に過ぎないもので合理性を欠くという結論は当然であろう。しかし、当該判決の「債務者が遂行中の事業（エイペックス事業）が完成して独立して採算を得られる見込みが十分にあったとすれば短期的に損失を計上しても中長期的には会社（拓銀）に利益になるとの判断もあながち不合理とはいえない」という部分は、上記のようなエイペックス事業の状況等が異なるものであれば、結果的に損失が発生したとしても追加融資を行うことが合理的な選択であったと判断される可能性があることを示しており、経営判断の原則に照らした判断がなされていたと考えることができる。

一方、拓銀栄木不動産事件で裁判所は、通常予想される範囲で不動産価格の変動があったとしても、いつでも確実に追加融資額を回収できるだけの担保余力があれば、追加融資に応じる判断に合理性が認められる余地がない訳ではないと解しているようである。しかし、通常、経営判断の原則が適用される場合は、合理的な範囲内でリスクテイクを行うことは経営判断に含まれると考えられ、事件当時に拓銀が数十億円の（担保付）融資を行うことは、通常の融資先であれば十分に許容されたであろうから、それと比較すると取締役の判断に合理性が認められる裁量の範囲は大幅に制約されていることに

第2章　違法行為に直接関与していない役員の監視・監督責任

なる。
　この点は、債権保全の観点からの説明も可能であろうが、「他店券過振り」という与信の方法自体が異例かつ社内規程に反したものである上、資金使途が仕手株の取得資金であることや、正式な与信手続きを経ていないことなどから、当該融資を、むしろ法令・定款違反に近いものと解釈することも可能ではないだろうか。そうであれば、早急に違法状態を解消することを優先すべきであり、取締役の裁量も、拓銀カブトデコム事件とは異なり、取引解消を前提とした極めて狭い範囲でしか認められないと解すべきことになろう[44][45][46]。

[注]

1) 旧商法でも、平成14年改正で明文化される以前から、代表取締役以外の取締役は原則として取締役会という会議体の構成員であり、個々の取締役の業務執行権限は取締役会または代表取締役の授権に基づくものと解されていた。
2) 本章でいう「違法行為等」は、別途注記がない場合、法令・定款違反行為、会社の内部規程等に違反する行為、第三者の権利を直接または間接に侵害する行為（不法行為）、善管注意義務に違反し会社の権利を毀損するおそれのある行為等を広く包含する意味で用いる。
3) 取締役会における意思決定も対象となる場合がある。
4) 当該判例で裁判所は「取締役会を構成する取締役は、会社に対し、取締役会に上程された事柄についてだけ監視するにとどまらず、代表取締役の業務執行一般につき、これを監視し………取締役会を通じて業務執行が適正に行われるようにする職務を有する」と判示している。なお、当該事案の会社は、上告代理人の上告理由中の原判決の引用によると、創立以来、株主総会も取締役会も開催されず、代表取締役の独断専行で経営が行われていたということである。
5) 会社法上の会社に関して論じる場合に「企業」という名称は不正確ではあるが、会社法上の「大会社」と区別するために、本章では、上場会社およびそれに相当する規模の会社を「大企業」ということとする。
6) 本章では、取締役会および監査役会設置会社である大会社を念頭に、主に取締役およ

79

び監査役(いずれも社内・社外を問わない)の責任を対象とすることとし、「役員」と表記した場合は、別途注記がない場合は取締役および監査役を意味することとする。

7) 後述するダスキン株主代表訴訟事件(11名)控訴審判決は「事業部門の独立性を高めるのは、当該会社が多岐に亘る事業経営をしているため、一定の基準を設けて、その範囲内では当該部門内部で処理が可能なこととして経営効率の向上を目指すものであるから、情報の全てを他の部門に伝達することを要求するのはその趣旨に反する。」と述べている。

8) アメリカ法曹協会(the American Bar Association)による米国模範会社法(Model Business Corporation Act 3rd Edition)8.30条(e)(1)(2002年)http://www.abanet.org/buslaw/library/onlinepublications/mbca2002.pdf#search='Model Business Corporation Act'(2010年1月12日現在)、証券取引法研究会国際部会訳編『コーポレート・ガバナンス－アメリカ法律協会(the American Law Institute)「コーポレート・ガバナンスの原理:分析と勧告」の研究－』24頁(日本証券経済研究所、2004年)参照。

9) 日本において主張されている信頼の権利が米国法における信頼の権利と必ずしも同一の趣旨とは限らない。例えば、上柳克郎＝鴻常夫＝竹内昭夫編『新版注釈会社法(6)』[近藤光男]279〜284頁(有斐閣、1987年)では、「取締役は、自分の領域以外の業務は適正に行われているであろうことを、ある程度信頼せざるをえないのである。しかし、このような信頼にいつでも保護を与えれば、取締役の監視義務は形骸化する。このような信頼は、取締役の過失の認定にあたって、取締役に有利な一つのファクターにすぎないというべきである。」とされ、一定限度で信頼の権利の適用が示唆されているが、あくまで1要素とされていることに注意する必要がある。

10) 信頼の権利を認めたとされる判例として、東京電力株主代表訴訟事件判決(東京地判平成11・3・4判タ1017号215頁)は、職務権限規定によって権限の配分・委譲に関して定め、取締役の業務執行権限を下位の職位者に順次委譲していることは組織運営方法として合理的であり、東京電力においては上位職位者の統括管理および指導監督責任の内容等について明確に定められているなどと判示して、取締役の従業員らに対する指導監督についての善管注意義務違反・忠実義務違反を否定した。後述する大和銀行株主代表訴訟事件(大阪地判平成12・9・20判タ1047号86頁)以下の内部統制システム(リスク管理体制)について判示した判決も、いずれも信頼の権利の適用を前提に置いていると解される。

11) 神崎克郎「会社の法令遵守と取締役の責任」曹時34巻4号867〜869頁(1982年)は、内部統制組織の構築と機能による取締役の監視・監督義務について論じている。また、神戸製鋼株主代表訴訟事件(神戸地裁。平成14年和解により終結)で裁判所から示され

第2章 違法行為に直接関与していない取締役の監視・監督責任

た「訴訟の早期終結に向けての裁判所の所見」において、職務の分担が進んでいる大企業においては取締役は違法行為を防止するために内部統制システムを構築すべき法律上の義務があるとする趣旨の見解が述べられている（商事1626号52〜53頁（2002年））。
12) 会社法上の内部統制システムと金融商品取引法上の内部統制システムの関係については諸説があり、必ずしも同一の目的ではない（神田秀樹『会社法〔第11版〕』194頁（2009年、弘文堂））とされているが、いずれにしても無関係のものではなく、根本的には、同一の会社の業務運営の適正を確保するための体制について、取締役の行為規範または責任の側面から規定されたものと、上場株式の投資家である株主に対する情報開示の側面から規定されたものというように理解すべきではないかと考えられる。
13) 神田秀樹「新会社法と内部統制のあり方」商事1766号38〜39頁（2006年）参照。
14) 判例では、しばしば「リスク管理体制」構築義務の問題として論じられている。後述するダスキン株主代表訴訟（11名）控訴審判決のように「リスク管理体制（いわゆる内部統制システム）」と表記している例もあり、裁判所は「リスク管理体制」と「内部統制システム」を同義と考えているようにも解されるが、内部統制システムは、個々の違法行為等に着目した場合の当該行為の防止体制に加えて、違法行為の発見や損害の修復が行われるための役職員のコンプライアンスに対する認識、社内体制等を含む、より広義の概念と解すべきように思われる。例えば、後述するヤクルト株主代表訴訟事件は、「デリバティブ取引に関するリスク管理体制の整備」に問題がなかったかどうかが争点となったが、ここでいうリスク管理体制は、目的が特定されたものであれば会社法または金融商品取引法における一般的な内部統制システムとは必ずしも一致しない可能性がある。
15) 大阪地判平成12・9・20判タ1047号86頁。
16) 結論として、当該支店担当の取締役および監査役（事件の発生時。以下、判例の引用その他事例に関する記載の役職・担当等について同じ。）についてのみ、検査方法が適切さを欠いたことにつき過失があるとして損害賠償責任が認められた。なお、事件当時を基準としても、リスク管理体制は機能していなかったのではないかとする見解（川村正幸「判批」金判1107号63頁（2001年））、事件当時大和銀行の検査方法は不備があるとはされていなかった可能性があることから、担当取締役および監査役に責任を認める判断についてより慎重な認定が必要ではないかとする見解がある（森本滋「判批」判時1743号207頁（2001年）、岩原紳作「大和銀行代表訴訟事件一審判決と代表訴訟制度改正問題（上）」商事1576号12〜13頁（2000年）など）。
17) ダスキン株主代表訴訟事件は、株式会社ダスキンが販売する食品（大肉まん）に、中国の外注先工場で使用したショートニングの中に海外の一部では使用が認められているが国内では未認可の添加物TBHQが混入していたことに端を発した事件であるが、以下

のような段階を追って進行し、最終的に一連の違法行為が発覚したことにより、売上の減少やフランチャイジーに対する補償、謝罪広告費用など100億円を超える損害が発生したとされている。

① 外部業者に委託して製造した食品への未認可添加物混入。
② ①が発覚した後の食品の販売継続。
③ ①②の事実を知った第三者に対する「口止め料」の支払い。
④ 役員が①ないし③を認識した後の「積極的に事実は公表しない」対応。

この一連の事件の契機となったのは①であるが、むしろ事後対応にかかる②以降の部分が事件や損害を拡大する結果となっている。

18) 大阪高判平成18・6・9判タ1214号115頁。
19) ダスキン株主代表訴訟は、2度に分けて提訴された後に、発覚後の販売継続や「口止め料」の支払い等の違法行為に直接関わった役員2名と、当該役員以外の代表取締役その他の役員11名に分離され、それぞれ判決が下されており、本項では「ダスキン株主代表訴訟事件（11名）」は分離後被告11名に関する訴訟をいうこととする。なお、ダスキンに関しては、未認可添加物に関する株主代表訴訟のほか、自己株式の取得等に関して別の株主から提起された株主代表訴訟が2件ある。資料版商事12月号177～179頁（2008年）。
20) 結果として、直接違法行為を行った取締役以外の役員11名については、代表取締役社長および当該事業部門担当外の専務取締役について事実を知った後に回収方法を検討するなどの適切な措置をとらなかったこと、また11名全員について事実を「積極的には公表しない」という決定を行い、それにより損害を拡大したことについて善管注意義務違反を認めた。
21) 東京高判平成20・5・21判タ1281号274頁。
22) 前掲注(13)で神田教授は、「内部統制システムを設置して、それが動いていれば、取締役は………責任を問われないというのが………会社法の考え方」と述べている。同じく神崎教授も、「取締役は、会社の規模、営業の内容および組織の集中度等に鑑み、会社の業務執行が適法に行われることを確保するために必要と判断される合理的な内部統制組織が存在するか否か、それが所期の目的を達成するために機能しているか否かを確認すべきであり、このことに合理的に満足する場合は」監視義務を尽くしたものとして責任を追及されないとしている（前掲注(11)）。
23) 前掲ダスキン株主代表訴訟事件（11名）控訴審判決ほか。
24) ヤクルト株主代表訴訟事件地裁判決の評釈である木村真生子「事業会社のデリバティブによる資産運用と取締役の責任」ジュリ1336号131頁（2007年））では、「一度構築された内部統制システムを運営することのみに甘んじ、定期的にそのシステムをチェック

することを怠った取締役には、取締役としての責任が肯定されるべきではなかろうか。」と述べている。
25) 違法行為等が容易に発見されることは抑制につながるであろうから、フェーズ１とフェーズ２にかかる内部統制システムは一部重複していることになる。
26) 自然災害や第三者の犯罪行為等による場合でも、予測可能な災害や犯罪に対して十分な予防が講じられていなかったのであれば、それ自体が違法行為等と評価される。
27) 違法行為等が先行する場合の後行行為にあたっての取締役の善管注意義務については先行行為により生じた結果に応じて検討する必要があるように思われる。この点については後述する。
28) ダスキン株主代表訴訟事件（11名）控訴審判決では、事件発覚後にダスキンが設けた調査委員会において事件の調査が行われ調査報告書が作成されたが、調査の目的は主として担当者の処分と今後の方針（の決定）にあったとされている。
29) 軽微な事項についてまで取締役会に報告する必要はないであろうが、内部統制システムの機能を検証する観点からは、報告不要とする基準は相当厳格に考える必要がある。
30) 内部統制システムのフェーズ１が完璧に機能して、全く事故も違法行為もないことは理想であろうが、いかにコンプライアンス意識が役職員に徹底され、違法行為等防止のためのシステム的対応がなされているとしても、多数の役職員を抱え、社会の多方面と関係を有する大企業において、現実に全く事故も違法行為等も発生しないことは考え難い。しかも、不可抗力や第三者の犯罪行為によっても事故等が発生することも考えると、会社においてフェーズ２の内部統制システムが全く機能する場がないという状態は、あり得ないと考えるべきである。
31) もっとも、金融商品取引法における内部統制は、条文上「財務計算に関する書類その他の情報の適正性を確保するための体制」であり、会社法の内部統制システムの対象は、必ずしもこれに限らないことに注意する必要がある
32) 内部統制システム構築義務等が問題になった事案で、従前の判例の判断基準は、主にフェーズ１およびフェーズ２を念頭に置いて、静的な観点から規程類や制度組織の整備の問題として扱っているように思われる。

しかし、現時点から各事案をふり返ってみると、事件当時においてはやむを得ないと考えるとしても、それぞれ、内部統制システムの構築に問題があったことを窺わせる事情が散見される。

例えばダスキン株主代表訴訟事件（11名）を例にとると、当該事件では、経営上の重要情報にもかかわらず、代表取締役への報告も、取締役会への報告も十分に行われず、最終的な意思決定の方法も、主要役員の協議で方針を決定し、その後の取締役会で当該方針について明示的な決議のないまま種々の決議を行ったというもので、このような対

応からは、規程上いかに内部統制システムの整備がなされていたとしても、現実の運用としては、当該事件に限らず、内部統制システムに従って適切に情報が伝達され、適切な対応がなされる体制にはなかったのではないかと想像される。

さらに、当該事件の控訴審判決によると、当該事件における違法行為等が発生したのと同じころ、ダスキンでは公正取引委員会による不公正な取引方法であるとの指摘（平成12年8月）、浄水器等の大規模な不良品の交換（平成13年ころ）、全国ダスキンＦＣ加盟店協議会のダスキンフランチャイズチェーン会からの脱退という内紛ともみられる事態（同年5月）などの事件が相次いで生じており、ダスキンにおいて、内部統制システムが正常に機能しているかどうかは、当該時点においても十分に疑うべき事情があったのではないかと思われる。

したがって、ダスキンの役員は内部統制システムを信頼する前提を欠き、監視・監督義務違反の責任を免れないという判断もあり得るのではないだろうか（この点の判示については、整備状況を具体的に事実認定した結果であり妥当とする見解が多いようである。松片秀征「ダスキン株主代表訴訟事件の検討（下）」商事1836号7頁（2008年）、高橋均「取締役の善管注意義務及び責任に対する割合的因果関係理論の適用の是非」金判1235号59頁（2006年）（一審判決についての評釈）など。なお、前者では、リスク管理体制の構築に関しては判例の判断を是認しているが、「厳密な意味において、リスク管理体制の構築について役員に責任がないというには、やはり当該体制の機能面を明確な判断対象として含んでいる必要があるであろう。」との留保を付している）。

これに対して、ヤクルト株主代表訴訟事件は、静的な観点からの内部統制システムの構築についても疑問があるように思われる。

当該事件の控訴審判決では、レバレッジを掛けることにより想定元本の制約が事実上機能していなかったことに加え、経理担当取締役や常勤監査役が、新規取引先との取引や従前取引していなかった種類の取引など、当時の同社の意思決定に反するデリバティブ取引が行われていた事実に一応気付き、担当取締役に複数回質問しながら、担当取締役の回答に対して、それ以上の追及を行わなかった事実が認定されている。このような経緯からは、デリバティブ取引の契約書や実績のチェックを担当し、その資料の回付を受けていた経理担当取締役や常勤監査役が、チェックに必要なだけのデリバティブ取引に関する知識を有していたかどうか疑念が残るし、取締役会に何らかの報告がなされたとしても、取締役会において十分な審議ができたかどうかも疑わしい。契約書や取引報告書等に関していかに厳重な監査システムをとっていたとしても、監査すべき役職員がその内容を理解していないのであれば、監査の実効は期待しがたいといわざるを得ない。

すなわち、ヤクルト本社におけるデリバティブ取引のリスク管理体制は、一見して何

重にもチェックが行われ、十分に注意義務を果たしているようであるが、チェックを行うべき経理担当役員、（常勤）監査役、さらに取締役会メンバーがデリバティブ取引について理解していなかったのであれば、かかるチェック体制は何らリスクを防止できないことになるし、その事実はデリバティブ取引に関する知識や経験がなくても、十分に予測可能であろう。したがって、デリバティブ取引の特殊性や高度の専門性いかんにかかわらず、ヤクルト本社では当時の水準からみても内部統制システムが整備されていなかったという判断もあり得るように思われる（リスク管理体制の整備に関して判旨に疑問を表するものとして、遠藤喜佳「デリバティブ取引で多額の損失を出した会社の元役員に株主代表訴訟において損害賠償責任が認められた事例」金判1217号53頁（2005年）、受川環大「デリバティブ取引による資金運用と取締役・監査役の責任」金判1325号18頁（2009年））。

　　また、大和銀行株主代表訴訟事件においても、内部統制システムのフェーズ1について在外支店の行員におけるコンプライアンス意識の徹底がなされていたか、フェーズ2について証券が発行されない登録債の現物確認方法に関して検査方法が確立されてなかったことに問題はなかったなど、現時点からみると、内部統制システムの構築自体に関しても疑問が残るし、少なくとも実質的に機能していたとはいえないように思われる（川村・前掲注(16)63頁、森本・前掲注(16)206頁ほか参照）。

33）取締役か監査役か、社内か社外か、代表者か代表者でないかは、職制上あるいは代表取締役からの委任等により内部統制システムの各フェーズにおいて直接かかわるかどうかという問題であって、この場合の役員の責任にはかかわらない。

　　場合によっては、社外取締役や監査役が、その職務上、事実調査や事後処理にあたることがあるが、その場合には、担当役員として、直接、違法行為等に関与したとされる場合があることに注意しなければならない。

34）株主代表訴訟ではないが、最近、会社のリスク管理体制構築義務が争点となった事件がある（最一小判平成21・7・9判タ1307号117頁）。

　　当該事件は、従業員による架空売上の計上が発覚し保有する株式の株価が下落したことに関して、代表取締役に従業員の不正行為を防止するためのリスク管理体制構築義務違反の過失があるとして、株主自身の損害について会社に対し賠償請求が行われたものであるが、最高裁は、当該会社は、通常想定される架空売上げの計上等の不正行為を防止し得る程度の管理体制は備えており、その不正行為の方法は、通常容易に想定し難い方法によるものであり、本件以前に同様の手法による不正行為が行われたことがあったなど代表取締役において本件不正行為の発生を予見すべきであったという特別な事情も見当たらないとして、リスク管理体制構築義務に違反した過失があったということはできないとし請求を棄却した。

当該事件は会社法制定前に発生したものではあるが、制度組織などリスク管理体制の態様に加えて、現実に発生した違法行為について、それが通常予見可能なものかどうか、あるいは会社として認知し得るものであったかどうかといった事情を具体的に検討し、リスク管理体制の構築における代表取締役の善管注意義務違反の有無を判断しており、リスク管理体制（内部統制システム）構築義務違反に関する判例の判断基準を示すものとして重要な意義を有するといえる（田島正広「内部通報制度の構築・運用に関する役員の義務と責任（本書91頁）」参照）。

もっとも、広く内部統制システムの構築という観点からみた場合、当該事件における具体的なあてはめに関しては、判決と異なる判断もあり得るように思われる。

当該事件で行われた不正行為自体は、平成12年から16年にかけて、事業部担当取締役の指示に基づき、事業部ぐるみで取引先発行の書面の偽造等が継続して行われ、監査法人に対してまで巧妙に隠ぺい工作がなされていたもので、組織間の相互チェック体制や監査法人の監査など相応のリスク管理体制がとられていたことを考慮すると、確かにリスク管理体制の不備とは言い難い面もある。

しかし、事業部ぐるみで不正行為が行われていたことは、会社としてのコンプライアンスに対する認識不足を窺わせるし（平成14年には内部通報者保護法が制定され、以後は同法に基づいた内部通報制度を構築することも可能だったはずであり、この点の検討も必要なように思われる）、本件のような不正行為を組織ぐるみで行いながら、他の（おそらくは、より問題の少ない）違法行為等について適切に対処し報告していたことは、現実には想定しがたい。4年間以上にわたって架空売上の計上が行われ発覚しなかったことは、人事や組織が固定化して他の事業部に対して口をはさみにくい状況が生じ、相互チェック体制が実質的には形骸化していたような事情が背景にあるのではないかとも考えられる。

したがって、当該事件では、リスク管理体制が一応構築されていたとしても、それが機能していなかったことを疑うべき事情があった可能性もあるように思われる。

35) 内部統制システムが機能していない事実を認識する可能性は職務により異なる。代表取締役は会社の業務執行全般について、業務執行取締役は、自己の担当する業務に関して直接情報を入手し得るほか、他の取締役、監査役からの報告により判断することが可能である。社外取締役その他業務執行を行わない取締役は、業務執行取締役その他の役員からの報告により判断することが可能である。監査役は、取締役の業務執行報告等のほか、自己の担当する監査業務において知り得た情報から判断可能であるが、通常の業務監査と同様に、監査にあたっては、合理的な職務分担があれば自己が担当する部分について監査すればよく、その方法も、サンプリング調査など、一般に相当と認められる監査の方法によればよいと解される。

第2章 違法行為に直接関与していない取締役の監視・監督責任

36) 拓銀カブトデコム事件では、本文中に記載した融資（第3融資）のほか、カブトデコムの第三者割当増資にあたって同社の関連会社に対し株式購入資金を貸し付けた第1融資（195億7,000万円）、日銀考査によりカブトデコムに対する貸付債権の一部が問題債権に分類された後に保全不足にもかかわらず貸し付けられた第2融資（540億円）についても役員の責任が追及され、最高裁は、全てについて、主導した役員の責任を認めた。
37) 最二小判平成20・1・28判タ1262号69頁。なお、本章で引用する一連の拓銀関係の訴訟は、いずれも拓銀から旧役員に対する損害賠償請求権を譲り受けた株式会社整理回収機構が原告となって提起している。
38) 最二小判平成20・1・28判タ1262号63頁。
39) 拓銀役員に関連した事件として、最高裁では、同日付で他に、旧商法266条1項5号に基づく会社の取締役に対する損害賠償請求権の時効期間が10年である旨を判示した判決が言い渡されている（「拓銀ミヤシタ事件」最二小判平成20・1・28判タ1262号56頁）。
40) 先行行為と後行行為は、内部統制システムのフェーズの順に連続することもあるが、同一の事案ではなく全く独立した行為（例えば、違法行為等による会社の資金繰り悪化に対処するため、キャピタルゲインを狙ってリスクのある投資を行うなど）である可能性もある。
41) 取締役か監査役か、社内か社外かの地位の相違は、内部統制システムのフェーズ3、フェーズ4における職務の相違として、各役員が負う責任に反映される。
　すなわち、フェーズ3やフェーズ4において、直接損害の回復や再発防止を担当する役員である場合は担当役員として責任を負い、他の役員については、取締役の監視・監督義務または監査役の業務監査義務として、一定の範囲で内部統制システム構築義務に置き換えることが可能である。
42) ここで「先行行為に関与した役員の責任」には、先行行為により違法行為等が発生した場合の内部統制システム構築義務違反が含まれる。
43) 先行行為が、特別背任罪等に該当する可能性はあるが、後行行為により、その違法状態が解消されることにはならない。なお、拓銀の役員については刑事責任を問われているケースもあるが、本件は対象となっていない。おそらく公訴時効が成立したためではないかと考えられる。
44) そのように解すると、追加融資ではなく、他店券過振りを期限の利益を与えた通常の融資に振り替えただけであっても、善管注意義務違反が発生しなかったとはいえないように思われる。ただし、担保の設定を受けたのであれば、事実上担保相当額を回収したと解して、違法状態の解消に向けた行為であると評価することは可能であろう。
45) 前掲ダスキン株主代表訴訟事件では、未認可添加物の混入は、法令違反または（実質的には人身に与える影響はなかったとしても、その危険を事前かつ包括的に防止する趣

87

旨から定められた添加物の認可制度に違反する以上）第三者を害するおそれのある行為に該当しないとはいえないから、役員としては、自社の利益に優先して、直ちに当該違法状態の解消（未認可添加物の混入の公表、回収等）を行うべきであったといえる。回収が現実に困難となった時点以降は、現実に人身に対する被害が想定されないのであれば、適切な対応方針を決定し、実行するために最小限の時間的余裕は認められてよいであろう。また、事実の公表の有無や公表の方法についても、人身の被害の発生を防止するような緊急の必要性がなければ、取締役の裁量に委ねられると考えてよいであろう（竹内朗「ダスキン事件高裁判決で取締役に課された信頼回復義務」NBL860号36頁（2007年）参照）。

　これに対し、「口止め料」の支払いは、犯罪行為（恐喝）に対する現金供与であり、重大な法令違反行為であるから、ダスキンの役員は自社の利益（損害の回避）に優先して、被害届を提出し刑事告訴するなどの解消措置を取るべきであり、ダスキンに発生した損害の有無を問わず、これを行わなかった取締役会決定について役員が責任を負うのは当然である。

46) 裁判所は、「本件追加融資に応じるとの判断に合理性があるとすれば、（中略）いつでも本件追加融資を確実に回収できるような担保余力（以下、このような担保余力を「確実な担保余力」という。）がある場合に限られる」と判示しているが、確実な担保余力があれば、それだけで合理性が認められると解しているとはいえないであろう。判決では「確実な担保余力」が認められなかったことから、それ以上の判示はされていないが、追加融資に応じることが合理的な判断であったというためには、追加融資を行うことで過振りにより発生した債権の回収可能性が高まることが確実であるような事情が認められることが前提になると思われる。

第Ⅱ部

個別事象と役員の責任

　第Ⅰ部では、会社の態勢の観点から、社外役員と内部統制システムの整備に焦点をあてたが、第Ⅱ部では、個別事象として、「内部通報制度」「反社会的勢力との取引」「MBO（Management Buyout）」の問題を取り上げる中で、会社役員の責任のあり方について、具体的に検討する。
　内部通報制度は、内部統制システムの整備の具体的な方法の一つとして有益な制度ではあるが、形式的な導入にとどまっている企業も多い。そこで、内部通報により把握した不祥事への対処のあり方や会社役員の責任を含めた制度の運用上の諸問題について論じる。反社会的勢力との取引については、近時の事件とその判例を検討した上で、反社会的勢力の排除を求める具体的な指針等を紹介しつつ、今後の企業の対応の方向性について検討している。MBOについては、既存の株主と経営者との利害が対立し表面化する事例が増加してきているが、具体的な判例を踏まえて、会社役員の責任を巡る論点と今後の展望について考察する。

第3章

内部通報制度の構築・運用に関する役員の義務と責任

　役員の内部統制システム構築義務については，大和銀行事件以来議論が深まっているが，同システムと関連するコンプライアンス体制の堅持のためにどのような制度設計が求められるか，とりわけ内部通報制度構築および運用における役員の義務と責任については，議論は未成熟の段階である。本章では，この点が争われたダスキン事件を参照しつつ，同制度を取り巻く実務の現状に着眼し，役員の善管注意義務の観点から，的確な制度構築および運用を怠った役員の責任論を展開する。また，内部通報によって把握した不祥事の公表に関する役員の義務と責任については，経営判断の原則を参照しつつ，損害の発生・拡大防止の観点から善管注意義務違反の可能性を帰結する。さらに，内部通報制度の運用上時に問題となる通報者に対する不利益処分事案において，役員がどのような責任を負うかにつき，会社の責任が問われたトナミ運輸事件を参考に，善管注意義務違反の可能性を論じる。

第Ⅱ部　個別事象と役員の責任

1. 序

　近時、コンプライアンス体制の堅持の手段として、上場企業を中心に内部通報制度を導入する会社が増加しているが、その構築・運用に関する役員の義務と責任については裁判例も少なく、議論が未成熟の分野である。そこで、参考となるリーディングケースとしてダスキン事件、トナミ運輸事件を採り上げつつ、現在の社会情勢を踏まえた最新の解釈動向を考察することで、内部通報制度の構築・運用に関する役員の責任論の指針とするべく考察することとした。

2. 内部通報制度の構築・運用と役員の善管注意義務

(1) 役員の内部統制システム構築義務・監視義務

　取締役・監査役（以下、「役員」という）の内部統制システム構築義務の議論についてリーディングケースとなったのは、大和銀行株主代表訴訟事件判決（大阪地判平成12・9・20判時1721号3頁）である。同事件は、同銀行のニューヨーク支店行員が同行に無断で米国財務省証券の取引を行い同行に11億ドルの損害を与えた事件であり、株主によって、当時の代表取締役、業務担当取締役、取締役、監査役ら49名に対する11億ドル余の損害賠償請求が株主代表訴訟として提起された。大阪地裁は、取締役ら11名に対する請求を一部認容し、最高額では7億7,500万ドルの支払いを命じたが、その際、次の通り役員に内部統制システム構築義務ないしその監視義務が課される旨を判示した。すなわち、「健全な会社経営を行うためには、目的とする事業の種類、性質等に応じて生じる各種のリスク、例えば、信用リスク、市場リスク、流動性リスク、事務リスク、システムリスク等の状況を正確に把握し、

適切に制御すること、すなわちリスク管理が欠かせず、会社が営む事業の規模、特性等に応じたリスク管理体制（いわゆる内部統制システム）を整備することを要する。そして、重要な業務執行については、取締役会が決定することを要するから（商260条2項）、会社経営の根幹に係るリスク管理体制の大綱については、取締役会で決定することを要し、業務執行を担当する代表取締役および業務担当取締役は、大綱を踏まえ、担当する部門におけるリスク管理体制を具体的に決定するべき職務を負う。この意味において、取締役は、取締役会の構成員として、また、代表取締役または業務担当取締役として、リスク管理体制を構築すべき義務を負い、さらに、代表取締役および業務担当取締役がリスク管理体制を構築すべき義務を履行しているか否かを監視する義務を負うのであり、これもまた、取締役としての善管注意義務および忠実義務の内容をなすものというべきである。監査役は、商法特例法22条1項の適用を受ける小会社を除き、業務監査の職責を担っているから、取締役がリスク管理体制の整備を行っているか否かを監査すべき職務を負うのであり、これもまた、監査役としての善管注意義務の内容をなすものと言うべきである。」とした[1]。

この判示を受けて、平成14年の商法改正により、委員会等設置会社では、内部統制部門に係る事項が取締役会決議事項とされ、さらに平成17年の会社法の制定により、大会社である取締役会設置会社では、「取締役の職務の執行が法令及び定款に適合することを確保するために必要なものとして法務省令で定める体制」（いわゆる内部統制システム、会362条5項）の整備に関する事項についての取締役会決議が義務づけられた[2]。

もとより、会社法上どのような体制を整備すべきかについて、一義的な基準がある訳ではなく、会社の規模、事業内容、企業風土、経営状態等との関わりの下、決せられるものと解されている[3]。前掲大阪地判においても、「……、整備すべきリスク管理体制の内容は、リスクが現実化して惹起する様々な事件事故の経験の蓄積とリスク管理に関する研究の進展により、充実

していくものである。したがって、様々な金融不祥事を踏まえ、金融機関が、その業務の健全かつ適切な運営を確保するとの観点から、現時点で求められているリスク管理体制の水準をもって、本件の判断基準とすることは相当でないというべきである。また、どのような内容のリスク管理体制を整備すべきかは経営判断の問題であり、会社経営の専門家である取締役に、広い裁量が与えられていることに留意しなければならない。」とされている。

もちろん、取締役会で決議された内部統制システムが、会社の規模や業務内容に鑑みて、その業務の適正を確保するために不十分と評価されるような場合には、その体制決定に関与した取締役には善管注意義務違反の責任が問われうるところである[4]。

この点、近時は、内部統制システム構築状況に関して、予見される不正行為に対する対応状況を具体的に分析する判例が見られる。例えば、日本システム技術事件[5]では、最高裁は次のように判示して、代表取締役の内部統制システム構築義務違反による会社の不法行為責任を否定している[6]（最判平成21・7・9判時2055号147頁）。すなわち、「上告人[7]は、職務分掌規定等を定めて事業部門と財務部門を分離し、………（当該）事業部について、営業部とは別に注文書や検収書の形式面の確認………及びソフトの稼働確認を担当する」部署「を設置し、それらのチェックを経て財務部に売上報告がされる体制を整え、………監査法人との間で監査契約を締結し、当該監査法人及び上告人の財務部が、………売掛金残高を確認することとしていたというのであるから、………通常想定される架空売上げの計上等の不正行為を防止し得る程度の管理体制は整えていたものということができる。………本件不正行為は、………通常容易に想定し難い方法によるもの」であり、「本件以前に同様の手法による不正行為が行われたことがあったなど、………本件不正行為の発生を予見すべきであったという特別な事情も見当たらない。」として、代表取締役に「本件不正行為を防止するためのリスク管理体制を構築すべき義務に違反した過失があるということはできない。」と最高裁は判断

している。

ここでは、
① 通常予測される不正行為に対する十分な対応が採られていたこと
② 本件不正行為が、通常容易に想定し難い方法によるものであったこと
③ 本件不正行為の発生を予見すべきであったという特別な事情も見当たらないこと
④ 不正の有無をチェックすべき部署（上記では財務部）におけるリスク管理体制が機能していなかったということはできないこと

以上の４点が、代表者の過失を否定する重要な要素として挙げられている。

同最判は、形式的に論じられがちであった取締役の内部統制システム構築義務違反の責任について、その対応実態に応じた具体的義務違反を検討するものであり、同責任に関する今後の議論において重要な指針となるものと思料される。

(2) 内部統制システムにおける内部通報制度の位置づけ

① 内部通報制度の意義と機能、導入の経緯

本章の中心課題である内部通報制度とは、会社がコンプライアンス体制を堅持するため、その違反行為についてのモニタリングを行うに際して、経営陣からの執行ラインでのモニタリングとは別に行われる、会社内部または会社の指定した外部の窓口による社員の内部通報の受付制度である。

この制度は、社内に隠蔽される不祥事を早期に内部通報によって経営トップが把握し、自浄作用を発揮してコンプライアンス体制を見直すことで、当該不祥事が仮に外部への告発によって露見した場合に会社が被る重大な損失を回避するという重要な機能を有している。

その導入経緯であるが、バブル経済崩壊後いわゆる失われた10年を経て経済のグローバル化が急速に進む中、平成10年頃以降多くの企業の不祥事が明

るみに出て強い社会的批判を浴びるようになり[8]、企業におけるコンプライアンスへの意識が高まった。こうした流れの中で、平成14年10月に改訂された社団法人日本経済団体連合会の企業行動憲章において、「企業倫理ヘルプライン（相談窓口）の整備」がうたわれたことから[9]、欧米諸国の企業で導入されていた内部通報制度を導入する動きが上場企業を中心に広がり、平成16年6月の公益通報者保護法制定（平成18年4月施行）を受けて、その動きが加速された[10][11]。

②内部統制システムにおける内部通報制度の位置づけ

　内部統制システムにおける内部通報制度の位置づけについては、財務分野の内部統制と会社法上の内部統制が目的とアプローチを異にすることから、そのそれぞれの視点から考察する。

　まず、財務分野の内部統制とは、金融商品取引法上導入された財務報告に係る内部統制の評価報告書およびその監査報告書において、評価および監査の対象となるものである。そもそも、内部統制は、組織の事業活動を支援する四つの目的（①業務の有効性および効率性、②財務報告の信頼性、③事業活動に関わる法令等の遵守、④資産の保全）の達成のために組織内の全ての者によって遂行されるプロセスであり、六つの基本的要素（①統制環境、②リスクの評価と対応、③統制活動、④情報と伝達、⑤モニタリング、⑥ITへの対応）から構成されるが、このうち、財務報告の信頼性を確保するための内部統制が「財務報告に係る内部統制」と定義されるものである[12]。

　ここで、内部通報制度との関連では、特にモニタリングの視点が関わることとなる。モニタリングとは、内部統制が有効に機能していることを継続的に評価するプロセスであり、業務に組み込まれて行われる日常的モニタリングおよび業務から独立した視点から実施される独立的評価の両面から実施されることが想定されている[13]。後者においては直接的には内部監査部門や監査役における監査が念頭に置かれているが、それ自体コンプライアンスの視

点に直結するものであるとともに、業務執行から独立した立場からの調査・監視を強調する点で、内部通報制度と通じるところである。

　他方、会社法上の内部統制は、同法362条5項に定めるものであり、会社法施行規則100条において具体化されている。同条1項中、次の各号は、内部通報制度との関わりの深いものである。

　・2号　損失の危険の管理に関する規程その他の体制
　・4号　使用人の職務の執行が法令及び定款に適合することを確保するための体制
　・5号　当該株式会社並びにその親会社及び子会社から成る企業集団における業務の適正を確保するための体制

　すなわち、会社が法令違反行為に及ぶ場面では、直接的損害のみならずレピュテーションリスクをも含む拡大損害のリスクが存する（上記2号関連）。また、使用人の職務執行の法令・定款適合性が直接的に問われることになる（上記4号関連）。さらに、親子会社間等でも同様の状況から適正な統制が求められるところである（上記5号関連）。内部統制をより完全なものにするために、上記各号はコンプライアンス体制の確立を求めるものといえ、その際には内部通報制度はこれを実効的に実現するために機能することが期待される制度といえる。

　こうした背景を踏まえ、内部統制システム監査に関して社団法人日本監査役協会は、内部通報制度の整備状況を監査の項目として挙げるに至っている。すなわち、「内部統制システムに係る監査の実施基準」[14]においては、「法令等遵守体制に関する監査」の際、「内部通報システムなど法令等遵守に関する状況が業務執行ラインから独立して把握されるシステムが整備されているか。」が監査項目とされている（8条）。また、同様に「損失危険管理体制に関する監査」（9条）、「情報保存管理体制に関する監査」（10条）においても、これらの管理に関する状況につき、「内部通報システムなど………業務執行ラインから独立して把握されるシステムが整備されているか。」が監

査項目として挙げられているところである。

(3) 役員の内部通報制度構築・監視義務

　役員が内部通報制度に関連して争われた事件は少ないが、前掲ダスキン株主代表訴訟事件ではこの点に関する言及がある。すなわち、同事件は、株式会社ダスキンが国内未認可食品添加物を含んだ食品の輸入、販売を行い、事実を指摘した取引業者に口止め料を支払ったほか、事実が社内的に発覚した後も自らは積極的には公表しなかったことにより、事実が対外的に発覚した後甚大な社会的批判にさらされ、巨額の損失を計上した事件である。株主代表訴訟によって、事件当時の代表取締役、取締役、監査役らが提訴され、未認可添加物の混入を知りながら商品の販売を継続した取締役（以下、「ダスキン第一事件」という）と、その余の取締役および監査役（以下、「ダスキン第二事件」という）とに手続が分離された後、ダスキン第一事件では一審で被告の取締役らに106億円余の損害賠償責任が認められ、控訴審では認容額が半額に減額されつつもその責任が認められた。他方、ダスキン第二事件では、一審においては、販売認識後の対応の不備を問われた取締役一名についてのみ善管注意義務違反の損害賠償責任が認められていたが、控訴審では、販売を認識した時期について詳細に検討された結果、その余の取締役および監査役についても本件出捐105億円余の2ないし5パーセントの損害賠償責任が認容された。いずれの事件も最高裁では控訴審判決が維持され確定している。

　このうち、コンプライアンス[15]体制と内部通報制度との関連では、ダスキン第二事件の控訴審で、一審原告株主が法令遵守の徹底のために、コンプライアンス部門や品質管理機関の設置と通報者が保護される内部通報制度の整備を求め、これを怠った被告らには、内部通報制度を含む法令遵守体制の整備義務違反の責任を免れない旨を主張していた[16]。

　これに対して、大阪高裁は、前掲大和銀行事件での判示を踏襲して、内部

統制システム構築義務を認める一方、その内容については経営判断による裁量の幅を認め、これを前提に事件当時の法令遵守体制を検討した。そして、「ダスキンの本件販売当時におけるリスク管理体制のうち、違法行為を未然に防止するための法令遵守体制（具体的な取組みを含む）について検討するに、………ダスキンは、当時、担当取締役は経営上の重要な事項（販売していた食品に食品衛生法上使用が許されていない添加物が混入していたことは、食品を販売する会社にとっては経営上極めて重要な問題であるのは明らかである）を取締役会に報告するよう定め、従業員に対しても、ミスや突発的な問題は速やかに報告するよう周知徹底しており、違法行為が発覚した場合の対応体制についても定めていた（『内部摘発』による違法行為の発覚も想定されている）。また、その上で、実際に起こった食中毒に関する企業不祥事の事案を取上げて注意を促すセミナーも開催していたものである。これらを総合してみると、ダスキンにおける違法行為を未然に防止するための法令遵守体制は、本件販売当時、整備されていなかったとまではいえないものというべきである。………株式会社であれば当然にかつ一律に『コンプライアンス部門』を設置しなければならないとか、食品を販売する会社であれば当然にかつ一律に、違法行為等の情報を収集し取締役会に報告する、食品の企画・製造・販売の部門から独立した機関としての『品質管理機関』を設置しなければならないとまではいうことができず、………同様に、違法行為についての内部告発を促進し保護する制度について、この当時においてそれを整備しておくべき義務があったともいえない。」と判示した。

　このように大阪高裁は、いかなる法令遵守体制を整備すべきかは取締役の経営の裁量に委ねられることを前提として、①経営上の重要事項を取締役会報告事項と定め、従業員に対してもミスや突発的問題を速やかに報告するよう周知徹底し、違法行為発覚時の対応についても定めていたこと、②食中毒事案に関する企業不祥事の事案を採り上げたセミナーを開催していたことを指摘して、コンプライアンス部門や品質管理機関の設置、内部通報制度の整

備がなくとも法令遵守体制が整備されていなかったとまではいえないとしている。

同様の趣旨は、ダスキン第一事件に関する控訴審判決にも観ることができる。すなわち、大阪高裁は、未認可添加物混入認識後の販売継続についてこそ、「危機管理行動チェックリスト」から逸脱して、事実を隠蔽し、役員協議会への報告も危機管理体制の発動促進もせず、ダスキンの信用失墜の防止と消費者の信頼回復のための措置も採らなかったとして、善管注意義務違反を認めたものの、当該混入自体を防止するための法令遵守体制の整備義務については、むしろこれを消極的に解している。すなわち、①当該添加物を混入させた仕入先が「新規仕入先選定マニュアル」に従って事業実績や品質管理能力を検討の上選定されたもので、選定基準と過程が合理的であること、②当該混入事件までに品質上の問題を生じたことはなく、品質管理上の疑義を抱かせる事情がないこと、③製品供給過程においても特段の過誤が見当たらなかったこと等から、「食品管理部門を設置していなかったことをもって直ちに品質管理や法令遵守に落ち度があったとはいい難い」としたのである。

これらの判旨を概観するとき、コンプライアンス体制の整備にあたり、どのような制度設計が必要となるかは、これまでの事件事故やコンプライアンス体制のあり方[17]に関する業種横断的な考察と当該業種におけるリスクや特徴を考慮した深掘り的考察、さらには会社の規模や営業実態、これまでコンプライアンス違反のリスクが顕在化していたか、それを防止するための体制が十分機能していたか等を踏まえて、総合的に判断することが求められているといえよう。例えば、ダスキン事件において、仮に同種の未認可添加物混入事件が先行して生じていたのであれば、その再発に対する予見可能性が存在する以上、再発を防止するための制度構築が取締役の善管注意義務として要求される可能性も高まったであろうと思料される。また、ダスキン事件では業務担当取締役は外部業者の報告によって早期に上記添加物混入を把握し

第3章　内部通報制度の構築・運用に関する役員の義務と責任

ていたのであるが、仮にこうした不祥事について経営トップへの情報伝達が遮断され、損失が拡大するような場面が過去にあったとすれば、内部通報制度の構築を伴うコンプライアンス体制の整備が同様に要求される可能性が高まったであろうと思われる。すなわち、事件事故の経験の蓄積とそれを踏まえたコンプライアンス体制のあり方に関する当該会社や業界の対応、さらには一般的な実務の動向に従って、整備すべきコンプライアンス体制のレベルは高まる余地のあるものであって、同時に役員がその整備の不備を理由に善管注意義務違反を問われる場面も変わりうるというべきである。

　この点、内部通報制度の構築についていえば、制度の導入に関する歴史的経緯や導入状況に関する調査報告に照らして、ダスキン事件の起こった平成12年は、まだ内部通報制度の導入機運が高まる以前の段階であったのに対し、前掲大阪高判の言い渡された平成18年6月は内部告発事件の頻発を受けて導入された公益通報者保護法の施行後であり、内部通報制度の導入が上場企業を中心に急ピッチで進んでいた時期でもあった。

　そうであれば、いよいよコンプライアンス体制のあり方として内部通報制度が多くの企業で導入され、監査役の監査基準にも挙げられるようになった今日では、同制度抜きにコンプライアンス体制を維持、確立することが果たして可能であるかが、役員の善管注意義務の観点から慎重に吟味されなければならない。その際、コンプライアンス体制の堅持に内部通報制度が必要であるというのであれば、それが形式的に導入されているというだけで実質的な意味があるとは思われず、むしろ、それが実際に効果的に運用されていることこそが求められるというべきである[18]。

　そのためには、例えば会社が制度および通報窓口の存在と運用状況を社員に広く周知するとともに、通報を真摯に受け止め、通報者に不利益処分を課すことなく的確に調査および是正を行うことが必要不可欠である。これによって、同時に社員にも通報の適切な取り扱いに対する信頼感が十分醸成され、より一層制度が効果的に機能することが期待される。

この点、通報者の保護のためには、制度運用上、通報者に関する社内での秘密保持はその当然の前提であるが、実際には多少でも不利益処分に不安を抱く社員による匿名通報や、通報を周囲に悟られないよう調査上の特段の配慮を求める申し出がなされることがある。このような通報者は、時にコンプライアンス上重大な問題への関連をうかがわせる場合もないではなく、問題発覚の端緒の芽を摘むことなくいかに制度を効果的に運用し、コンプライアンス体制を的確に修復することができるかが会社に問われているといえよう。その際、企業規模と社風如何によっては、外部の独立的な専門家のコンプライアンス委員会や社外役員への起用、さらには社外通報窓口の整備と的確な運用もまた重要な手段となる。このようにして内部通報制度をコンプライアンス上効果的な制度として運用することが取締役には求められている（監査役にはその運用状況の監査が求められている）というべきである。

　社内の不祥事が、適切な内部通報制度の構築不備のために経営トップに伝達されず、その結果コンプライアンス体制を自ら維持するための機会を失い損失を拡大させるような事態は容易に想定が可能である。公益通報者保護法上も、労務提供先に通報をすれば解雇その他の不利益な取扱いを受けると信ずるに足りる相当の理由がある場合等には、外部へのいわゆる3号通報が許容されているため[19]、外部への通報の結果マスコミからの批判が社内対応に先行することになれば、レピュテーションリスクを含め損失を最大化させてしまう虞は非常に大きいものと懸念される。翻って、かかる場合に社内での適切な対応を可能ならしめるには、内部通報制度の適切な構築・運用が不可欠というべきであろう。上場企業の大半において制度の導入が進み、その運用上の問題点に関する意識も高まりつつある今日、その適切な構築・運用を怠った取締役や、その監査を怠った監査役が善管注意義務違反を問われる虞は、従前に比較して飛躍的に増大しているように思われる[20]。

第3章 内部通報制度の構築・運用に関する役員の義務と責任

3. 内部通報制度の運用上の諸問題

(1) 内部通報により把握した不祥事への対処のあり方

　取締役においては、善管注意義務に基づき、内部統制システムの構築のみならず、運用についても義務と責任を負う（監査役は、その構築・運用状況の監査について義務と責任を負う）との解釈が裁判例上確立されてきたところ、経営判断の裁量の余地を残すとはいえ、その構成要素であるコンプライアンス体制についても同様に構築から運用に至るまで一定の義務と責任を負わされる場合がありうると思料される。その際、内部通報制度はコンプライアンス体制の確立・維持のための手段であるから、取締役がその適切な運用を怠れば（監査役がその適切な監査を怠れば）善管注意義務違反の誹りを免れない場合が考えられる。

　この点、内部通報制度の運用においては、制度の構築（制度導入と規程類の整備、会社内外の窓口の設置）を前提に、多様な通報手段の確保、通報者に関する秘密保護と情報管理の徹底、通報内容の担当役員や経営トップへの伝達、事実関係の調査、適切な処分と改善策の実施、適時の外部公表等が必要となる。制度それ自体の周知徹底と社員研修、制度の効果的な運用のための改善措置もまた重要である。当然ながら、通報者に対する解雇等の不利益処分はあってはならないことであり、そのような事態が生じていないことの監視もまた同制度運用上の重要課題といえる[21]。ここでは、内部通報制度の運用に関わる役員の責任論として、まず不祥事の公表に関する役員の責任を論じ、次いで通報者に対する不利益処分に関する事例を参考に役員の責任を考えてみたい。

(2) 役員の「不祥事公表義務」

①リスク管理と善管注意義務

　役員が内部通報によって不祥事を把握しながら、その適時の公表を怠ったために会社から責任追及を受けた事例はまだ見当たらないが、厳密な意味での内部通報にはよらずとも不祥事を把握しながら、公表を行わなかったために責任追及を受けた事例としては、先のダスキン事件が挙げられる。ここでは、同事件を紹介して、役員に不祥事公表が義務づけられる場面がありうるのかを検討したい。

　前掲ダスキン第二事件控訴審において大阪高裁は、未認可添加物の混入を早期に把握した取締役および代表取締役については、当該混入や販売継続の事実を知りながら、事実関係の確認と適切な対応を怠った点で善管注意義務違反を認めた上で、遅れて事態を把握したその余の役員についても、不祥事を公表しなかった点（監査役はその監査を怠った点）をもって善管注意義務違反を認定している。すなわち、「ダスキンが上記のような方針をとるに至った経緯やその理由は、………要するに、………実際の健康被害は考えられず、商品回収や官庁届出も今となっては不可能であり、他方、公表すれば消費者からの非難は免れず、食品販売事業を営む企業としての信頼を損ねることが明らかであるところから、最高経営顧問の意見も参考にした上で、経営判断として、自ら積極的には公表しないとの方針を決定したというものである。………ところが、そのような決定がなされた当時、本件混入や本件販売継続等の事実が、いずれは、公になるであろうことは十分予想されていた。………マスコミへ情報が提供された場合にダスキンが受けるおそれのある打撃の重大さや、それへの積極的な対応策の可能性の検討を併せて行っておく必要があったのに、一審被告………らは、その必要性を軽視したまま『自ら積極的には公表しない』というあいまいな決定で、事態を成り行きに任せることにしたものである。………それは、本件混入や販売継続および隠蔽のよ

うな重大な問題を起こしてしまった食品販売会社の消費者およびマスコミへの危機対応として、到底合理的なものとはいえない。

　すなわち、現代の風潮として、消費者は食品の安全性については極めて敏感であり、企業に対して厳しい安全性確保の措置を求めている。未認可添加物が混入した違法な食品を、それと知りながら継続して販売したなどということになると、その食品添加物が実際に健康被害をもたらすおそれがあるのかどうかにかかわらず、違法性を知りながら販売を継続したという事実だけで、当該食品販売会社の信頼性は大きく損なわれることになる。ましてや、その事実を隠蔽したなどということになると、その点について更に厳しい非難を受けることになるのは目に見えている。それに対応するには、過去になされた隠蔽とはまさに正反対に、自ら進んで事実を公表して、既に安全対策が取られ問題が解消していることを明らかにするとともに、隠蔽が既に過去の問題であり克服されていることを印象づけることによって、積極的に消費者の信頼を取り戻すために行動し、新たな信頼関係を構築していく途をとるしかないと考えられる。また、マスコミの姿勢や世論が、企業の不祥事や隠蔽体質について敏感であり、少しでも不祥事を隠蔽するとみられるようなことがあると、しばしばそのこと自体が大々的に取り上げられ、追及がエスカレートし、それにより企業の信頼が大きく傷つく結果になることが過去の事例に照らしても明らかである。ましてや、本件のように6,300万円もの不明瞭な資金の提供があり、それが積極的な隠蔽工作であると疑われているのに、さらに消極的な隠蔽とみられる方策を重ねることは、ことが食品の安全性にかかわるだけに、企業にとっては存亡の危機をもたらす結果につながる危険性があることが、十分に予測可能であったといわなければならない。

　したがって、そのような事態を回避するために、そして現に行われてしまった重大な違法行為によってダスキンが受ける企業としての信頼喪失の損害を最小限度に止める方策を積極的に検討することこそが、このとき経営者に求められていたことは明らかである。ところが、前記のように、一審被告ら

はそのための方策を取締役会で明示的に議論することもなく、『自ら積極的には公表しない』などというあいまいで、成り行き任せの方針を、手続き的にもあいまいなままに黙示的に事実上承認したのである。それは、到底、『経営判断』というに値しないものというしかない。[22]」と。

　この判旨をもって、役員に「不祥事公表義務」を認めたものと評すべきかどうかには議論の余地があるとしても[23]、不祥事の公表が損害発生ないし拡大防止のために必要とされる場合があり、取締役がその検討を怠ること、およびその任務懈怠に対する監査を監査役が怠ることが善管注意義務違反を構成する場合があることを認めたことについては異論がない。その際、判旨は必ずしも全ての不祥事の公表を直ちに求めている訳ではなく、「『自ら積極的には公表しない』という方針を採用し、消費者やマスコミの反応をも視野に入れた上での積極的な損害回避の方策の検討（傍点は筆者）を怠った点において、善管注意義務違反」を認定するものである。かかる判旨からすれば、当該会社の知名度や事業規模を前提に、不祥事の内容とその発覚のリスクの程度、その隠蔽による消費者被害やその反応、マスコミの反応と信頼喪失の虞等を総合衡量し、損害回避のためにいかなる方策が適切であるかを検討すべきことこそが直接的に求められているというべきであろう。すなわち、どれだけの損害が統計的に発生する虞があるのかをベースに、当該損害回避のために的確な措置の検討を役員に求めた結果、当該不祥事の公表を安易に怠ることが善管注意義務違反を構成する場合があることを判旨は認めていると筆者は理解する[24]。その意味でこの問題は、直接的には不祥事公表義務というよりは、損害回避策検討義務とでも呼ぶべきものであろう。

　損害回避策の検討状況に解釈上の力点が置かれる限り、判旨はむしろリスク管理に関する、経営判断の原則に依拠した事例判断とみるべきように思われる[25]。すなわち、経営判断の原則とは、業務執行の過程で取締役が自己の権限内で、一定の判断に達した場合には、そのような判断に達した合理的根拠があり、独立した裁量および判断の結果として誠実に行動し、もっぱら会

社の最善の利益であると信じたところに従っていた限り、裁判所は内部的な管理に干渉したり、裁判所の判断をもって取締役の判断に代えて業務執行を無効にしたり、業務執行行為によって生じた損害の賠償を命じたりすることを控えるという原則であり、米国判例上構築されてきた理論である[26)27)]。わが国の裁判例上は、次の判示がある。すなわち、(取締役には)「定められたリスク管理の制約の範囲内においては、相応の裁量が認められ、善管注意義務違反にあたるか否かは、当時の状況に照らして①情報の収集、分析、検討が合理的なものであったかどうか、②その事実認識に基づく判断の過程及び判断内容に明らかに不合理な点がなかったかどうかという観点から検討されるべきものである。」[28)]と(丸数字は筆者加筆)。

経営判断の原則の適用場面と捉える限り、不祥事を公表しないという判断における合理的根拠と誠実な行動、さらにはそれがもっぱら会社の利益であると信じることが求められることになる。すなわち、同原則による取締役の免責を認めるためには、事実認識の過程が合理的であったか(前掲①)、ならびに判断の過程・内容に明らかな不合理がなかったか(同②)が必要とされ、その際、非公表の判断の結果、損害の発生・拡大のリスクがどの程度に及ぶのか、損害の回避策として公表がどの程度必要かつ有用であるのかをどれだけ慎重に検討したかが問われることになろう。

これに対しては、不祥事は損得の計算によることなく、全て直ちに公表すべきとの規範的な基準による議論の余地もないではない[29)]。しかし、現時点の解釈としてみる限り、公表が会社に法的に義務づけられる場合を除けば、不公表による重大な損害の発生を防止するための善管注意義務に基づく判断以外に、不祥事の公表を取締役に法的に義務づける根拠は見出しがたいように思われる。

以上の解釈を前提にすれば、社内で内部通報がなされた際に、これを端緒として社内的に発覚した不祥事の全体像に対する調査と公表が取締役に義務づけられるのかについては、会社自身に特段の法的義務が課せられていない

限りは、損害の発生・拡大防止の観点から調査・公表を適切に行わなかったことを理由とする善管注意義務違反の問題として扱われ、それ故にこそ経営判断原則に照らしてそれを行わないことが許容されうるものかどうかをもって責任の有無が判断されることになるであろう。もとより、コンプライアンス違反の事実が発覚し、社会的批判に晒され、巨額の損害を生じるリスクが飛躍的に増大している今日においては、調査と公表を行わないことが適切と解される余地はいよいよ縮減しているというべきであるし、その延長線上には、公表に関する法的ルールの設定の可能性が存していると思料されるところである[30]。

② 「社会的責任」とコンプライアンス

ところで、ダスキン第二事件で前掲大阪高判は、次の通り企業の社会的責任に依拠して取締役の善管注意義務を論じる。すなわち、「食品の安全性の確保は、食品会社に課せられた最も重要で基本的な社会的責任である。………混入が判明した時点で、ダスキンは直ちにその販売を中止し在庫を廃棄するとともに、その事実を消費者に公表するなどして販売済みの商品の回収に努めるべき社会的な責任があったことも明らかである。これを怠るならば、厳しい社会的な非難を受けるとともに消費者の信用を失い、経営上の困難を招来する結果となるおそれが強い。………（業務担当取締役たる被告が）本件混入や本件販売継続の事実を知りながら、事実関係をさらに確認するとともに、これを直ちに社長………に報告し、事実調査の上で販売中止等の措置や消費者に公表するなどして回収の手だてを尽くすことの要否などを検討しなかったことについて、取締役としての善管注意義務の懈怠があったことは明らかである。」と指摘する。ここで、判旨は、販売中止・在庫品廃棄と事実公表による製品回収に「努めるべき社会的責任」を述べた上で、その懈怠が、厳しい社会的批判と消費者の信用喪失を導き経営の困難に至る重大な損害を及ぼす虞が強いことをもって、取締役の善管注意義務違反を認定

していると解される[31]。

　これは、翻ってコンプライアンスの定義そのものにも関わるものとみることができると筆者は考える。すなわち、コンプライアンスを単なる法令遵守と定義すれば、法令違反を伴わない企業倫理違反行為[32]については、その範疇外に置かれることになろう。しかし、かかる企業倫理違反行為によっても、それが重大な社会的批判と消費者ないし取引界の信用喪失をもたらす場合には、会社に重大な損害を及ぼすことになる。そのような損害を防止するためのリスク管理もまた取締役の善管注意義務の内容に含まれるとなれば、単に法令を遵守しているかどうかでコンプライアンスの管理体制に一線を画すことには意義が乏しいといわなければならない。その意味で、コンプライアンスとは、法令遵守に留まらず、業界の自主ルールや企業倫理の遵守をも含む広義のものとみて、その適切な管理運用体制を確立しなければならないのである。

(3) 内部通報に対する不利益取扱いと取締役の責任

　内部通報を行った者に対して、解雇、あるいは降格や減給、不当な配置転換等の不利益処分を行ったことを理由として、不利益処分を受けた者や当該会社の株主らから役員の責任が追及された事案はまだ見当たらない。この種の事案は、通常は不利益処分を受けた者から会社に対する解雇無効確認、損害賠償等の請求によって争われることが多いが、適法に内部通報を行った者に対する不利益取扱いの結果、同人への損害賠償や消費者ないし取引界への信頼喪失等によって会社が甚大な損害を受けるとなれば、これに関わった取締役、およびその監査を怠った監査役の責任が問われる虞は多分に考えられる。そこで、以下では、通報を理由とする不利益処分について会社の責任が認められたトナミ運輸事件一審判決[33]を紹介し、その延長線上にある役員の責任を考察したい。

　同事件は、大手貨物運送会社である被告の従業員である原告が、①被告が

他の同業者との間で認可運賃枠内での最高運賃収受や荷主移動（顧客争奪）禁止を内容とするヤミカルテルを締結している、ならびに②運賃計算を遠回りの路線で行い認可運賃を超える運賃を収受している等として、マスコミや公正取引委員会に内部告発したところ、被告がこれを理由として長期間にわたり原告を昇格させず、原告に不当な異動を命じて個室に隔離した上、雑務に従事させる等不利益な取扱いをしたと主張して、被告に対し、雇用契約上の平等取扱義務、人格尊重義務、配慮義務等に違反する債務不履行または不法行為に基づき、損害賠償等を求めた事案である。

　この点、まず富山地裁は、内部告発が正当化されるための要件として裁判例上確立されてきた次の要件を挙げている。すなわち、(a)告発内容の真実性、(b)告発内容の公益性、(c)公益目的、(d)内部での是正努力等の告発方法の妥当性の各要件[34]である。そして、上記①および②について、真実ないし真実と信ずるに足りる相当な理由を認め（上記(a)）、告発内容の公益性（上記(b)）、公益目的（上記(c)）をも認定した上、原告の被告内部での是正努力((d))についても、次の通りこれを認めた。すなわち、確かに、原告の社内での告発は上記①および②には及んではおらず、むしろ、別件の中継料収受問題[35]についての副社長や勤務先営業所長への直訴に留まるのであり、「この直訴を………ヤミカルテルを是正するための努力として評価することは難しい。………しかし、他方、………ヤミカルテルおよび違法運賃収受は、被告が会社ぐるみで、さらには被告を含む運送業界全体で行われていたものである。………このような状況からすると、管理職でもなく発言力も乏しかった原告が、仮に本件ヤミカルテルを是正するために被告内部で努力したとしても、被告がこれを聞き入れて本件ヤミカルテルの廃止等のために何らかの措置を講じた可能性は極めて低かったと認められる。

　このような被告内部の当時の状況を考慮すると、原告が十分な内部努力をしないまま外部の報道機関に内部告発したことは無理からぬことというべきである。したがって、内部告発の方法が不当であるとまではいえない。」と。

こうして、内部告発の正当性を認定した上で、同地裁は使用主の雇用契約上の債務不履行責任を認定した。すなわち、「従業員は、雇用契約の締結・維持において、………人事権が公正に行使されることを期待し、使用者もそのことを当然の前提として雇用契約を締結・維持してきたものと解される。そうすると、使用者は、信義則上、このような雇用契約の付随的義務として、その契約の本来の趣旨に則して、合理的な裁量の範囲内で配置、異動、担当職務の決定および人事考課、昇格等についての人事権を行使すべき義務を負っているというべきであり、その裁量を逸脱した場合はこのような義務に違反したものとして債務不履行責任を負うと解すべきである。………本件では、原告の内部告発は正当な行為であるから、被告がこれを理由に原告に不利益な配置、担当職務の決定および人事考課等を行う差別的な処遇をすること[36]は、その裁量を逸脱するものであって、正当な内部告発によっては人事権の行使において不利益に取り扱わないという信義則上の義務に違反したものというべきである。」として、被告に雇用契約上の付随義務違反による損害賠償責任を認めたのである[37]。

　もとより、内部通報に真摯に対応せず、むしろ通報者に対して不利益処分を課する場合、当該通報が公益通報者保護法上の保護要件を満たす限りは[38]、不利益処分が正当化される余地はない。かかる場合、当該不利益処分は通報者保護の観点から無効とされているから、それが同時に通報者に対する雇用契約上の債務不履行と位置づけられるのもむしろ当然のことである。その結果、当該債務不履行責任の追及などによって会社に損害が生じる以上、役員は善管注意義務の観点から責任の有無を吟味されることになる[39]。その際には上記保護要件を充足するかどうかの判断の余地が残る以上、経営判断の原則になじみやすい場面となるものと思われる。

　ところで、前掲判旨によれば、内部での是正努力等の告発方法の妥当性の点では、形式的には内部告発者の内部努力が不十分であっても、その努力が社内的に受け入れられる可能性が低いことをもって、妥当性ならびに告発の

正当性が認められているが、同様の観点は既に公益通報者保護法でも類型化され導入されているところである。すなわち、社外へのいわゆる3号通報が正当化されるための要件として、同法3条3号は、通報対象事実が生じ、またはまさに生じようとしていると信ずるに足りる相当の理由があることに加えて、次の要件のいずれかを要求している。

　イ　前二号に定める公益通報をすれば解雇その他不利益な取扱いを受けると信ずるに足りる相当の理由がある場合
　ロ　第一号に定める公益通報をすれば当該通報対象事実に係る証拠が隠滅され、偽造され、又は変造されるおそれがあると信ずるに足りる相当の理由がある場合
　ハ　労務提供先から前二号に定める公益通報をしないことを正当な理由がなくて要求された場合
　ニ　書面（電子的方式、磁気的方式その他人の知覚によっては認識することができない方式で作られる記録を含む。第九条において同じ。）により第一号に定める公益通報をした日から二十日を経過しても、当該通報対象事実について、当該労務提供先等から調査を行う旨の通知がない場合又は当該労務提供先等が正当な理由がなくて調査を行わない場合
　ホ　個人の生命又は身体に危害が発生し、又は発生する急迫した危険があると信ずるに足りる相当の理由がある場合

　これらはいずれも、社内に内部通報制度が構築されていないか、若しくはそれが適切に機能しておらず、公益通報を始めとする社内での是正努力が少なくとも短期的に功を奏する余地がない場合（前掲イないしニ）、またはより多くの法益侵害に対する急迫の危険を避ける必要がある場合であり（前掲ホ）、それ故に、もはや内部努力を事前に要求すべきではないと立法段階で類型的に判断された場面である。

　かかる例外的な要件を充足する場合には、外部の第三者への告発が容認さ

第3章　内部通報制度の構築・運用に関する役員の義務と責任

れる結果、マスコミ報道などに先行して内部での自発的な是正を行う機会は失われる虞が高く、会社が消費者や取引界の信用喪失を契機として莫大な経済的損害を被る虞は高まることになる。その際、特に前掲イないしニについては、内部通報が社内で真摯に受け止められ、必要な調査および処分が実施されるための体制が十分に構築・運用されていない場面が想定されているのであるから、この観点からも、損害発生のリスク管理に関する役員の善管注意義務のあり方として、内部通報制度を適正に構築・運用する義務が求められることになるというべきであろう。すなわち、日頃から内部通報制度が適正に運用され、不祥事の調査、対応、ならびに公表が十分に行われている会社にあっては、前掲イないしニの要件を容易に充足することにはならないと思われるのであり、それ故に次なる不祥事に対しても社内的な改善の途が残されることになる。その結果、損害の極小化が実現できる可能性は高まるのであり、同時に損害発生・拡大防止に向けた役員の善管注意義務が十分に果たされたものと評価される可能性もまた高まるというべきであろう。

4. まとめ

以上に内部通報制度の構築と運用に関する役員の責任の所在を論じたが、当該責任は、内部通報制度を始めとするコンプライアンス体制の進化状況によって、その判断を異にする可能性が高いものである。その際、経営判断の原則との関連では、業界横断的な状況や、当該会社の所属する特定業界の特殊性、社風や過去の不祥事の状況等を衡量し、損害発生のリスクがどの程度予見される段階にあるかが問われることになるが、内部通報制度の導入が進み、同時にその運用上の問題点への意識もに高まりつつある現状においては、その的確な構築・運用を欠くコンプライアンス体制をもって善管注意義務を果たしたと評価される可能性はいよいよ逓減していることを見過ごしてはならないように思われる。

第Ⅱ部　個別事象と役員の責任

[注]

1) この判示は、後のダスキン事件控訴審判決（大阪高判平成18・6・9判時1979号115頁）、ヤクルト事件控訴審判決（東京高判平成20・5・21判タ1281号12頁）にも引き継がれている。ただし、いずれの事件においても、事例判断としては、内部統制システムの整備自体につき善管注意義務違反はないものとして、この点に関する取締役の責任は否定されている。
2) 大会社である取締役会非設置会社については、会社法348条4項により、取締役による当該事項に関する決議が義務づけられている。
3) 酒巻俊雄＝龍田節編集代表『逐条解説会社法第4巻［機関.1］』521頁（中央経済社、2008年）
4) 相沢哲＝葉玉匡美＝郡谷大輔編著『論点解説新・会社法　千問の道標』335頁（商事法務、2006年）
5) 同事件は、従業員らが営業成績を上げる目的で架空の売上を計上したため、有価証券報告書に不実の記載がされ、その後同事実が公表されて会社の株価が下落し、公表前に会社の株式を取得した株主が、損害を被ったと主張して、会社に対し損害賠償を求めた事件である（その際、代表取締役の個人責任は追及されていないが、代表者の過失に基づく会社の不法行為責任追及がなされている）。
6) 内部的な内部統制システム構築義務違反が直ちに外部の第三者に対する不法行為を構成するかについては議論がありうるが、本件は、不法行為を基礎付ける過失の有無の次元で内部統制システム構築義務違反の有無が検討された事案といえ、その点で本章の参考になるものと思料する。
7) 原審では、会社の不法行為責任が認定されており（東京高判平成20・6・19）、会社側から上告がなされていた。
8) その背景には、グローバリゼーションの進行により、外資の投資を誘因できるグローバルスタンダードな経営が求められるようになったことや、雇用の流動化による社員の意識の変化、さらにはインターネットを始めとするIT化による情報発信の簡便化に伴う情報管理の困難化などを挙げることができる。
9) 社団法人日本経済団体連合会の企業行動憲章においては、平成14年改訂の第三版から、「企業倫理の徹底」のために「企業倫理ヘルプライン（相談窓口）の整備」がうたわれ、「通常の上司を経由した報告ルートとは別に、重要情報が現場から経営層に伝わるルート」の設置が求められた（社団法人日本経済団体連合会「企業行動憲章実行の手引〔第三版〕」9.3.(4)(2002年)）。その後の改訂で、通報受付手段の例示や具体的アクション・プランの内容が加筆され、情報通報者への報復禁止、通報者の秘密保護と情報

管理の徹底、企業倫理ヘルプラインの活用促進方法などが具体的に記載されるに至っている（同手引き〔第五版〕9-4（2007年））。
10）浜辺陽一郎『内部通報制度　仕組み作りと問題処理』101頁（東洋経済新報社、2004年）、愛知県弁護士会「内部通報制度Q&A」2頁（2008年）。
11）この点、内部通報制度に関する直近の実務的な動向としては、内閣府国民生活局の「平成20年度民間事業者における通報処理制度の実態調査報告書」（以下、「実態調査報告書」という）が参考となる。同報告書は、全国の上場企業3,863社と非上場企業11,137社の合計15,000社を対象とし、2009年1月から2月にかけて郵送にて行われた調査に関するものである。有効回収数は4,996件（33.3％）であった。ここでは、回答のあった全事業者中、内部通報制度を導入済みの企業は全体の44.3％に留まるが、従業員規模で301～1,000人の企業ではその比率は66.9％となり、1,001～3,000人の企業では87.1％、3,000人超では95.7％と企業規模が大きくなるほど、導入率は飛躍的に高くなっている。業種別にみると、金融・保険業の導入率が93.1％と突出しており、業種的に求められるコンプライアンスのレベルの高さが伺われる結果となっている。また、制度の導入時期については、導入済み企業中、平成16年5月以前が21.8％、同年6月～平成18年3月が23.1％、同年4月以降が53.6％となっており、ここ3年間急ピッチで導入が進んだことが確認される。また、内部通報受付のための外部窓口を設置している企業は、導入済み企業の54.8％に上る。

さらに、窓口に寄せられる1年間の通報件数としては、導入済み企業中41.2％で0件であるが、1～10件が42.5％、それ以上が10.7％となっている。通報者の不利益取扱いへの危惧感、会社への不信感を取り除く上で効果が期待される匿名通報の受付を行っている企業では、0件が36.8％と若干下がり、他方1～10件が45.7％、それ以上が12.6％と若干上向いており、通報誘因に向けて努力する企業においては、その効果が現れているように思料される。

内部通報による企業不祥事の社内把握と自浄作用発揮がどの程度行われているのかは報告書からは読み取れないが、コンプライアンス体制堅持の手段としての定型的なモデルとして実務上一定の期待が込められている現状が見て取れると思われる。
12）企業会計審議会「財務報告に係る内部統制の評価及び監査の基準並びに財務報告に係る内部統制の評価及び監査に関する実施基準の設定について（意見書）」3頁（平成19年2月15日）。なお、同意見書中に示された「財務報告に係る内部統制の評価及び監査の基準」は、一般に公正妥当と認められる財務報告に係る内部統制の評価の基準に該当するとされている（内閣統制府令1条4項）。
13）企業会計審議会意見書・前掲注(9) 6頁。
14）平成19年4月5日制定。なお、「内部統制システムに係る監査委員会監査の実施基準」

第Ⅱ部　個別事象と役員の責任

（平成20年2月4日制定）においても、同様の項目が置かれている。
15) コンプライアンスの意義については、後述の通り、単なる法令遵守に留まることなく、その違反が企業に対して損害を及ぼしかねない業界自主ルールや企業倫理の遵守をも含むものと筆者は理解するが、以下の裁判例の紹介の際には原文に従って「法令遵守」と表記する。
16) 一審原告株主らの控訴審での主張は次のようなものである。すなわち、「経営効率、利潤追求だけを考えれば、法令を無視する事態が発生してもおかしくないから、法令遵守を徹底するためには、経営効率等を考える部門とは別個に、専門性と独立性を有し、法令遵守に関する調査権限を持ち、法令を遵守していないことが判明した場合には強制的に是正する権限を付与された部門を構築しなければならない。そして、同部門は、マニュアルの対象となっている法令の動向等に常に注意を払い対応しなければならない。………食品会社の場合、上記専門分野としては、法令全般に関するコンプライアンス部門のほか、これとは別個独立の機関として、食品衛生法遵守及び正当な品質の食品の提供のための専門部門（品質管理機関）を設置しなければならない。………コンプライアンス部門及び品質管理機関は、違法行為等の存否を自ら調査するのみならず、それに関する情報提供を広く受け得る体制を整えておくことが必要である。この情報提供には消費者からの情報提供のみならず会社内部からの情報提供も含まれ、内部告発者が告発によって不利益を被ることがないように、コンプライアンス部門及び品質管理機関は、取締役に対して、氏名等内部告発者を特定し得る情報を伝達してはならない。」………被告らは「本件販売のような重大な違法行為がなされないようにする法令遵守体制を構築することを怠」ったものであり、内部通報制度を含む法令遵守体制の整備義務違反の責任を免れない、との主張である。
17) この点、ダスキン第二事件に関して大阪高判は、「整備すべきリスク管理体制の内容は、リスクが現実化して惹起する様々な事件事故の経験の蓄積とリスク管理に関する研究の進展により充実していくものである。したがって、現時点で求められているリスク管理体制の水準をもって、本件の判断基準とすることは相当でない」と述べ、法令遵守体制を含む内部統制システム自体が進化し充実するものであること、そして充実した後の基準をもって過去の体制整備状況を論じるべきではないことを判示している（同高判は、「本件販売当時において」違法行為を未然に防止するための法令遵守体制が整備されていなかったとはいえ、「この当時において」内部通報制度を整備しておく義務があったとはいえないとして、この当時の対応状況を論じている。）。
18) 前掲実態調査報告書においては、運用上の課題や実務上の負担について複数回答可として尋ねたところ、「特にない」と回答した事業者が30.7％であった一方、（通報受付窓口が）「通報というより、不満や悩みの窓口となっている」（26.2％）、「本当に保護され

第3章 内部通報制度の構築・運用に関する役員の義務と責任

るのか、職員に不信感がある」(23.4%)、「制度の周知が進まない」(18.2%)、「社内風土から、心理的な圧迫感がある」(16.9%)、「通報者の個人情報の保護が難しい」(14.7%)、との回答結果となっている。ここでは、多くの企業において制度の周知と理解が進まず、通報者保護に対しての不信感が払拭されていない実情が伺えるところである。

また、同じく内閣府国民生活局が、インターネット調査会社の登録モニター4,638名に対して調査協力を行い、3,035名の有効回答を得て作成された「平成20年度公益通報者保護制度に関する労働者向けインターネット調査報告書」においても、「通報する場合に、まず『労務提供先』ではなく、『行政機関』(注、39.9%)または『その他外部(報道機関等)』(注、7.2%)に通報する」と回答した回答者（合計で47.1%）に対して、その理由を2つまで尋ねたところ、「労務提供先から解雇や不利益な取扱いを受けるおそれがあるため」との回答が60.9%に上り、以下、「通報しても十分に対応してくれないと思う（あるいは過去通報したが十分に対応してくれなかったため）」(43.0%)、「通報したことが職場内に知れた場合、いやがらせ等を受けるおそれがあるため」(39.7%)と続いている。ここでも、多くの労働者において、通報による不利益処分や嫌がらせの虞、さらには通報制度が機能しないことが懸念されている実情が伺えるところである。

これらの調査結果は、内部通報制度を導入したにもかかわらず、それが形式的導入に止まり、制度を十分に運用することができていない企業が相当数存在することを推認させるところである。こうした企業においては、内部通報制度が機能しない結果、社内的な自浄作用が発揮できず損失が最大化することについての大きな懸念があるといわざるを得ず、この状況を放置することによって役員が善管注意義務違反を問われる虞が顕在化しやすい状況にあるように思われる。

19) 同法第3条第3号イないしニ（本章2(3)参照）。
20) 内部統制システム構築義務に経営判断の原則を適用する大阪高裁の判示に対しては、「冒険的な『内部統制システム』の構築を奨励する必要がない以上、内部統制システム構築義務それ自体に経営判断原則を及ぼすのは妥当ではない。むしろ構築すべき最低水準のシステムを前提とした上で、それを超えてどこまで充実させるかという点に経営者の裁量が働くと考えるべき」との見解もある（野村修也「内部統制への企業の対応と責任」企会58巻5号100頁（2006年））。すなわち、最低限の内部統制システムの構築については取締役に裁量の余地はなく、もはや経営判断の原則の適用場面ではないとする趣旨であろう。もとより、内部統制システムに関する議論の深まりと立法での導入、さらには実務での浸透状況に照らして、最低限の内部統制システム構築については取締役の裁量の余地はいよいよ狭くなっていることは確かである。そこでいう最低限の範囲に内部通報制度が含まれるかについては議論の余地が残るが、これもまた実務の導入状況に照らして、時間的に進化を遂げる可能性が高いと思料する。

21) 経団連・前掲注(6)9-4参照。
22) この判示をもって、そもそも経営判断自体がなされていないとみて、経営判断原則の問題ではないことを判示したとみる余地はなくもない。しかし、判旨は明確に「黙示的に事実上承認した」と述べた上で、損害回避策の検討に論及しているのであり、以下では経営判断がなされたことを前提として、経営判断原則を論じることとする（この点を論じるものとして、日本取締役協会編著『経営判断ケースブック』［中村直人］11～13頁（商事法務、2008年））。
23) 不祥事公表義務を認めた趣旨と解するもの（加藤真朗ほか「ダスキン株主代表訴訟にみる不祥事に対する取締役の責任」ビジネス法務8月号42頁（2007年））と、不祥事公表義務を認めたのではなく、リスク管理義務違反による責任を認めた趣旨と解するもの（山口利昭「不祥事の公表・調査義務　内部通報を発端とするケースを中心に」ビジネスロージャーナル7月号30頁（2009年））などがあるが、いずれも善管注意義務の範疇に関する議論である。
24) したがって、逆説的にいえば、諸要素を慎重に検討した結果、不祥事を公表しない選択を行った場合に、たまたま予期せぬ発覚とそれによる想定外の巨額の損害拡大を生じたとしても、善管注意義務違反とはならない場合が理屈上はありうることになる。ただし、実務上求められるコンプライアンスのレベルが向上すればするほど、その違反に対する社会的批判と信頼喪失による損害発生・拡大のリスクは統計的にも高まるのであるから、同時に不祥事の隠蔽に関する判断をもって善管注意義務違反を問われるリスクも高まるであろうことを忘れてはならないと思料する。
25) 実際に、一審被告らは経営判断の原則の適用による免責を主張しており、これに対して大阪高裁は、その判断過程をもって、「『経営判断』というに値しない」と断じているところである（前掲注(1)）。
26) 小林秀之編『内部統制と取締役の責任』［原強］75頁（学陽書房、2007年）参照。
27) 経営判断の原則は、米国では司法判断を排除する機能を有しているのに対して、我が国においては司法判断の際の判断基準となっているとの指摘がある（日本取締役協会編著・前掲注(19)30頁）。
28) 前掲注(1)ヤクルト事件控訴審判決。なお、同事件の第一審判決（東京地判平成16・12・16判時1888号3頁）でもほぼ同様の判示がある。
29) 議論の詳細については、日本取締役協会編著・前掲注(19)9～11頁参照。ここでも、「会社に不利益な行為を強制する理屈は、やはり外部的な法的義務の負課によるほかはないのであろうか。」と論じられている。
30) 現在の食品衛生法3条3項では、食品衛生上の危害発生防止のための必要な措置を講ずる努力義務が食品等事業者に課せられており、その結果、（ダスキン事件のような場

合には）当該必要な措置の一つとして公表義務が取締役に課せられるとの指摘がある（日本取締役協会編著・前掲注(19)11頁）。
31）ほぼ同旨の解釈を採るものとして、加藤ほか・前掲注(20)43頁。
32）あるいは法的責任以外の社会的責任の不履行。以下、同じ。
33）富山地判平成17・2・23判時1889号16頁。
34）これらの要件は、内部告発者を保護するための論理として、名誉毀損におけるいわゆる真実性・相当性の抗弁に類する考え方が応用されているといえる。すなわち、名誉毀損行為については、当該行為が、①公共の利害に関し、②公益目的で行われたものであり、③表現内容が真実であること、または真実と考えたことが相当であること（十分な資料根拠に基づくこと）、が証明された場合には、例外的に違法性が阻却される。

この考え方を、労働法の分野でも参酌し、外部への告発という場面に応じて告発手段の相当性をも加味したのが、本文記載の各要件である。当初は労働組合活動としての文書活動の正当性に関して応用されていたところを、内部告発の正当性についても同様に判断されるようになったものといわれている（［島田陽一］労判840号10頁）。これらを参酌しつつ、公益通報者保護法において、具体的に保護要件が類型化された。

これらの要件は、公益通報者保護法制定以前に確立されたものであるが、同法の適用されない場面（例、派遣労働者が派遣元に派遣先の違法行為を通報して解雇されるような場合）において、なお意義を有するものである。

なお、ほぼ同様の基準に依拠した裁判例としては、東京地判平成9・5・22労判718号17頁、大阪地裁堺支判平成15・6・18判タ1136号265頁、労判855号22頁、等が挙げられる。
35）「被告が受託した運送を途中から他社に委託する（中継する）場合に収受する料金」を、「直営ではないものの被告の営業所の名称で運送を行う業者に委託したのであるから、………収受すべきではない」という問題。
36）その処遇の内容について、同地裁は、「被告が、原告が内部告発をしたことを理由に、これに対する報復として、原告を旧教育研修所に異動させた上、業務上の必要がないのに原告を2階の個室に置いて他の職員との接触を妨げ、それまで営業の一線で働いていた原告を極めて補助的で特に名目もない雑務に従事させ、更に、昭和50年10月から平成4年6月までという長期間にわたって原告を昇格させないという原告に不利益な取扱いをしたことおよび原告に対する退職強要行為をしたことは明らかである。」と判示している。
37）本件訴訟は、被告から控訴された後、控訴審で和解が成立したと報じられた。一審原告側によると、一審の富山地裁が命じた賠償金など約1,356万円に上乗せした和解金が同社から支払われるほか、和解条項に同社が「本件を教訓に適正で公正な業務運営を心

がけ、信頼回復に努める」とする内容が盛り込まれたとされる（「朝日新聞」平成18年2月16日他）。
38）図利加害目的の虚偽通報や、社外へのいわゆる3号通報（公益通報者保護法3条3号）の要件を満たさずに社外に告発がなされた場合等が、公益通報としての保護要件を満たさない典型的場面である。
39）ここで、役員の責任を生じる場面は必ずしも同法の適用場面に限られるものではなく、例えば、会社の不正を告発した取引業者との取引の解除が、正当性を欠き信義則上無効と解釈される結果、会社として債務不履行責任を問われる場面を想定することができる。

第 **4** 章

反社会的勢力との取引と
役員のリスク管理体制整備義務

　企業の取引する相手が反社会的勢力である場合、①不当要求を受けるリスク、②社会的非難を浴びて信用を失墜するリスク、という固有のリスクが存在する。
　会社の役員は、反社会的勢力と取引し、こうしたリスクを現実化させて会社に損失を与えないよう、リスク管理体制（＝内部統制システム）を整備する義務を負う。
　本章では、反社会的勢力との取引が問題になった過去の事件を検討し、最新の社会動向も踏まえつつ、企業が反社会的勢力リスク管理体制を整備する際の実務的視点を提供する。

1. 序

　企業は多くの取引先と取引を行い、そこから収益をあげることが予定されている。また、企業には営業の自由が保障されており、どのような相手と取引して収益をあげるかは、本来企業の自由である。

　しかし、取引する相手が反社会的勢力である場合には、通常の商取引であっても、あるいは通常でない裏取引であっても、そこには固有のリスク、つまり「反社会的勢力リスク」が存在する。その内実は、次の2点に整理される。

● 不当要求を受けるリスク─企業防衛の観点

　反社会的勢力は、本来が不当要求集団であり、不当要求ビジネスによって生計を立てている。企業は、反社会的勢力と取引することで、反社会的勢力からいついかなる不当要求を受けるかも知れず、この要求に屈して経済合理性のない金銭や利益を供与させられるリスクを負う。そもそも、反社会的勢力と取引していること自体、企業にとっては不祥事であり、そのことを材料に企業恐喝を受けるおそれすらある。

● 社会的非難を浴びて信用を失墜するリスク─CSRの観点

　企業が反社会的勢力と取引することで、知らぬ間に反社会的勢力の資金獲得活動に手を貸してしまうことがある[1]。反社会的勢力が獲得した資金は、彼らの不当要求ビジネスに再投資されて社会に害悪を撒き散らす。したがって、たとえ企業が知らなかったとしても、また企業にとっては通常の商取引であり、経済合理性に適う取引であったとしても、その取引は「反社会的」と評価され、反社会的勢力の資金獲得活動に手を貸した企業は、CSR（企業の社会的責任）違反として社会から強い非難を浴びることになる[2]。その結果、その企業は社会の信用を失墜し、ビジネスに大きな打撃を受けるリスクがある。

企業が反社会的勢力と取引することで、上記のような反社会的勢力リスクが現実化し、企業に損失が生じうることは、過去の経験に照らしても明らかであり、会社の役員（取締役、監査役、執行役）には、反社会的勢力リスクの現実化による損失発生の予見可能性が与えられている。

　したがって、会社の役員には、企業活動におけるリスク管理体制（＝内部統制システム）の整備[3]の一環として、反社会的勢力リスク管理体制の整備が求められ、これは役員の義務の一内容をなす。

2. 事件の検討

　企業が反社会的勢力と取引したことが問題となった事件としては、古くは、
(1) 神戸製鋼所が総会屋に利益供与した事件
(2) 蛇の目ミシン工業が仕手筋に利益供与した事件
があげられる。近年では、
(3) スルガコーポレーションがビル立退き交渉に反社会的勢力関係企業を利用した事件
があげられる。また、企業が反社会的勢力と取引した事件ではないが、
(4) プリンスホテルが右翼団体の街宣活動を避けるために日本教職員組合の施設利用を拒否した事件
も、右翼団体の街宣活動に対する企業の対応が問題とされた事件である。

　このうち、(1)(2)では、役員の責任を追及する株主代表訴訟が提起され、(1)では役員の責任を認める和解が成立し、②では役員の責任を認める判決が確定した。(4)では、会社と役員の責任を追及する損害賠償請求訴訟が提起され、会社と役員の責任を認める一審判決が言い渡された。(3)では、民事訴訟は提起されていないが、関係者が刑事訴追され、問題が発覚した3ヶ

月後にスルガコーポレーションは民事再生手続開始を申し立てた。

そこで、これら4つの事件を検討し、反社会的勢力との取引や反社会的勢力への対応において、会社や役員にどのような善管注意義務が課せられるかを考察する。

(1) 神戸製鋼所株主代表訴訟事件

① 事案の概要

　神戸製鋼所の役員らが、自らまたは社員に指示して、与党総会屋に対し、同人が他の総会屋等株主の発言を封じて株主総会を平穏裡に終了させるために協力することに対する謝礼として、平成2年始めころから同11年4月ころまでの間、現金の交付および接待費を含む合計金1億9,780万円を供与した。

　また、神戸製鋼所加古川製鉄所で、平成7年7月から同9年4月までの間、取引相手との合意の下、スクラップの簿外売却の方法により、合計金1億6,592万円の裏金が捻出された。この裏金1億6,592万円のうち金3,000万円が与党総会屋への利益供与に費消された。

② 株主代表訴訟の提起と和解の成立

　株主オンブズマンのメンバーが原告となり、神戸製鋼所の役員らを被告として、神戸地方裁判所に株主代表訴訟を提起した。

　人証の証拠調べに入る前に、裁判所が和解を勧告し、原被告双方がこれを受諾して、平成14年4月5日に和解が成立した[4]。

　和解の内容は、役員らが、裏金の捻出および社外流出がなされ、あるいは長きに亘り利益供与行為が継続されていたにもかかわらず、早期に有効なその防止管理体制を構築できなかったことにつき責任を認め、神戸製鋼所に対し、連帯して和解金を3億1,000万円ないし1億5,000万円支払うというものである。

　加えて、利害関係人である神戸製鋼所は、本件代表訴訟事件の解決を契機

としてすみやかに、今後同種事件の再発防止を目的とする社外の有識者を加えた「(仮称)コンプライアンス特別委員会」を社内で新たに立ち上げるとともに、コーポレートガバナンス推進に向けての決意表明を日本経済新聞および朝日新聞の両紙に掲載すること、コンプライアンス特別委員会の組織体制や活動のあり方、および決意表明の内容については、神戸製鋼所において原告らと協議した上、その意向を十分に尊重して具体的内容を決定することも和解条項に盛り込まれた。

③裁判所の所見

　裁判所は、和解の成立に先立ち、「訴訟の早期終結に向けての裁判所の所見」を示した。この中で、利益供与や裏金捻出を防止するための内部統制システムの構築について、次のように指摘している(下線は筆者)。

　「上記利益供与及び裏金捻出は、被告亀高及び同熊本が神戸製鋼所の代表取締役社長に在任中になされたものであるところ、株主総会の議長を務めるのは代表取締役社長にほかならないこと、上記捻出された裏金の一部は上記利益供与のために費消されたことに照らすと、被告亀高及び同熊本は、上記利益供与やその原資とするための裏金捻出がなされないよう、特別に配慮してこれを監視すべき地位にあったものと認められる。とりわけ、被告亀高については、上記利益供与及び裏金捻出の大半が同被告の代表取締役社長在任中に行われたものであること、同被告には株主総会に関する業務の経験もあること、上記裏金捻出に関しては、その一部は被告梶原を通じて上記利益供与に費消されていること、裏金捻出に関与している者は一般従業員ではなく専務、または常務取締役などの経営会議のメンバーであることなどからして、被告亀高は、上記利益供与及び裏金捻出を予測し、またはこれを容易に知り得ることができたのではないかと推認され、これを防止できなかった責任は大きいと考えられる。

　また、神戸製鋼所のような大企業の場合、職務の分担が進んでいるため、

他の取締役や従業員全員の動静を正確に把握することは事実上不可能であるから、取締役は、商法上固く禁じられている利益供与のごとき違法行為はもとより大会社における厳格な企業会計規制をないがしろにする裏金捻出行為等が社内で行われないよう内部統制システムを構築すべき法律上の義務があるというべきである。

とりわけ、平成3年9月、経団連によって企業行動憲章が策定され、社会の秩序や安全に悪影響を与える団体の行動にかかわるなど、社会的常識に反する行為は断固として行わない旨が宣言され、企業の経営トップの責務として、諸法令の遵守と上記企業行動憲章の趣旨の社内徹底、社員教育制度の充実、社内チェック部門の設置及び社会的常識に反する企業行動の処分が定められたこと、また、平成7年11月、企業における総会屋に対する利益供与の事実が発覚して社会問題となり、上記経団連企業行動憲章が改訂され、上記に加えて、企業のトップが意識改革を行い、総会屋等の反社会的勢力、団体との関係を絶つという断固たる決意が必要であり、これについては担当部門任せでない、組織的対応を可能とする体制を確立する必要があり、従業員の行動についても「知らなかった」ですませることなく、管理者としての責任を果たす覚悟が必要であるとの趣旨の宣言が追加されたこと、さらに、平成9年6月には特殊暴力対策連合会から、神戸製鋼所を含む我が国の主要各社に対し総会屋との絶縁要請書が送付されたこと等からも明らかなとおり、上記の内部統制システムを構築すべき義務は社会の強い要請に基づくものでもある。

一方、企業会計に関する規定は、会社においては、企業の関係者の利害を保護するための重要な規定であり、とりわけ大会社には会計監査人の監査が義務付けられているなど厳格な規制が整備されていることから、これに反する会計処理は許されるものではない。裏金捻出は、かかる企業会計に反することはもちろんのこと、さらに利益供与等の犯罪の原資になりやすいことからしても、これを特に厳しく防止する必要があり、内部統制システムの構築

にあたってはこの点も十分に配慮すべきものである。

　そうであるとすれば、企業のトップとしての地位にありながら、内部統制システムの構築等を行わないで放置してきた代表取締役が、社内においてなされた違法行為について、これを知らなかったという弁明をするだけでその責任を免れることができるとするのは相当でないというべきである。

　この点につき、被告亀高、同熊本らは、神戸製鋼所においても一定の内部統制システムが構築されていた旨を主張する。しかし、総会屋に対する利益供与や裏金捻出が長期間にわたって継続され、相当数の取締役及び従業員がこれに関与してきたことからすると、それらシステムは十分に機能していなかったものと言わざるを得ず、今後の証拠調べの結果によっては、利益供与及び裏金捻出に直接には関与しなかった取締役であったとしても、違法行為を防止する実効性ある内部統制システムの構築及びそれを通じての社内監視等を十分尽くしていなかったとして、関与取締役や関与従業員に対する監視義務違反が認められる可能性もあり得るものである。」

④ 考　察

　裁判所の所見に示されるとおり、総会屋への利益供与やそのための裏金捻出が行われないよう内部統制システムを構築すべき義務が取締役には課されており、利益供与や裏金捻出に直接関与していない取締役であっても、知らなかったという弁明は許されない。内部統制システムを構築しない場合はもとより、構築した内部統制システムが十分に機能しない場合にも、取締役は任務懈怠責任を問われることになる。

　その意味で、内部統制システムは一度構築すれば足りるというものではなく、これが十分に機能していることの不断の検証が必要になり、これも取締役の義務の一内容をなすといえる。

(2) 蛇の目ミシン工業株主代表訴訟事件

①事案の概要

　いわゆる仕手筋として知られ、暴力団との関係も取りざたされていたAは、蛇の目ミシン工業株を買い集めて筆頭株主となり、株主総会で取締役にも選任された。

　Aは、役員らに対し、保有する同社株の高値での買取りを要求し、「保有する同社株を全部暴力団○○会の関連会社に譲渡した」「新株主は蛇の目ミシンにも来るし、埼玉銀行の方にも駆け上がっていく。とにかくえらいことになったな」「大阪からヒットマンが2人来ている」などと述べて脅迫し、暴力団の関連企業への売却を取り消したいのであれば300億円を用立てるよう要求した。

　役員らは、同社に暴力団が入ってくれば、更なる金銭の要求がされ、経営の改善が進まず、入社希望者もいなくなり、他企業との提携もままならなくなり、会社が崩壊してしまうと考えたが、他方で、同社から300億円を出金してAに交付すれば経営者としての責任問題になると思い悩んだ。

　結局、役員らは、臨時の取締役会で議決し、同社の関係会社を通じた融資の形でAに約300億円を利益供与した。その後も、Aに迫られて、同社の関係会社を通じてAの経営する会社の約1,600億円の債務について肩代わりおよび担保提供をした。

　株主代表訴訟では、役員らの忠実義務・善管注意義務違反の責任と、株主の権利行使に関する利益供与の禁止規定違反の責任の二点が争点となった。

　一審判決および控訴審判決[5]は、いずれの責任についても否定したが、上告審判決[6]は、一転していずれの責任も認め、損害額等について審理を尽くさせるため原審に差し戻した。

　差戻審判決[7]は、上告審判決を踏襲し、過失相殺と信義則による責任の制限という新たな2つの争点について判示した上で、役員らに583億円余りを

会社に支払うよう命じた。

控訴審、上告審、差戻審の判決の骨子は、以下のとおりである。

②控訴審判決の骨子（下線は筆者）
〔忠実義務・善管注意義務違反の責任〕
- いかに脅迫されているとはいえ、蛇の目ミシンにとって、外部に対し全く理由が立たず、かつ返済の当てのない300億円を融資の形で利益供与することは、会社としてはできないことであって、本来的には責任を免れない。取締役として、上記利益供与を行ったことについて、外形的には、忠実義務違反、善管注意義務違反があった。
- しかし、このまま放置すれば、蛇の目ミシンの優良会社としてのイメージは崩れ、多くの企業や金融機関からも相手にされなくなり、会社そのものが崩壊すると考えたことから、そのような会社の損害を防ぐためには、300億円という巨額の供与もやむを得ないとの判断を行ったものである。
- <u>Aのこうかつで暴力的な脅迫行為を前提とした場合、当時の一般的経営者として、上記のように判断したとしても、それは誠にやむを得ないことであった。</u>
- 以上の点を考慮すると、300億円の供与を決めたことについて、取締役としての職務遂行上の過失があったとはいえず商法266条1項5号の責任を負わない。

〔株主の権利行使に関する利益供与の禁止規定違反の責任〕
- Aに対する300億円の供与は、暴力団の関連会社に売却した蛇の目ミシン株を取り戻すためには300億円が必要であるとAから脅迫されたことに基づき、Aの支配するIに対し、う回融資の形で300億円を融資したものである。
- 蛇の目ミシン経営陣の認識としては、暴力団の関連会社に譲渡された株式

を、Aの下に取り戻すために利益供与をしたものであり、実際には、300億円を喝取されたものであって、商法294条ノ2の「株主ノ権利ノ行使ニ関シ」財産上の利益を供与したことに該当しないことが明らかであるから、商法266条1項2号の責任を負わない。

③上告審判決の骨子（下線は筆者）
〔忠実義務・善管注意義務違反の責任〕
- Aには当初から融資金名下に交付を受けた約300億円を返済する意思がなく、被上告人らにおいてこれを取り戻す当てもなかったのであるから、同融資金全額の回収は困難な状況にあり、しかも、蛇の目ミシンとしては金員の交付等をする必要がなかったのであって、上記金員の交付を正当化すべき合理的な根拠がなかったことが明らかである。
- 被上告人らは、Aから保有する蛇の目ミシン株の譲渡先は暴力団の関連会社であることを示唆されたことから、暴力団関係者が蛇の目ミシンの経営等に干渉してくることにより、会社の信用が毀損され、会社そのものが崩壊してしまうことを恐れたというのであるが、証券取引所に上場され、自由に取引されている株式について、暴力団関係者等会社にとって好ましくないと判断される者がこれを取得して株主となることを阻止することはできないのであるから、会社経営者としては、そのような株主から、株主の地位を濫用した不当な要求がされた場合には、法令に従った適切な対応をすべき義務を有するものというべきである。
- 被上告人らは、Aの言動に対して、警察に届け出るなどの適切な対応をすることが期待できないような状況にあったということはできないから、Aの理不尽な要求に従って約300億円という巨額の金員をIに交付することを提案し又はこれに同意した被上告人らの行為について、やむを得なかったものとして過失を否定することは、できないというべきである。

〔株主の権利行使に関する利益供与禁止規定違反の責任〕
- 株式の譲渡は株主たる地位の移転であり、それ自体は「株主ノ権利ノ行使」とはいえないから、会社が、株式を譲渡することの対価として何人かに利益を供与しても、当然には商法294条ノ2第1項が禁止する利益供与には当たらない。
- しかしながら、会社から見て好ましくないと判断される株主が議決権等の株主の権利を行使することを回避する目的で、当該株主から株式を譲り受けるための対価を何人かに供与する行為は、上記規定にいう「株主ノ権利ノ行使ニ関シ」利益を供与する行為というべきである。
- 蛇の目ミシンは、Aが保有していた大量の蛇の目ミシン株を暴力団の関連会社に売却したというAの言を信じ、暴力団関係者が蛇の目ミシンの大株主として蛇の目ミシンの経営等に干渉する事態となることを恐れ、これを回避する目的で、上記会社から株式の買戻しを受けるため、約300億円というおよそ正当化できない巨額の金員を、う回融資の形式を取ってAに供与したというのであるから、蛇の目ミシンのした上記利益の供与は、商法294条ノ2第1項にいう「株主ノ権利ノ行使ニ関シ」されたものであるというべきである。

④差戻審判決の骨子 （下線は筆者）

〔過失相殺〕
- なるほど、Aの前記認定の脅迫は悪質巧妙であり、また、Aは、同人が代表者である光進が保有する分と合わせると蛇の目ミシンの筆頭株主といえ、また、メインバンクの埼玉銀行や同じく大株主であるナナトミの代表者である被控訴人Y1も300億円の拠出、債務の肩代わりに賛同し、いわば300億円の拠出、債務の肩代わりは蛇の目ミシンの主要株主の同意の下に行われたものであることは上記被控訴人らが主張するとおりであるが、蛇の目ミシンの上記の主要株主以外の株主が上記のような300億円の拠出や

債務の肩代わりという違法行為を承認していたわけでもなく、かかる違法行為を承認することが社会的に許されるわけでもなく、蛇の目ミシンという会社に落ち度があるとして過失相殺ないしはその類推適用により上記被控訴人らの損害賠償額を減額することはできない。

〔信義則による責任の制限〕
- 300億円の拠出および債務の肩代わりにつき最も責任があるのがAであることは明らかで、被控訴人らはAに脅迫され、いわば進退極まったような状態で300億円の拠出、債務の肩代わりを行ったとみることができる上、損害額は580億円余に達すること、損害の拡大についてはいわゆるバブルの崩壊が影響している可能性もあるといえること、被控訴人らそれぞれが自らの行為によりそのような損害が生じることを予想していたとは考え難いこと、特に蛇の目ミシンプロパーの取締役であった被控訴人Y4、同Y5はA問題の対応について発言権があまりなかったとみられること、本件の背後には極めて悪質な行為をしたAにばく大な資金を提供していた者が存在していたこと、蛇の目ミシンのA対策についてはメインバンクである埼玉銀行に大きな決定権があったとみられることなどを考慮すると、被控訴人らに対し580億円余の損害賠償等を命ずることは被控訴人らにとって極めて酷なものであることは否定できない。
- しかしながら、被控訴人らは取締役として会社に対し忠実義務、善管注意義務を負っていたのであって、自らのものではない会社財産を理由もないことに支弁することは厳に慎まなければならないことであるところ、<u>Aの理不尽な要求については警察に届け出るなどの適切な対応をすることが期待できない状況にあったわけではなく、Aへの対応は蛇の目ミシンにとって譲渡されると困る暴力団関係者等への蛇の目ミシン株の売却を示唆しての恐喝行為に屈することが許されるか否かという極めて単純な判断事項であること、Aの恐喝に屈し蛇の目ミシンが債務の肩代わりを行うことによ</u>

り将来同社が巨額の損害を受ける可能性が高かったこと、上記被控訴人らは東京証券取引所第1部に上場されている企業の取締役であることなどを考慮すると、被控訴人らのAに対する対応は、大局的視野に欠け、余りにも稚拙で、かつ、健全な社会常識と懸け離れたものであるといわざるを得ず、信義則という一般条項により責任を制限することは相当でないと判断せざるを得ないところである。

⑤ **考　察**

　控訴審判決が、会社の損害を防ぐために巨額の利益を供与したのはやむを得なかったと判断したのに対し、上告審判決は、警察に届け出るなどの適切な対応をすることも期待できたことを指摘し、差戻審判決は、役員の対応は大局的視野に欠け、余りにも稚拙で、かつ、健全な社会常識と懸け離れたものであったと指弾している。われわれの常識的感覚は、上告審判決や差戻審判決に沿うものであろう。

　反社会的勢力から執拗に不当要求を受けると、往々にして、「会社を守る」「会社の損害を防ぐ」という価値観に凝り固まり、不当要求に応じて会社を守るか、あるいは不当要求を拒否して会社に損害を与えるか、という間違った二者択一に追い込まれることがある。この場合、役員は「会社を守る」という大義名分の下に前者を選択してしまう。

　しかし、冷静に判断すれば、不当要求を拒否して会社を守る、という第三の選択肢が正解であることは明らかである。必要なのは、警察や弁護士などの外部機関と連携して、役員が冷静に判断できる状況を確保することである。

　その意味では、社外取締役や社外監査役による社外の視点を判断に取り込むことも、企業が危機（クライシス）に直面しているときにはより重要性を増す。

(3) スルガコーポレーション事件

①事案の概要

平成20年3月4日、スルガコーポレーション（以下、「スルガ社」という）がビル立退き交渉に利用していた反社会的勢力関係企業の関係者が弁護士法違反の疑いで逮捕され、翌5日にはスルガ社本社も警察の家宅捜索を受けた。

この事件は連日大きく報道され、この反社会的勢力関係企業によるビル立退き交渉において、お経を流す、木魚をたたく、エレベーターを止める、廊下の蛍光灯を割る、ゴミ袋を放置する、入れ墨をした若い衆をタンクトップで歩かせる、といったテナントへの種々の嫌がらせが行われていたと報じられた。

同月24日、この反社会的勢力関係企業の関係者が弁護士法違反で起訴された。スルガ社の関係者が刑事訴追されることはなかった。

翌25日、スルガ社は、外部調査委員会による調査報告書を公表した[8]。こ

	立退き交渉期間	取得金額	売却金額	共同都心と光誉実業への支払額	スルガ社の利益
渋谷スカイラインビル	15年7月～16年8月	56.3億円	114億円	20.9億円	27.4億円
ワールドビル	17年3月～18年3月	36.6億円	66.5億円	16.3億円	10.7億円
成信ビル	17年4月～18年10月	97億円	220億円	43.5億円	84.1億円
秀和紀尾井町TBRビル	17年10月～19年4月	230億円	365億円	36.8億円	74.6億円
ランディック赤坂ビル	18年6月～19年12月	138億円	232億円	12.9億円	49.5億円
麻布十番ビル	19年2月～19年9月	43.2億円	—	5億円	—
表参道三屋マンション	19年7月～	—	—	7.9億円	—
合計				143.1億円	246.3億円

の中で、スルガ社は7件のビル立退き交渉を反社会的勢力関係企業に委託し、一連の取引で反社会的勢力関係企業に143.1億円もの金銭を支払い（この中にはテナントに支払う立退き料や敷金返還分も含まれる）、自らも246.3億円もの利益を上げたことを明らかにした（左表）。

②問題発覚後の経緯

同年5月15日、スルガ社は、同社の監査法人である新日本監査法人が定時株主総会後の退任を申し出たことを公表した。翌26日、スルガ社は監査法人の財務諸表監査の未了により決算発表を延期した。

同月29日、スルガ社は決算発表を行ったが、そこには次のような継続企業の前提に関する重大な疑義の注記が付された。翌30日には、監査法人が意見不表明としたことが公表され、スルガ社の格付け（JCR）は、この2日間でBBB－からCCCへと7ノッチ下げられた。

> 平成20年3月4日、当社所有の商業ビルを巡り、立退き業務を委託していた会社の関係者（取引先であった関係者）が、弁護士法違反の疑いで逮捕されました。この事件の影響で、予定していた不動産売却が進まず、また、借入金の借り換えが困難になっており、貸借対照表日において、新たな資金調達、既存借入金の今後の返済履行が困難な状況となっております。
>
> このような状況により、継続企業の前提に関する重要な疑義が存在しております。
>
> 当該状況を解消すべく、当社は、複数の企業と経営支援について、協議をしております。また、資金繰りを安定化させるため、不動産売却の交渉を継続しており、いくつかの不動産については、買付の申し出を受けております。
>
> なお、今回の事件に関連し、外部調査委員会より再発防止策の提言を

> 受け、再発防止策を実施して参りました。当社グループは、反社会的勢力との決別及び法令遵守体制の確立を徹底すべく、鋭意努力を続けております。
> 　上記の施策により、経営環境の正常化、資金繰りの安定化を図り、継続企業の前提の疑義を解消すべく努めてまいります。

　同年 6 月 24 日、スルガ社は、東京地方裁判所に民事再生手続開始を申し立てた。高い利益率を誇り業績好調だったスルガ社は、問題発覚からわずか 3 ヶ月で倒産に追い込まれた。

③原因分析
　スルガ社が公表した外部調査委員会の調査報告書は、スルガ社がビル立退き交渉に反社会的勢力関係企業を利用してしまった原因について、大要、次の三点を指摘している。
- 平成15年当時のスルガ社の反社会的勢力に対する認識の甘さ

　昔から建築業界には暴力団関係者と多少なりとも接点を持つ者がいることもさほど珍しいことではなかったという意識が垣間見られ、平成15年当時においては、取引先等について、反社会的勢力であるか否かの調査を徹底し、反社会的勢力であるかその疑いがあれば取引は絶対に行わないという意識が十分に徹底されていなかった。
- 早期の立退きを追求するスルガ社の利益重視の姿勢

　立退き交渉に仮に多少の行過ぎがあったとしても目をつぶり、早期立退き交渉の完了を追求、優先するスルガ社の利益重視の姿勢が垣間見える。スルガ社は、不動産ソリューション事業においては、立退き交渉を早く完了すればするほど利益が上がることから、同事業を手がけていくうちに、知らず知らずのうちに、早期立退きの完了を追求する利益重視の姿勢へと傾斜していき、違法不当な立退き交渉が行われるリスクや、反社会的勢力が立退き交渉

の現場に介入してくるリスクに対する意識が薄れ、徹底したコンプライアンス意識を形成するまでに至らなかった。
● 反社会的勢力ないしはその疑いがあることの判断の困難性
　反社会的勢力に属する個人・団体の情報を警察等の公的機関から入手できるようなシステムが構築されていない現状においては、ある個人・法人が反社会的勢力ないしはその疑いがあるものか否かについて、暴力団組織の構成員や、その者が役員、従業員となっている会社のように、一見して反社会的勢力に属することが明らかな場合は格別、そうでない場合には、一私企業がこの点について的確に調査、判断することは、相当に困難であるといえる（暴力排除条項の活用が提言されているのも、私企業による属性チェックには限界があるとの問題意識によるものであるともいえる）。

④ **考　察**
　本件の特徴は、スルガ社にとって反社会的勢力関係企業は排除すべき相手ではなく、むしろ逆に、スルガ社が不動産事業で高収益を上げるのに必要不可欠なビジネスパートナーであり、互いに「Win-Winの関係」に立って利益を分け合っていた点である。
　したがって、スルガ社は反社会的勢力から不当要求を受けた被害者ではない。むしろ、反社会的勢力関係企業の不当な嫌がらせを受けてビル立退きを余儀なくされたテナントこそが被害者であり、こうした嫌がらせを反社会的勢力関係企業にさせていたスルガ社は、「加害者」にほかならない。
　このように、「加害者」として社会に害悪を撒き散らしていたスルガ社が、事件の発覚によって健全な取引社会から排除され、わずか3ヶ月で倒産したことは、自らの反社会的な行為による当然の報いである。まさに、「社会的非難を浴びて信用を失墜するリスク」が現実化した典型的なケースといえる[9]。

第Ⅱ部　個別事象と役員の責任

(4) プリンスホテル損害賠償請求事件

①事案の概要

　日本教職員組合（以下、「日教組」という）は、平成20年2月2日ないし4日に第57次教育研究全国集会（以下、「教研集会」という）を開催するため、平成19年3月から10月にかけて、プリンスホテルとの間で、グランドプリンスホテル新高輪の宴会場を使用する契約を締結した。

　ところが、同年11月12日、プリンスホテルは、教研集会の開催に抗議する右翼団体の街宣活動が行われることにより、他のホテル利用客や周辺の住民、病院の関係者や患者、学校の関係者や受験生などに多大な迷惑がかかること等を理由に、使用契約を解約する旨を主張し、宴会場の使用を拒否した。

　同年12月4日、日教組は宴会場の使用を求めて東京地方裁判所に仮処分命令を申し立て、同月26日、裁判所は、使用契約の解約を無効とし、宴会場を使用させるようプリンスホテルに命じる仮処分決定を下した。

　プリンスホテルは保全異議を申し立てたが、裁判所は、平成20年1月16日、上記仮処分決定を認可する決定を下した。

　さらにプリンスホテルは、東京高等裁判所に保全抗告を申し立てたが、同月30日、裁判所は、抗告を棄却する決定を下し、宴会場を使用させるようプリンスホテルに命じた上記仮処分決定が確定した。

　にもかかわらず、プリンスホテルは宴会場の使用を拒否し続けたため、日教組は教研集会を開催することができなかった。

　そこで、日教組と単位組合、組合員らが原告となり、プリンスホテルと同社の取締役12名を被告として、約3億円の損害賠償と謝罪広告を求める訴訟を東京地方裁判所に提起した。

②東京地裁判決

　平成21年7月28日、裁判所は、日教組の主張を全面的に認容する判決を言

い渡した（控訴）[10]。

　本章との関係では、プリンスホテルの取締役らに、第三者である原告らに対する損害賠償責任（会429条）が認められた点が注目される。この点、判決は、次のように判示する。

- 一般に、取締役は、法令を遵守する義務があるのは明らかである
- 被告渡辺は、本件仮処分命令等がなされたことによって、裁判所によって、被告プリンスホテルが、法律上、原告日教組に本件各宴会場を使用させる義務を負う旨が確認されたことを認識していたにもかかわらず、これに反する業務執行を行い、原告らに損害を与えたことが明らかであるから、被告渡辺は、悪意でその職務を怠ったものといわざるを得ない
- 取締役会設置会社の取締役会は、取締役の職務の執行を監督する地位にあるから、取締役会を構成する取締役は、代表取締役の職務執行一般につき、これを監視し、必要があれば、取締役会を自ら招集し、あるいは招集することを求め、取締役会を通じて職務執行が適正に行われるようにする義務を負う
- 取締役の地位にある者に通常求められる判断能力からすると、被告プリンスホテルが本件仮処分命令等に従い本件各宴会場契約に基づく各債務を履行すべきことを認識することは容易であったといわなければならず、被告取締役らには、代表取締役である被告渡辺に対し、本件仮処分命令等に従うように求める等の措置を取るなどして、被告渡辺が本件使用拒否に及ぶことを防ぐ義務があった
- 被告取締役らは、いずれも、平成19年12月11日の取締役会において、本件の経緯と本件仮処分命令の申立てがされたことについて報告を受けた上で、本件仮処分命令申立事件の審尋手続において争う方針を了承し、自ら本件仮処分事件に対する被告プリンスホテルの方針決定に関与したのであるから、上記義務を尽くすことが強く要請される
- にもかかわらず、被告取締役らがかかる義務を果たすために何らかの措置

を執ったとの事実を認めるに足りる的確な証拠はない。したがって、被告取締役らは、悪意で代表取締役である被告渡辺の業務執行に対する監視義務を怠ったというべき

　また、被告取締役らは、会社の方針決定に関する職務執行であるから、経営判断の原則に従って判断されるとし、
- 本件各施設の使用を認めた場合、被告プリンスホテルは、かかる第三者（ホテル利用客、ホテル周辺の住民、周辺施設の利用者ら）から、多額の損害賠償請求を受けるとともに、深刻な非難が寄せられて信用が著しく毀損されるおそれがあった。そのため、本件各施設使用契約を履行しなかったことは、被告取締役らにとって、被告プリンスホテルの取締役としてやむを得ざる合理的な経営判断の範囲を外れたものではなく、その判断が特に不合理ということはできない
- 本件教研集会を本件ホテルにおいて行うには、被告プリンスホテルにおいて、警察と協力して警備計画を策定し、それに基づいてフェンス等の設置、警備会社の依頼、人員配置、チェック体制の整備および本件ホテルのうち飛天の周囲に位置する施設の当日の予約をすべて断って原告日教組の貸切りにすることなどが必要であった。さらに、右翼団体の激しい街宣活動およびこれに対する警備がなされることを本件ホテル近隣の第三者に対して事前に通知、連絡する必要があった。ところが、いずれの準備についても、本件教研集会開催の2日前（本件保全抗告決定日）には、これを行うことは到底不可能であった。そのため、被告取締役らは、本件仮処分命令等に従わなければならない重大な立場に置かれていたことを承知しつつも、やむを得ず、本件全体集会の開催を断らざるを得なかった

などと主張した。
　しかし、判決は、
- 民事裁判手続において裁判所が示した判断に反する行為を行うことは、取

締役に与えられた裁量の範囲を逸脱することは明らか

と述べて、経営判断原則の主張を一蹴した。その背景として、判決は、
- 保全命令が発令された場合、債務者は、民事保全法が定める保全異議や保全抗告等の手段によって不服を申し立てることは当然に認められるものの、これらの手段を尽くしてもなお保全命令が取り消されなかったときは、これに従うことが求められる。債務者が保全命令に不服があるとしても、その不服は、その後の本案の訴えにおいて、債権者すなわち原告の主張を争うことによってのみ、これを主張することが許される。そうすると、本件使用拒否は、本件各宴会場の使用を拒否した点において、かかる民事保全制度の基本構造を無視するものであって、民事保全法の予定しない違法な所為である

と述べている。

③ 考 察

本件はまだ係属中の事件であり、控訴審でどのような判断が示されるかが注目される。

さて、本件の構図についてはいろいろな見方があり得るところではあるが、筆者は、「間接暴力」のケースであると見ている。間接暴力の典型的ケースは、例えば、暴力団のフロント企業が建設工事への下請け参入を果たすために、元請け業者ではなく、役所に街宣活動（という音の暴力）を行うことにより、役所から元請け業者に対し、フロント企業を下請けに使うよう行政指導がなされ、やむなく元請け業者はフロント企業を下請けに使わざるを得なくなる、というものである。この場合の被侵害利益は、元請け業者における営業の自由、つまり下請け業者を自由に選択する権利と、役所における行政指導の公正性・中立性である。

本件において、右翼団体の狙いは、日教組の教研集会の開催を阻止することにある。そのために、右翼団体は、もし教研集会を開催すればホテルに対

する街宣活動を行うことをプリンスホテルに告知する（過去の教研集会に対する街宣活動の実績からすれば、今回の教研集会にも大規模な街宣活動が行われることは、仮に右翼団体からプリンスホテルに対する直接の接触がなかったとしても、十分に告知されているといえる）。右翼団体の街宣活動を避けようとしたプリンスホテルは、日教組に教研集会を開催させないという意思決定をし、これを実行した。結果として、右翼団体の狙いどおり、右翼団体のプリンスホテルに対する間接暴力（の告知）によって、教研集会の開催は阻止された。

　この場合の被侵害利益は、日教組の集会の自由と、プリンスホテルの営業の自由、つまり右翼団体の間接暴力（の告知）がなければ、日教組の教研集会を予定どおり開催して得られたはずの収益機会の逸失であり、さらに日教組に契約違反により損害を賠償させられることである。

　ここで、プリンスホテルの取締役の立場に立てば、本来目指すべきは、警察の警備や裁判所の街宣禁止仮処分決定などを得て、右翼団体の街宣活動を阻止することであり、これによって日教組の教研集会を予定どおり開催して収益機会を確保し、さらに契約違反による損害賠償を回避することである。

　プリンスホテルの取締役にとって、こうした方向を目指すことが不可能だったのかどうかは明らかでないが、仮に日教組と対立関係に立つのではなく、むしろ右翼団体による間接暴力に立ち向かうための協働関係に立ち、警察や裁判所にも積極的に協力を仰いで周到に事を進めていれば、本来目指すべき方向に進めていける余地も残されていたのではないかと思われる。

　なお、本件では、被告取締役らが、経営判断原則の適用により善管注意義務違反はないと主張したが、上記判決は、「民事裁判手続において裁判所が示した判断に反する行為を行うことは、取締役に与えられた裁量の範囲を逸脱することは明らか」という形式的理由のみで一蹴した。この点は控訴審でより詳細な検討が加えられることを期待したい。

プリンスホテルが当時抱えていた、ホテルの利用客や周辺住民、周辺施設の利用者らに迷惑をかけたくないという一企業としての悩みは、理解できるところである（婚礼を挙げる新郎新婦や両家の親族、入学試験を控えた受験生などに多大な迷惑が及びかねないことを想起されたい）。右翼団体の街宣活動に対する対策が十分でないまま施設利用を認めていれば、音の暴力によって人生の一大事を台無しにされるという別の被害者を生み出してしまうことも十分に予想された。

このような進退窮まった立場に置かれた当時のプリンスホテルの取締役らに対し、なぜ経営判断原則が適用されないのか（なぜ施設利用を認めるという選択しか許されなかったのか、なぜ債務を履行しない代わりに損害を賠償するという選択が許されなかったのか）という点については、企業の実務の立場にも配慮した説得力のある論証があって然るべきであった。

そもそも、「被告は原告に対し金○○円を支払え」という本案判決が確定した場合でも、任意に支払うか強制執行を受けるまで支払わないかは被告企業の判断に委ねられる。そして、確定判決に従わないことが「法令」違反だという議論は一般的にはなされていない。また、企業には契約を履行しない自由があり、その場合には相手方に生じる損害を賠償する義務を履行するのみである。これも「法令」違反の問題ではない。

本件において仮処分命令に従うことが、被告取締役らの唯一無二の選択肢であったというためには、さらに説得力のある議論の上積みが必要ではないかと思われる[11]。

最後に、本件ではプリンスホテルの対応が日教組の集会の自由を侵害したという非難がなされているが、もしそうであれば、日教組の利用申込を最初から断った他の多くの施設に対しても、同じ非難が妥当するのではないかと思われる。

3. 企業に反社会的勢力の排除を求める社会動向

　ここ数年、企業に反社会的勢力の排除を求める社会の動きが加速している。こうした社会動向は、役員の善管注意義務の内容や程度にも一定程度の影響を及ぼすことが予想される。

(1) 企業が反社会的勢力による被害を防止するための指針

　平成19年6月19日、政府の犯罪対策閣僚会議幹事会申合せとして、「企業が反社会的勢力による被害を防止するための指針」(以下、「政府指針」という) が公表された。
　この前文は、近時の反社会的勢力と企業との関係について、次のような認識を示す (下線は筆者)。
　「近年、暴力団は、組織実態を隠ぺいする動きを強めるとともに、活動形態においても、企業活動を装ったり、政治活動や社会運動を標ぼうしたりするなど、更なる不透明化を進展させており、また、証券取引や不動産取引等の経済活動を通じて、資金獲得活動を巧妙化させている。
　今日、多くの企業が、企業倫理として、暴力団を始めとする反社会的勢力と一切の関係をもたないことを掲げ、様々な取組みを進めているところであるが、上記のような暴力団の不透明化や資金獲得活動の巧妙化を踏まえると、暴力団排除意識の高い企業であったとしても、暴力団関係企業等と知らずに結果的に経済取引を行ってしまう可能性があることから、反社会的勢力との関係遮断のための取組みをより一層推進する必要がある。
　いうまでもなく、反社会的勢力を社会から排除していくことは、暴力団の資金源に打撃を与え、治安対策上、極めて重要な課題であるが、企業にとっても、社会的責任の観点から必要かつ重要なことである。特に、近時、コンプライアンス重視の流れにおいて、反社会的勢力に対して屈することなく法

律に則して対応することや、反社会的勢力に対して資金提供を行わないことは、コンプライアンスそのものであるとも言える。」

　さらには、反社会的勢力は、企業で働く従業員を標的として不当要求を行ったり、企業そのものを乗っ取ろうとしたりするなど、最終的には、従業員や株主を含めた企業自身に多大な被害を生じさせるものであることから、反社会的勢力との関係遮断は、企業防衛の観点からも必要不可欠な要請である。」

　そして、反社会的勢力による被害を防止するための基本原則として、「組織としての対応」「外部専門機関との連携」「取引を含めた一切の関係遮断」「有事における民事と刑事の法的対応」「裏取引や資金提供の禁止」の五点をあげる。

　特に注目すべきは、「取引を含めた一切の関係遮断」であり、「反社会的勢力とは、一切の関係をもたない。そのため、相手方が反社会的勢力であるかどうかについて、常に、通常必要と思われる注意を払うとともに、反社会的勢力とは知らずに何らかの関係を有してしまった場合には、相手方が反社会的勢力であると判明した時点や反社会的勢力であるとの疑いが生じた時点で、速やかに関係を解消する。」ことを企業に要請する。

　そのための具体的な施策として、反社会的勢力対応部署の整備、反社会的勢力に関する情報の一元管理、反社会的勢力の情報を集約したデータベースの構築と更新、取引先の審査や株主の属性判断、契約書や取引約款への暴力団排除条項の導入などを企業に求めている。

　さらに、企業の内部統制システムとの関係にも言及し、「反社会的勢力による被害の防止は、業務の適正を確保するために必要な法令等遵守・リスク管理事項として、内部統制システムに明確に位置付けることが必要である。」と述べている。

　このように、政府指針は、特定の業種に限らないすべての企業に対し、単なる宣言にとどまらない具体的な施策にまで踏み込んで反社会的勢力との関

係遮断を求めるものである。加えて、政府指針では、関係府省でも企業の取組みの実効性が上がるよう普及啓発に努めることが確認されている。まさに、政府指針は、その後の企業からの反社会的勢力排除に向けた様々な動きに波及していく起爆剤となったものである。

(2) 東京証券取引所のコーポレート・ガバナンス報告書

　平成20年2月4日、東京証券取引所は、「コーポレート・ガバナンスに関する報告書の記載要領の改訂について」を発出した。
　これは、反社会的勢力による証券市場の濫用を防止し、証券市場の秩序の維持および信頼の向上を図る観点から、コーポレート・ガバナンスに関する報告書の記載項目に、「内部統制システムについての基本的な考え方及びその整備状況」の一環として、「反社会的勢力排除に向けた基本的な考え方及びその整備状況」を追加したものである。
　「反社会的勢力排除に向けた整備状況」の記載については、「反社会的勢力による経営活動への関与の防止や当該勢力による被害を防止する観点から、組織全体で対応することを目的とした倫理規定、行動規範、社内規則等の整備状況及び社内体制の整備状況について記載してください。」「社内体制の整備状況については、例えば、以下に掲げる反社会的勢力による不当要求に備えた平素からの対応状況について記載することが考えられます。(1)対応統括部署及び不当要求防止責任者の設置状況、(2)外部の専門機関との連携状況、(3)反社会的勢力に関する情報の収集・管理状況、(4)対応マニュアルの整備状況、(5)研修活動の実施状況」と説明され、政府指針を参考に記載するよう促されている。
　これにより、上場会社に対しては、内部統制システムの一環として反社会的勢力排除に向けた社内体制を整備することが要請されたことになる。

(3) 金融庁の各業者向けの総合的な監督指針

　平成20年3月26日、金融庁は、銀行や証券会社、保険会社など所管する各業者向けの総合的な監督指針を改正した。

　主要銀行等向けの総合的な監督指針を例にとると、意義として、「特に、公共性を有し、経済的に重要な機能を営む金融機関においては、金融機関自身や役職員のみならず、顧客等の様々なステークホルダーが被害を受けることを防止するため、反社会的勢力を金融取引から排除していくことが求められる。もとより金融機関として公共の信頼を維持し、業務の適切性及び健全性を確保するためには、反社会的勢力に対して屈することなく法令等に則して対応することが不可欠であり、金融機関においては、政府指針の趣旨を踏まえ、平素より、反社会的勢力との関係遮断に向けた態勢整備に取り組む必要がある。」と述べている。

　改正点としては、「代表取締役は、断固たる態度で反社会的勢力との関係を遮断し排除していくことが、金融機関に対する公共の信頼を維持し、金融機関の業務の適切性及び健全性の確保のため不可欠であることを十分認識し、政府指針の内容を踏まえて取締役会で決定された基本方針を行内外に宣言しているか。」「取締役会は、政府指針を踏まえた基本方針を決定し、それを実現するための体制を整備するとともに、定期的にその有効性を検証するなど、法令等遵守・リスク管理事項として、反社会的勢力による被害の防止を内部統制システムに明確に位置付けているか。」という点や、政府指針が具体的施策を示している点などが追加されている。

　監督については、「検査結果、不祥事件等届出書等により、反社会的勢力との関係を遮断するための態勢に問題があると認められる場合には、必要に応じて法第24条に基づき報告を求め、当該報告を検証した結果、業務の健全性・適切性の観点から重大な問題があると認められる場合等には、法第26条に基づく業務改善命令の発出を検討するものとする。その際、反社会的勢力

への資金提供や反社会的勢力との不適切な取引関係を認識しているにもかかわらず関係解消に向けた適切な対応が図られないなど、内部管理態勢が極めて脆弱であり、その内部管理態勢の改善等に専念させる必要があると認められるときは、法第26条に基づく業務改善に要する一定期間に限った業務の一部停止命令の発出を検討するものとする。また、反社会的勢力であることを認識しながら組織的に資金提供や不適切な取引関係を反復・継続するなど、重大性・悪質性が認められる法令違反又は公益を害する行為などに対しては、法第27条に基づく厳正な処分について検討するものとする。」として、金融庁として厳しい姿勢で臨むことが示されている。

　この金融庁監督指針の改正が、企業社会に大きな影響を及ぼすと考えられるのは、金融機関が融資先である企業に対し、反社会的勢力との関係遮断をより一層強く求めるようになるからである。上述のスルガコーポレーション事件でもみられたように、融資先企業が反社会的勢力と関係していることを知れば、金融機関は融資の引き揚げに動く。さもないと自らが金融庁から厳しい処分を受けるからである。融資先企業にとっては、金融機関の融資が引き揚げられることは死活問題であるから、企業防衛やCSRという観点よりも切実に、企業が生き延びるために反社会的勢力との関係遮断を推進することになる。

(4) 全国銀行協会の各種取引規定

　平成20年11月25日、全国銀行協会は、政府指針の策定を踏まえ、不当な資金源獲得活動の温床となりかねない取引を根絶し、反社会的勢力との関係遮断ができるよう、「暴力団排除条項に関する参考例の制定等について」を公表し、融資契約の銀行取引約定書に盛り込む暴力団排除条項の参考例を会員銀行に通知した。

　さらに、平成21年9月24日、全国銀行協会は、反社会的勢力との関係遮断のための取組みを一層推進するため、「普通預金規定、当座勘定規定および

貸金庫規定に盛り込む暴力団排除条項の参考例の制定について」を公表し、普通預金取引等の規定に盛り込む暴力団排除条項の参考例を会員銀行に通知した。

　金融機関が暴力団をはじめとする反社会的勢力に信用を供与することは、彼らの資金獲得活動に対する直接的支援となり極めて反社会性が高い。こうした取引から反社会的勢力が排除されるのは当然である。

　注目されるのは、普通預金規定にも暴力団排除条項が導入されたことである。各種公共料金の引落しなどに使われるいわゆる生活口座については、どこまで厳格に関係遮断が求められるかで意見が分かれており、上述した金融庁の各業者向けの総合的な監督指針の改正案におけるパブリックコメントでは、「例えば、口座の利用が個人の日常生活に必要な範囲内である等、反社会的勢力を不当に利するものではないと合理的に判断される場合にまで、一律に排除を求める趣旨ではありません。」との回答が金融庁からなされていた。

　しかし、全国銀行協会が普通預金規定にも暴力団排除条項を導入する姿勢を打ち出したことで、今後、生活口座も含めた普通預金取引から反社会的勢力を排除する流れに向かうことも予想される。

(5) 不動産取引からの反社会的勢力の排除

　平成21年3月30日、国土交通省は、「不動産取引からの反社会的勢力の排除のあり方検討会－とりまとめ－」を公表した。

　この中では、「不動産取引は、対象となる取引の財が高額で換金性が高い、取引形態・契約形態が多様、取引の件数が多い、さらには、業界の構造として新規参入や廃業が多い、個人・小規模の事業者が多いなどの特性を有している。結果として、不動産取引が、関与のリスクに繋がりやすい状況に置かれている」というリスク認識が示されている。

　その上で、基本的な考え方として、「反社会的勢力と不動産取引を行うこ

とは、反社会的勢力の維持・拡大に繋がる可能性が非常に高いことを認識し、企業指針にも示されている反社会的勢力との一切の関係遮断を目指していくことが必要である。また、不動産取引に関わる事業者にとっての報酬等の経済的利益がある場合であっても、取引から反社会的勢力を排除していかなければならないことを強く認識することが必要である。取組を進めるにあたっては、不動産取引の特性、関与のリスク、排除の必要性を業界全体として共有していくことが必要で、さらには、事業者団体、事業者それぞれに求められる役割に応じた認識も必要となる。」と述べられている。

(6) 公営住宅からの反社会的勢力の排除

　平成21年5月29日、広島高裁は、市営住宅条例に導入された暴力団排除条項を適用して入居者の暴力団構成員に明渡しを求めた訴訟において、明渡しを命じた一審判決を維持して控訴を棄却する判決を言い渡した（確定）。

　注目されるのは、「控訴人は、暴力団構成員であるということのみによって差別することは憲法14条に違反すると主張するが、暴力団構成員という地位は、暴力団を脱退すればなくなるものであって社会的身分とはいえず、暴力団のもたらす社会的害悪を考慮すると、暴力団構成員であることに基づいて不利益に取り扱うことは許されるというべきであるから、合理的な差別であって、憲法14条に違反するとはいえない。」という判示である。

　企業が暴力団排除条項を導入するにあたり、憲法14条はひとつの論点になり得るが、この高裁判決により決着をみたということができる。

(7) 福岡県の暴力団排除条例

　平成21年10月13日、福岡県議会で、「福岡県暴力団排除条例」が成立した。平成22年4月1日から施行される。

　本条例では、事業者に禁止される行為として、ⅰ）その行う事業の円滑な実施を図るため、暴力団の威力を利用する目的で、金品その他の財産上の利

益の供与をすること、ⅱ）その行う事業に関し、暴力団の活動または運営に協力する目的で、相当の対償のない利益の供与をすること、ⅲ）その行う事業に関し、暴力団員等または暴力団員等が指定した者に対し、情を知って、暴力団の活動を助長し、または暴力団の運営に資することとなる利益の供与をすること（ただし、法令上の義務または情を知らないでした契約に係る債務の履行としてする場合その他正当な理由がある場合はこの限りでない）、ⅳ）その行う事業に関し、暴力団員等に対し、不当に優先的な取扱いをすること、ⅴ）その行う事業に関し、暴力団の威力を利用すること、ⅵ）自己が譲渡等をしようとしている不動産が暴力団事務所の用に供されることとなることを知って、当該譲渡等に係る契約をすること、等が定められた。

　また、事業者の努力義務として、ⅰ）その行う事業に係る取引が暴力団の活動を助長し、または暴力団の運営に資することとなるものである疑いがあると認めるときは、当該取引の相手方、当該取引の媒介をする者その他の関係者が暴力団員でないことを確認するよう努める、ⅱ）県内に所在する不動産の譲渡または貸付けをしようとする者は、当該譲渡等に係る契約の締結の前に、当該契約の相手方に対し、当該不動産を暴力団事務所の用に供するものでないことを確認するよう努める、ⅲ）不動産の譲渡等をしようとする者は、当該譲渡等に係る契約において、当該不動産を暴力団事務所の用に供してはならない旨、当該不動産が暴力団事務所の用に供されていることが判明したときは、催告をすることなく当該契約を解除しまたは当該不動産の買戻しをすることができる旨のすべてを定めるよう努める、ⅳ）当該不動産が暴力団事務所の用に供されていることが判明したときは、速やかに当該契約を解除しまたは当該不動産の買戻しをするよう努める、等が定められた。

　利益供与の禁止の一部には、罰則や勧告・公表も設けられている。

　こうした条例の制定は、企業が反社会的勢力に対して利益供与することが、いかに社会からみて「反社会的」と評価されるかを裏付けるものといえる。

4. 反社会的勢力リスク管理体制整備の視点

　反社会的勢力リスク管理体制の整備について、具体的な施策の内容とそれにまつわる諸論点の解説は、政府指針および政府指針の解説書に譲る。
　本章では、企業が反社会的勢力リスク管理体制を整備する際に、役員としてもっておくべき実務的な「視点」をいくつか提供する。

(1) 不当要求の拒絶から一切の関係遮断へ

　従来、多くの企業では、反社会的勢力リスクを「不当要求を受けるリスク」と同義に捉え、不当要求を拒絶できる体制の整備に精力を注いできた。
　不当要求は、企業にとってそれと分かる形で行われるので、企業が気づかないということはあり得ず、「トラブルシューティング」の一つと位置づけられてきた。
　「社会的非難を浴びて信用を失墜するリスク」も意識されてはいたが、それは"レピュテーションリスク"という漠然とした枠組みで捉えられてきた。
　しかし、平成19年6月の政府指針が「取引を含めた一切の関係遮断」を打ち出し、反社会的勢力との関係遮断を企業防衛だけでなくCSRの問題と位置づけてから、"パラダイム・シフト"が起こり、企業における「社会的非難を浴びて信用を失墜するリスク」の重要度が格段に増している。
　例えば、企業が長年取引してきた下請け業者が、知らない間に反社会的勢力に乗っ取られていたとする。その企業が取引先に対する適切なモニタリングをしていなければ、そのまま数年間取引を継続してしまう。その時点でメーンの金融機関から問題を指摘され、反社会的勢力に数年間資金を提供し続けてきたとして、その企業自身が「反社会的」と評価され、融資を引き揚げられるかも知れない。あるいは、反社会的勢力に数年間資金を提供し続けて

きたことが消費者や市場に明らかとなり、「利益偏重」「CSR違反」の烙印を押されてビジネスの競争力を失い倒産してしまうかも知れない。もちろん、こうした時に、知らなかったという弁明は通用しない。

政府指針が企業社会に浸透してくるにつれて、こうしたことが実際に起こるリスクは確実に高まっている。役員は、「社会的非難を浴びて信用を失墜するリスク」を中心に据えて、反社会的勢力リスク管理体制を整備しなければならない。

企業の対応としては、「不当要求の拒絶から一切の関係遮断へ」というシフトチェンジが求められる。

具体的な対応としては、不当要求を受けたときにトラブルシューティング的に対応するのでは足りない。取引先の中に反社会的勢力が入り込んでいないかどうかを、常時モニタリングすることになる。したがって、「トラブルシューティングから常時モニタリングへ」というシフトチェンジが求められる。

(2) デュープロセスの確保

常時モニタリングを行うとはいえ、反社会的勢力が現に世の中に存在し、自らの素性を隠して企業との取引に入り込もうとしてくる現状においては、反社会的勢力と取引してしまうリスクをゼロにすることはできない。

そこで、反社会的勢力リスクをゼロにすることを目指すのではなく、反社会的勢力リスクを適切にコントロールすることを目指すことになる。

そして、現実のビジネスでは、わずかな疑い（例えば、インターネット掲示板への1件の書き込み）だけで、取引先を反社会的勢力と判断し、一切の関係遮断を図ることが、現実的に難しい場面も出てくる。

こうした場面では、企業はどのようなプロセスを踏んで取引を管理していくのか、という「プロセス管理」「デュープロセス」の確保が重要になる。

役員の責任が「経営判断原則」の適用によって免責されるのと同じく、調

査を尽くして得られた情報に基づいて反社会的勢力かどうかを厳正に判断するというプロセスを尽くしていれば、金融機関に対してもマスコミや消費者に対しても、説明責任を果たすことが可能になり、「社会的非難を浴びて信用を失墜するリスク」が現実化するのを避けることが可能になる。

(3) 時間軸の発想を持つ

　例えば、嫌煙運動を例にとってみると、この10年間で大きな前進がみられる。10年前は喫煙することが当然だったスペースが、現在では禁煙が当たり前になっている。そして、企業も、禁煙や分煙を前提にした顧客サービスを提供するようになっている。
　反社会的勢力の排除についても、おそらく現時点より10年先には大きな前進を遂げているはずである。暴力団員は公営住宅に住めなくなる、普通預金口座も持てなくなる、といった大きな変化の兆候はすでに現れている。
　プールや銭湯での「入れ墨お断り」という告知も、暴力団や反社会的勢力に対する社会全体の「嫌悪感」が高まるにつれて、より実質化、実効化していく。飲食店などで暴力団や反社会的勢力と居合わせるだけで、その店のサービスは最低と評価されることになり、そうした飲食店は淘汰されるようになる。
　このように、暴力団や反社会的勢力に対する社会全体の「許容度」は確実に狭まっており、その幅は今後ますます狭まっていくはずである。
　企業が反社会的勢力リスク管理体制を整備する際には、こうした時間軸の発想を持ち、昨年許されたことが今年は許されるだろうか、今年許されることが来年は許されるだろうか、という検証を続けていくことが求められる。

第4章　反社会的勢力との取引と役員のリスク管理体制整備義務

[注]

1) 例えば、不動産会社の賃貸する物件が知らぬ間に暴力団組事務所に使用され、暴力団の資金獲得活動の拠点とされるような場合、銀行が開設した普通預金口座が知らぬ間に振り込め詐欺の振込先口座に使用され、暴力団の資金獲得活動の道具とされるような場合、企業がオフィスで使う什器備品をリースする、ITや廃棄物関連の業務を委託する場合の取引先が、知らぬ間に暴力団のフロント企業になっている場合などがこれに当たる。
2) 発展途上国に生産拠点を設け、周辺環境を破壊しながら低コストで製品を生産して大きな利益をあげるような企業が、自らの利益のみを追求して社会への悪影響を省みない企業として「利益偏重」「CSR違反」の烙印を押され、社会から強い非難を浴びるのと同じである。
3) 「整備」という言葉には、「構築」と「運用」の双方の意味が込められている。
4) 「神戸製鋼所の株主代表訴訟で和解が成立」商事1626号52頁（2002年）を参照。株主オンブズマンのホームページも参照http://kabuombu.sakura.ne.jp/archives/shinkou-index.htm（平成22年2月9日現在）
5) 東京高判平成15・3・27判タ1133号271頁。
6) 最二小判平成18・4・10民集60巻4号1273頁。
7) 東京高判平成20・4・23金判1292号14頁。
8) 外部調査委員会による平成20年3月25日付調査報告書（中間報告）http://www.suruga.com/ir/pdf/suruga_news20080325_04.pdf（平成22年2月9日現在）
9) 竹内　朗「スルガコーポレーション事件から何を学ぶか～CSRに根ざした反社会的勢力リスクの管理」季刊事業再生と債権管理124号156頁（2009年）を参照。
10) 東京地判平成21・7・28判時2051号3頁。
11) 2009年11月16日日本経済新聞朝刊17面法務インサイド「日教組の予約取り消し　プリンスホテル一審敗訴」を参照。

第5章

MBOにおける取締役の責任

　2009（平成21）年は、MBOをめぐる非訟・訴訟の動きが活発であった。MBOに関し取締役が株主から損害賠償請求訴訟を提起される動きは、今後も続くのか。
　MBOは、現在の経営者による企業買収であり、株主と取締役との利益相反構造があるため、取締役の責任問題を生じやすい。取締役の損害賠償責任の追及手段としては、いわゆる第三者責任（会429条1項）が重要になる。株主には主張・立証が負担となるが、公開買付け後に全部取得条項付種類株式を取得する手法で行われるMBOにおいては、MBO指針に提案される弊害防止措置の不備という構成により、主張・立証の負担が緩和されることもあろう。
　取締役が株主から損害賠償請求訴訟を提起される可能性は十分にあるものの、株主には全部取得条項付種類株式の取得価格決定申立てという、より有利な救済手段があることや、損害算定方法の不明確性、鑑定費用の負担、過失相殺等が、提訴の歯止めになるだろう。

第Ⅱ部　個別事象と役員の責任

1. 序

　2009（平成21）年は、MBOをめぐって、株主による非訟・訴訟の動きが活発であった。

　裁判が決着したものとして、株式会社レックス・ホールディングスやサンスター株式会社のMBOにおいて、株主が全部取得条項付種類株式の取得価格を争った非訟事件等があり、これらは会社を相手方とした。

　しかし、新たに提訴された事件では、株主が矛先を取締役に向ける事例が相次いだ。株式会社シャルレの株主および元株主が、MBOの失敗による株式の価格下落をめぐり、旧取締役に対して損害賠償請求訴訟を提起し[1]、株式会社レックス・ホールディングスの元株主が、株式の売却価格と裁判所の決定した買取価格との差額につき、会社および取締役に対して損害賠償請求訴訟を提起し[2]、また、株式会社シャルレの株主が、MBOに伴う株価算定委託費用などを損害として、株主代表訴訟を提起した[3]。

　MBOに関し、取締役が株主から訴訟提起されるこうした動きは、今後も続くのか。以下では、MBOにおける株主に対する取締役の損害賠償責任と、その責任追及についての今後の展望を論じる。

2. MBOの利益相反構造

(1) 構造的利益相反関係

　MBOは、取締役の責任問題を生じやすい取引構造をもつ。

　MBO（Management Buyout）とは、企業買収のうち、現在の経営者が資金を提供し、事業の継続を前提として対象会社の株式を購入することをいう。企業価値の向上を通じて株主の利益を代表すべき対象会社の取締役が、

株式の買付者側の性格も併せ持つという、株主（売付者側）と取締役（買付者側）との利益相反関係を、取引の基本構造とする。

対象会社にとってMBOを行う積極的な意義（会社の利益）は、株式市場における短期的な圧力を回避した長期的思考に基づく経営の実現（非上場化を伴う場合）、株主構成の変更による柔軟な経営戦略の実現、「選択と集中」の実現、危機意識の共有による従業員等の士気向上などであり、究極的には企業価値の向上であるとされる[4]。

他方、MBOに特徴的な弊害は、上記利益相反構造がもたらす株主利益の侵害である。取締役（買付者側）は会社情報に通じるものの、株主（売付者側）は外部者にすぎないため会社情報へのアクセスが限られることから（情報の非対称性）、取引に不透明感がつきまとう。この不透明感の中で、買付者側の取締役がMBOの実施を判断するため、第1に、MBOの積極的意義を逸脱した、企業価値の向上をもたらすものではない不合理な取引が行われる危険がある。第2に、取締役が、株式を不当な安値で取得し、株主の享受すべき利益を取締役が剥奪する危険が指摘される。

(2) 検討の対象

MBOの形態は一様ではなく、現在の経営者以外の出資者（投資ファンド等）が関与するなど、事案により利益相反性にも程度の差があり、一概に論ずることは難しい。

MBOに関する近時の代表的裁判例は、株式会社レックス・ホールディングス（以下、「レックスHD」という）の株式取得価格決定申立事件決定（最決平成21・5・29金判1326号35頁）およびサンスター株式会社の株式取得価格決定申立事件決定（大阪高決平成21・9・1金判1326号20頁）であり、これらの事案においては、いずれもMBOの第一段階として公開買付けが行われ、第二段階として全部取得条項付種類株式の取得が行われた。

そこで本章では、これらの事案に倣い、公開買付け後に全部取得条項付種

類株式を取得して少数株主を締め出す手法を念頭に置き、かかる手法のMBOにおいて株主が取締役に対して自己の損害の賠償を求める場合を、検討対象とする。

なお、取締役の任務懈怠によりMBOが失敗した場合には、MBOに要した費用等を会社の損害であるとして、株主代表訴訟が提起されることもあるが、紙幅の都合から、本章の検討対象を、株主が自己の損害について取締役の責任を追及する場合に限定し、会社の損害を株主が会社に代わり賠償請求する株主代表訴訟は除外する。また、株主が取締役の責任を追及する手段として取締役の解任もあるが、これも本章では論じないこととする。MBOが成功した場合には、締め出される反対株主が取締役解任を求めることは考えにくいが、MBOが失敗した場合には、解任および損害賠償請求の両面で取締役の責任が追及されることもあろう。

3. 取締役の損害賠償責任追及の法的手段

(1) 金融商品取引法に基づく損害賠償請求

本章の検討対象とするMBOの手法では、第一段階で公開買付けが行われることから、金融商品取引法（以下、「金商法」という）の公開買付規制および、買付けを行う側の一定の違反行為に対しては、金商法上の損害賠償責任を追及することができる。もっとも、このMBOの手法では、取締役が直接の買付者になるわけではなく買収会社が介在するのが通常であることなどから、取締役についてこれらの損害賠償責任が問題となる場面は限られるであろう。そこで、以下、簡単に説明する。

公開買付けに関連して、金商法に損害賠償責任が規定されている違反行為とは、①公開買付届出書・訂正届出書の提出前における申込みの勧誘等、および公開買付説明書・訂正公開買付説明書の交付義務に違反した買付け等

(金商27条の16、16条)、②別途買付け禁止に違反する行為(同27条の17第1項)、③全部買付け義務に違反する行為(同27条の18第1項)、④虚偽記載等のある公開買付説明書等の使用行為(同27条の19、17条本文)、⑤虚偽記載等のある公開買付開始公告等(同27条の20第1項、18条1項)である[5]。これら違反行為の多くには、197条以下に罰則が規定されており、刑事責任も生じうる。

これら違反行為に対する損害賠償請求権には、短期消滅時効(同27条の21)があるものも含まれるが(②、③の一部および⑤の一部)、無過失責任と解されるもの(②および⑤)[6]や、賠償額の算定方法の定めがあるもの(②、③および⑤の一部)等、損害賠償請求をする者の主張および立証の負担を軽減させる各種規定が設けられており、賠償責任を追及しやすい。

(2) 会社法および民法に基づく損害賠償請求

かかる金商法上の損害賠償責任は買付者側の行為に生じる責任であるが、対象会社の取締役としての行為に対しては、会社法の定めた第三者に対する取締役の損害賠償責任(以下、「第三者責任」という、会429条1項)と、一般不法行為責任(民709条)とがある。

①会社法429条1項に基づく損害賠償請求

取締役に「その職務を行うについて悪意又は重大な過失があ」り、これにより株主に損害が生じた場合、当該株主は、取締役に対して会社法429条1項に基づく損害賠償責任(第三者責任)を追及することができる。文言上は「その職務を行うについて」とあるに過ぎないが、責任の対象となる行為は、取締役の任務懈怠行為、すなわち、会社に対する善管注意義務・忠実義務[7]に違反する行為(法令違反を含む)と解されている。訴訟において株主は、①取締役の会社に対する任務懈怠行為、②取締役に①についての悪意または

重過失があったこと、③損害発生とその数額、④①と③の間の相当因果関係を、主張・立証することになる。

　この第三者責任の法的性質については、本来、取締役は、受任者として会社に対し負担する善管注意義務・忠実義務に違反して第三者に損害を被らせても、契約関係にない第三者との関係では不法行為責任しか負担しないはずであるが、会社の経済社会に占める重要な地位と会社における取締役の職務の重要性を考慮して、第三者保護の見地から、会社に対する任務懈怠と相当因果関係がある第三者の損害について、取締役に特別の法定責任を負わせたものと解されている。本条に基づく請求と、次に説明する民法709条に基づく請求とは、いわゆる請求権競合の関係にあり、損害を被った第三者は、これらを競合的に請求することができる（本段落につき最判昭和44・11・26民集23巻11号2150頁）。

　取締役は、会社に対し、取締役会に上程された事項についてのみならず、代表取締役の業務執行一般について、これを監視し、必要があれば取締役会を招集して取締役会を通じて業務執行が適正に行われるようにすべき職務を有し、このような監視義務を怠ることは任務懈怠となって本条項の責任を生じさせる（最判昭和48・5・22民集27巻5号655頁）。

　悪意または重過失（認識または著しい不注意）の対象は、第三者に対する加害行為についての悪意・重過失ではなく、会社に対する任務懈怠についての悪意・重過失があれば足りる（前掲最判昭和44・11・26）。監視義務違反の場合の悪意・重過失の対象は、監視の対象となる他の取締役の任務懈怠行為と、自らがそれを監視すべきことである[8]。

　賠償の対象となる損害は、直接損害（取締役の任務懈怠により、直接第三者が被る損害）と、間接損害（取締役の任務懈怠により、会社が損害を被り、その結果第三者が被る損害）の双方を含むものと考えられている（前掲最判昭和44・11・26）[9]。損害のすべてが賠償の対象となるわけではなく、取締役の任務懈怠行為と相当因果関係のある損害[10]のみが賠償の対象とな

る。MBOにおいて株主が取締役に賠償を求める損害の内容は、一般的にはMBOにより株主が失う株式の価値（本来あるべき株価から現実の株価を差し引いたもの）であろう。その金額的評価方法については、5.(2)「①損害額の算定方法」で述べる。

②民法709条に基づく損害賠償請求

一般不法行為責任（民709条）が成立するには、取締役の故意または過失による株主に対する加害行為が必要である。軽過失であってもこの責任は成立するものの、株主に対する加害行為およびこれについての故意・過失を問題とすることから、第三者責任（会社に対する任務懈怠およびこれについての故意・重過失が要件となる）を追及するよりも容易とは限らない。

(3) 想定される任務懈怠行為

会社法429条１項にせよ、民法709条にせよ、任務懈怠行為または加害行為を具体的に規定しているわけではないため、裁判所がいかなる取締役の行為を任務懈怠行為または加害行為と判断するかは、事案に応じた個別判断になり、株主が主張・立証の負担を負う。MBOにおいては、情報の非対称性の問題から、株主側の主張・立証には困難を伴うことが少なからずあるものと思われる。

では、MBOにおいては、どのような行為がこれらに該当し、損害賠償責任を問われる危険があるのだろうか。第三者責任は、委任関係にある会社との関係を問題にするため、一般不法行為責任と比べて、主張・立証がしやすく成立しやすい場合が多いものと思われる。そこで、以下では、任務懈怠行為に絞り、MBOにおいて、取締役のいかなる行為がこれに該当するかを検討する。

なお、実際には、特に不作為による任務懈怠の場合に、任務懈怠を基礎づける事実と、悪意・重過失、損害、相当因果関係のそれぞれを基礎づける事

実とは、重なりあい、絡み合うことになる。

①法令違反行為

　まず、取締役が具体的な個別法令に違反する行為、または他の取締役による法令違反行為に対する監視義務違反をもって、任務懈怠と捉える構成が考えられる。このように具体的な個別法令の違反を問う場合、とりわけ、罪刑法定主義（憲31条）の見地から明確性が要求される刑罰法令に違反する場合には、任務懈怠行為の判断基準が明確であるから、株主が該当事実を特定して主張することは比較的容易であろう（立証は、証拠収集力の問題であるから、容易になるとは限らない）。

　例えば、取締役が、公開買付価格を引き下げるために、公開買付けに先立って偽りの会社情報を公表していた場合に、風説の流布・偽計取引等の禁止（金商158条）または虚偽不実表示の使用の禁止（同157条2号）の違反行為、およびこれに対する監視義務違反を、任務懈怠と捉える構成があろう。すなわち、何人も、有価証券等の相場の変動を図る目的をもって、風説を流布し、偽計を用いる等をしてはならず（同158条）、また、何人も、有価証券の取引等について、重要な事項について虚偽の表示があり、または誤解を生じさせないために必要な重要な事実の表示が欠けている文書その他の表示を使用して金銭その他の財産を取得してはならない（同157条2号）。これらの違反行為に対しては罰則が定められている（同197条1項5号、同条2項、207条1項1号、198条の2第1項1号、同条2項）。

　また、MBOの第一段階で行われる公開買付けに関連して、買収の対象会社が、重要な事項につき虚偽の記載のある意見表明報告書を提出するという違法行為を行った場合に、これを提出し、またはかかる違法行為に対する監視を怠った取締役の行為をもって、任務懈怠と捉えることが考えられる。すなわち、対象会社は、公開買付開始公告が行われた日から一定期間内に、公開買付けに関する意見等を記載した意見表明報告書[11]を内閣総理大臣に提出

しなければならない（金商27条の10第1項）。意見表明報告書を提出しない者や、重要な事項につき虚偽の記載のある意見表明報告書を提出した者、およびそれらの者を代表者等とする法人に対しては、罰則が定められている（同200条10号、207条1項5号、197条の2第6号、207条1項2号）。

〔シャルレ事件〕

　意見表明報告書を根拠として役員責任を追及する最近の事案として、シャルレ事件（平成21年5月23日東京地方裁判所提訴、審理中）がある。本件は、現在、審理中であり、判決が公表されているわけではないため詳細は不明であるが、公表資料に基づき、以下で概要を説明する。

　本件は、MBOを目的とする平成20年9月22日に開始された公開買付けに対し、取締役会が賛同意見を表明していたことから、その開示内容等を原因とする約3.4億円の株価の下落を損害として、対象会社および元取締役5名に対して損害賠償を請求したという事案である。提訴理由では、公開買付価格の決定、意思決定等の過程に公開買付者側の違法・不当な干渉があり、交渉にあたった当時の社外取締役3名がこの干渉を排除することなく受け入れるといった利益相反行為があったにもかかわらず、賛同意見表明の開示内容は、MBOの構造的利益相反に配慮し、公開買付価格の決定、意思決定等の過程に何ら瑕疵がないとの誤解を生じさせる虚偽の情報開示であった等とされる[12]。

　公開買付けの賛同意見を表明した過程に利益相反行為があったことは、相当数の内部通報により発覚した。会社は、平成20年10月26日に第三者委員会を設置し、賛同意見表明に至るまでの手続経過について調査が行われ、同年同月31日、その調査結果が発表されている。

　その後、平成21年7月3日付けで、大阪証券取引所に宛てた適時開示体制の改善状況報告書が公表されており、そこにおいては、①取締役会で決議された利益計画の検討過程に、創業家一族のアドバイザーが関与しアドバイス

していた、②「株式算定価格を低くする目的で利益計画を作成したと判断される可能性が十分ある」との公開買付けに関する法律事務所の意見書のドラフトを読み、その意見を容認できないとして当該意見書の正本を受領しなかった、という事実があるにもかかわらず、意見表明報告書記載の「買付等の価格の評価の公正性を担保するための措置および利益相反を回避するための措置」は投資者に誤解を生ぜしめるものであり、投資判断上重要な事項について不適正な開示であったとされている。

　後述するレックスHD事件との差異は、MBOが失敗したという点であり、代表執行役は解任され、創業家一族および社外取締役は全員、取締役を辞任した（上記の改善状況報告書より）。

②その他の行為

　次に、法令違反行為以外の行為をもって、任務懈怠行為と捉える構成が考えられる。この場合には、何が取締役の任務懈怠行為か、すなわち、善管注意義務・忠実義務の内容として、当該状況下で何をしてはならないのか（作為の任務懈怠）、あるいは何をすべきであったのか（不作為の任務懈怠）、に明確な基準がない。そこで、法令違反にあたらない場合の取締役の任務懈怠とは何をさすのかについて、MBOの利益相反構造に照らし若干の検討を加えてみる。

　第1に、MBOに積極的な意義、すなわち企業価値の向上が期待できないにも関わらず、MBOを決定し実行したとの主張・立証が奏功すれば、取締役の会社に対する善管注意義務・忠実義務違反が認められるであろうということは、理解しやすい。

　第2に、MBOに積極的な意義が存する場合であっても、株主と利益相反関係にある取締役が、株式の買収価格を不当に押し下げれば、取締役の任務懈怠行為にあたりうると考えられる。

　これに対しては、企業価値の向上を意図してMBOを行うことは会社の利

益を図ることであるし、買収価格を押し下げたところで株主に損害が生じるとしても会社に損害が生じることはないから、会社に対する善管注意義務・忠実義務違反にあたることがあるのか、との疑問もあろう[13]。しかし、株主は会社所有者であるから、総株主の不利益は会社の不利益と考えることができる[14]。そして、市場株価その他の不特定の株主に適用される株価を不当に押し下げることは、現在の総株主の経済的利益を害する行為である。よって、MBOにより株主の交替を予定する中で、現在の総株主の犠牲の下に将来の企業価値（将来の株主利益）の向上を図ることは、（現在の）会社に対する善管注意義務・忠実義務違反であると裁判所が認める可能性はある。

　第3に、MBOには構造的な利益相反関係があり、不合理なMBOの実施や、不当な安値での株式買取りによって、会社（あるいは総株主）の利益が害される高度の危険が存在することは明らかである。かかる状況では、取締役が個々の事案に応じて期待される弊害防止措置を講じないこともまた、任務懈怠にあたりうる。

　以上より、MBOにおける取締役の善管注意義務・忠実義務には、①積極的意義のない不合理なMBOを行わない義務、②不当に安い買収価格でMBOを行わない義務に加えて、③取締役と株主の利益相反から生じる弊害の防止措置を個々の事案に応じて適切に講じる義務（以下、「弊害防止義務」という）が含まれるということができるだろう。そして、この弊害防止義務の具体的内容として、いかなる措置を講ずべきであったかについては、取締役の損害賠償責任を追及する株主の側が主張・立証責任を負うことになる。

　なお、裁判例は、任務懈怠の認定にあたり、当該状況下での取締役の事実認識と意思決定過程に不注意がなければ、判断内容については取締役に広い裁量の幅を認めるものが多い（いわゆる経営判断の原則）[15]。しかし、利益相反構造をもつMBOについては、利益相反の程度にもよるが、経営判断の原則が適用されるとは限らない。経営判断の原則は、取締役と会社との間に利害対立がある場合には適用がないものであり、MBOにおいては取締役と

株主との間の利益相反ではあるが、この場合の株主は総株主として会社と同視できることから、株主との利益相反を理由とする任務懈怠を認定するにあたっては、経営判断原則の適用はないと思われるからである。

次項「4.事例と検討」では、本章の検討対象とするMBO手法を採用する近時の代表的事例として、非訟事件であるが、レックスHD事件を取り上げ、その損害賠償請求訴訟に与える影響を検討する。

4. 事例と検討

(1) レックスHD事件

①事実の経緯

レックスHDのMBOでは、公開買付価格は1株23万円とされ、その算出方法は、公開買付けの公表日（平成18年11月10日）の直前日から過去1ヶ月間の市場価格の単純平均値に、約13.9％のプレミアムを加えたものであった。問題は、公開買付けの公表に先立つ同年8月21日に、レックスHDが55億円の特別損失の発生などの大幅な業績予想の下方修正を発表したことから[16]、株価が急落したことであり[17]、レックスHDの経営者が公開買付価格を押し下げる目的で業績予想を下方修正したとの疑義が生じた。

本件では、公開買付けの後、公開買付けに応じなかった株主を会社から締め出す（スクイーズ・アウトする）ために、次のような手順が踏まれた。

まず、①株主総会の特別決議により会社を種類株式発行会社に変更する。次に、②株主総会の特別決議および種類株主総会の特別決議により、発行済総株式に全部取得条項を付して全部取得条項付種類株式とする。③全部取得条項に従い、会社が当該種類株式の全部を取得するのと引換えに、当該種類株式の株主（既存の株主）に対して別個の普通株式を交付する。④③にあたり買収者以外の株主が1株未満となるように、交換比率を定める（これによ

り、反対株主を排除し、会社を買収会社の完全子会社とする）。

　会社法は、かかる手順の中でMBOに反対する株主が争う各種の手段を認める。株主がスクイーズ・アウトによる株主たる地位の喪失を争い、あるいは会社の利益を図る場合には、取締役による違法行為の差止請求（会360条）、決議取消の訴え（同831条）、株主代表訴訟（同847条）等がある。また、会社法は、株主が、株主たる地位の喪失については争わず、株式の取得価格についてのみ争う手段として、①株式に全部取得条件を付す旨の定款変更決議に反対する株主に対して、株式買取請求権を付与し（同116条1項2号）、②株主が①の請求権を行使する場合で、株主と会社との間で買取価格に関する協議が不調であるときに、裁判所に対する価格決定の申立てを認める（同117条2項）ほか、③全部取得条項付種類株式の全部取得決議に反対する株主に対して、裁判所に対する取得価格決定の申立てを認めている（同172条1項）。

　レックスHD事件では、株主が、③会社法172条1項に基づき、裁判所に対し全部取得条項付種類株式の取得価格の決定を申立てた。

　東京地方裁判所は、申立てを受け、取得価格を公開買付価格と同額である23万円とする決定を下したが（東京地決平成19・12・19判タ1268号272頁）、株主は、これを不服として、東京高等裁判所に対し、抗告をした。

②東京高決平成20年9月12日（金判1301号28頁）

　平成20年9月12日、東京高等裁判所は、原決定を変更して取得価格を1株33万6,966円に増額した。

　その取得価格算定方法は、①取得日における株式の客観的価値に、②強制取得により失われる今後の株価の上昇に対する期待を評価した価額（プレミアム）を加えるというものである。②プレミアムについては、MBOに際して実現される価値を二分して、「MBOを行わなくても実現可能な価値」は基本的に株主に分配し（すなわちプレミアムに含める）、「MBOを行わなけれ

ば実現できない価値」は株主と取締役に分配すべきであるとした。

そして、本件での具体的取得価格は、公開買付けの公表日に先立つ6ヶ月間の終値の単純平均値に20パーセントのプレミアムを加えて算出した。

本決定を原決定と比べると、本決定は、「(a)取得価格の判断基準」については、原決定の基準を踏襲しているが、次の点では原決定と大きく異なっている。まず、「(b)取得日における株式の客観的価値」の算定の基礎となる期間については、原決定が業績予想下方修正発表日以前の期間を、当該期間の株価が当該発表を反映した価格でないことを理由に捨象したのに対して、本決定は、当該期間の株価が当該期間における材料を織り込んだ企業価値を反映したものであるとして、その一部を算定の基礎とした。「(c)株価の上昇に対する期待の評価」については、原決定が買収者の算定根拠を「一定の合理性がある」としたのに対し、本決定は、近接するMBO事例におけるプレミアムを参考にするなどして20パーセントのプレミアムを認定している。

本決定のより詳細な要旨は、以下のとおりである。

(a) 取得価格の判断基準

取得価格決定申立て制度の趣旨は、全部取得決議により取得日に強制的に株式を剥奪されることになる株主の保護を図ることであるから、株式の取得日における「公正な価格」をもって、取得価格を決定する。

「公正な価格」を定めるにあたっては、取得日における株式の客観的価値に加えて、強制的取得により失われる今後の株価の上昇に対する期待を評価した価額をも考慮する。

取得日における当該株式の客観的価値や上記の期待を評価した価額を算定するにあたり考慮すべき要素は、会社法172条1項が取得価格の決定基準については何ら規定していない以上、裁判所の合理的な裁量による。

(b) 取得日における株式の客観的価値

結論として、取得日における株式の客観的価値は、公開買付けが公表された日の直前日から過去6ヶ月間の市場株価を単純平均することによって算定

するのが相当であるとした。
- 理由1：取得日と上場廃止日が11日しか離れていない株式については、市場株価がその「企業の客観的価値を反映していないと認められる特別の事情」のない限り、取得日に近接した「一定期間の市場株価」を基本として、その平均値をもって株式の客観的価値とみる。

  市場株価方式、純資産方式（修正簿価純資産法）および比準方式（類似会社比準法）を併用する算定方法は、レックスHDの業態・事業形態に照らし不合理である等の理由から、採用しない。

- 理由2：以下の各期間の市場株価を株価算定の基礎とできるかについて検討し、②および③の一定期間を基礎とすることを合理的とした。

    ① 公開買付けの公表日以降（平成18年11月11日およびこれ以降）の市場株価は、公表された買付価格に拘束されて形成されたものであるから、「企業の客観的価値を反映していないと認められる特別の事情」があり除外する。

    ② 業績予想下方修正発表日後公開買付け公表日前の期間（平成18年8月22日から同年11月10日まで）の市場株価は、次の理由から、算定基礎とすべきである。

    - 業績予想下方修正を発表する平成18年8月21日のプレス・リリースは、MBOの実施が相当程度の確実性をもって具体化した時期において、現実に企業価値が毀損されたことを意味しない特別損失を計上する等の問題があり、企業価値について実態よりも悲観的な受け取り方をされるおそれの大きいものであった。

    - 同期間の株価は、同プレス・リリースに基づく過剰な売りと、これに乗じた投機的な反復売買により形成されたものであり、レックスHDの企業価値を反映したものとはいえない。

    - もっとも、同プレス・リリースに公表された業績予想の下方修正は、企業会計上の裁量の範囲内にある適法な会計処理に基づくものであ

り、著しく恣意的で合理性を欠くもの、誤った情報によって株価を操作するものとはいえない。また、レックスHDは、同プレス・リリース時、不採算店を閉店するなどして経営の改善を行わざるを得ないという状況にあり、この事実は、株価に適切に反映されるべきである。
- 市場株価を基本として、株式の客観的価値を算定するにあたっては、ある程度の継続的な期間の市場株価を平均化することによって、株価形成に係る様々な思惑や投機的取引などの諸事情が株価に与える影響をできる限り排除し、企業の客観的価値を適正に反映する価額を算定するよりほかはない。

③業績予想下方修正発表日（平成18年8月21日）以前の市場株価は、次の理由から、一定期間につき、算定基礎とすべきである。
- ③の期間の市場株価は、資産内容等の情報を基に、市場原理に従って形成され、企業価値を反映している。
- ②の期間の市場株価には前記の問題があり、また、平成18年9月26日以降は市場株価が上昇を開始し公開買付けの公表がなければなお上昇した可能性もあるから、レックスHDの企業価値を的確に把握するには、②の期間の市場株価だけではなく、③の期間のうちの一定期間の市場株価も基礎とする方が合理的である。

● 理由3：平均値算定の基礎となる期間を、以下の理由から、6ヶ月とした。
- 近接した時期におけるMBO事例における買付価格の算定方法（公開買付け公表前の3ヶ月または6ヶ月の間の市場株価の単純平均値に、約16.7パーセントから27.4パーセントのプレミアムを加算）
- 日本証券業協会が定めた「第三者割当増資の取扱いに関する指針」には、最長6ヶ月遡った期間の平均価額を基礎とすることができる旨の記載がある。
- 業績下方修正発表後の市場株価に問題があること等から、平均期間を

短期に設定することは相当でない。
(c) 株価の上昇に対する期待の評価（プレミアム）
　MBOに際して実現される価値は、①MBOを行わなければ実現できない価値と、②MBOを行わなくても実現可能な価値に分類でき、②の価値は、基本的に株主に分配し、①の価値は、株主と取締役に分配すべきである。
　株価の上昇に対する期待の評価額は、事業計画に照らしその収益力や業績についての見通しを検討し、①および②の価値とその分配について考察し、かかる考察に基づき、裁判所が合理的な裁量によって決することが望ましい。
　しかし本件では、度重なる要請にもかかわらず事業計画が提出されておらず、デューディリジェンスに基づく株価算定評価書も提出されていないから、裁判所は、一件記録に表われた疎明資料に基づき、裁量により、評価額を決定する。そうすると、以下の理由から、株式の客観的価値の20パーセントをもって、株価の上昇に対する期待の評価とする。
- 近接した時期におけるMBO事例の買付価格のプレミアムは、公開買付け公表前の3ヶ月または6ヶ月の間の市場株価の単純平均値に対して、約16.7パーセントから27.4パーセントである。
- 平成12年から平成17年までの間に日本企業を対象とした公開買付けの事例（相対取引の実質をもつ事例を除いた85例）のプレミアムの平均値は、公開買付け公表日直前の株価の終値の27.05パーセントである。
- 本件の公開買付価格のプレミアム（過去1ヶ月間の市場株価の終値の単純平均値に対して13.9パーセント）につき、会社側は具体的な根拠を主張立証せず、事業計画書および株価算定評価書の提出もしない。

(d) 補足
- 多数の株主が公開買付けに応じたとの事実から、買付価格やプレミアムの額が合理的であると容易に推認をすることは、公開買付けが成立した場合に、これに反対する株主にも同額での買付けに応ずることを強制すること

になり、取得価格の決定申立制度の趣旨を没却することになるから、できない。
- 買収者以外の者がレックスHDの公開買付けを行おうとしなかったとの事実から、買付価格やプレミアムの額が合理的であると推認をすることは、本件の事実経過に加え、レックスHDが買収者の関係者以外の者にデューディリジェンスの機会を与えていないことから、できない。

③最決平成21年5月29日（金判1326号35頁）

　最高裁判所は、高裁決定を裁量の範囲内であるとして是認し、会社側による特別抗告を棄却した。本決定では、抗告を棄却する具体的理由を明らかにしていないが、取得価額の意義等につき田原睦夫裁判官の詳細な補足意見（個人的な見解）が述べられている。田原補足意見は、高裁決定を基本的に踏襲するものであり、また、次の点で、「企業価値の向上及び公正な手続確保のための経営者による企業買収（MBO）に関する報告書」（以下、「MBO報告書」といい、本項(2)②で説明する）を引用している。
- MBOの実施に際しては、取引の構造上、株主との間で利益相反状態になりうることや、手続上、MBOに積極的ではない株主に対して強圧的な効果が生じかねないことから、反対株主を含む全株主に対して、透明性の確保された手続が要請されている（MBO報告書参照）。よって、裁判所が取得価格を決定するに際しては、当該MBOにおいて透明性が確保されているか否かの観点からも、その関連証拠を評価することが求められる。
- MBO報告書によれば、事業計画や株価算定評価書等を開示した上で、買付価格の合理性について株主らに検討する機会を与えることが望ましいとされている。
- 本件の公開買付者のプレス・リリースやレックスHDによる株主宛のお知らせには、MBO報告書で避けるべきであるとされている「強圧的な効果」に該当しかねない記載があった[18]。

(2) 検討（役員責任追及訴訟に与える影響について）

①基準の不明確性

　公開買付価格や取得価格につき法令上の算定基準がない中で、本事件の高裁決定で、株式の取得価格の算定方法（公開買付けの公表日に先立つ6ヶ月間の終値の単純平均額およびプレミアム20パーセントの和）が示され、最高裁がこれを是認したことから、この算定方法がMBOにおける取締役の任務懈怠のメルクマールとされ（例えば、公開買付価格がこの水準に満たないにもかかわらず、MBOを実施したことをもって、取締役の任務懈怠があったとする）、あるいは画一的な損害賠償算定基準とされるとも思えるが、そうした一律の基準として提示されたものではないと考えるのが適当であろう。

　本決定の後、本章の検討対象となるMBO手法に関して下された取得価格決定では、必ずしも本決定と同じ基準が用いられているわけではない。例えば、サンスター株式会社の株式取得価格決定申立事件において、大阪高決（平成21・9・1金判1326号20頁）は、公開買付け後の全部取得条項付種類株式の取得日（平成19年8月1日）に先立つ1年間の値動きを不自然であるとして捨象し（この不自然な値動きの部分をすべて捨象した点が、レックスHD事件と異なっている）、当該取得日における株式の客観的価値をその1年前の株価の近似値である700円とし、これに20パーセントのプレミアムを付した840円をもって取得価格とした[19]。また、株式会社サイバードホールディングスの株式取得価格決定申立事件において、東京地決（平成21・9・18金判1329号45頁）は、株式の客観的価値を公開買付け公表前1ヶ月間の市場株価の終値による出来高加重平均値である51,133円とし、公開買付価格はプレミアムを最大限織り込んだものと認めて、取得価格をこれと同額の6万円と決定した（プレミアム17.34％）。

　むしろ、判例は、株式買取価格決定制度の非訟性から、価格算定については、裁判所の合理的な裁量に委ねられるという立場を従来より維持しており

（旧商245ノ2に基づく反対株主の株式買取請求につき、最決昭和48・3・1民集27巻2号161頁）、価格の算定方法は、事案毎に異なる性質のものともいえる。レックスHD事件高裁決定でも、この立場に基づいて、個別事情を詳細に検討して、個別事案に即した算定方法を決定するというアプローチを採っている。そして、レックスHD事件最高裁決定も、この裁量的判断を是認している。

したがって、公開買付価格が、「6ヶ月単純平均・20パーセントのプレミアム付与」という価格算定方法により算定された水準に満たないとしても、このことをもって直ちに取締役の任務懈怠にあたるとし、あるいは、かかる算定方法を確定的に用いて株主の損害額を算定することは妥当でない。

②MBO指針
(a) 任務懈怠および損害の認定に果たす役割について

レックスHD事件決定によって株価算定基準が確立したとはいえないとしても、同決定は、訴訟における任務懈怠や損害の認定にあたって、MBO指針が今後積極的に活用される可能性を生じさせるものと捉えることができる。

田原補足意見では、MBO報告書を引用して、MBOの手続で「透明性が確保されているか否かとの観点をも踏まえた上で、その関連証拠を評価す」べきであると明言し、また、前記のとおり、事業計画や株価算定評価書等の開示および強圧的な効果の排除を要求している。本事件の高裁決定や地裁決定においても、MBO報告書が引用され、判断にあたっての信頼ある根拠と位置づけられている。

そこで、第一に、このMBO報告書を受けて制定された「企業価値の向上及び公正な手続確保のための経営者による企業買収（MBO）に関する指針」（以下、「MBO指針」という）が、訴訟における取締役の任務懈怠の認定に利用されることが考えられる。

すなわち、レックスHD事件が問題化したことなどから、MBOにおける公正確保の取り組みとして、平成19年8月2日、企業価値研究会によりMBO報告書が発表され、これを受けて、同年9月4日、経済産業省によりMBO指針が制定された[20]。MBO指針は、MBO報告書の内容のほぼ全てを踏襲したものである。このMBO指針は、行政府の作成した指針であるから法的強制力をもたないものの、実務上は尊重され[21]、とりわけレックスHD事件決定を経て一層MBO実務に浸透し[22]、いわゆるソフト・ロー（確立した定義はないが、一般に、法的な強制力がないにもかかわらず、現実の経済社会で国や企業が従っている事実上の規範をいう）として機能しつつあるように思われる。そのため、株主が、弊害防止義務違反を主張する場合には、弊害防止義務の内容について明確な判断基準を欠く不都合を補うために、MBO指針の提案する弊害防止措置の不備をもって取締役の任務懈怠と構成することは、容易に予想される。

取締役の善管注意義務・忠実義務が尽くされたかについて、裁判所に画一的な判断基準があるわけではないが、事後的・結果論的な評価がなされるものではなく、行為当時の状況に照らし合理的な情報収集・調査・検討等が行われたか、および、その状況と取締役に要求される能力水準に照らし不合理な判断がなされなかったかを基準になされる[23]という点では、概ね異論は無かろう。MBO指針制定前の事案であるレックスHD事件においてですら、裁判所がMBO報告書を信頼できる裁判資料と位置づけており、その後MBO指針の各種弊害防止措置がMBO実務において一般化されていることからすれば、裁判所が、これら措置を事案に応じて適切に講じていないとの株主の主張を入れて、取締役の任務懈怠と判断する可能性は十分にあるだろう。

第二に、損害の認定において、取締役の側から、MBOにおいて採られた弊害防止措置がMBO指針に沿うものであったことを示し、公開買付価格は、利益相反構造が解消されたいわゆる独立当事者間取引（支配従属関係に無い当事者間の取引）により定められた適切なものであったとして、損害はない

と主張し、これを裁判所が受け入れる可能性もある。学説では、独立当事者間取引おいて交渉で定まった株価は公正なものと推認されるとの見解が有力であり、近時、これを取り入れた下級審裁判例もみられる[24]。

以上のことからすれば、訴訟において各当事者がMBO指針を引用し、そこに提案された各種の弊害防止措置が当該事案において適切に講じられていたかが吟味され、その結論によって勝敗が左右される事態を、予定するべきであろう。

そこで次に、MBO指針の提案する弊害防止措置につき、概観する。

(b) MBO指針の提案する弊害防止措置

MBO指針は、利益相反構造をもつMBOを行う上で尊重されるべき原則として、企業価値の向上と、公正な手続きを通じた株主利益への配慮を掲げ、MBOの透明性・合理性を確保しこれら原則を実現するためにとるべき実務上の対応（弊害防止措置）を具体的に提案している。ここでは概要のみ紹介するにとどめる。①の措置は共通して対応すべき事項であるが、②から④の措置は、取捨選択の上で組合せて実施することを想定している。

①株主の適切な判断機会を確保するための措置
　(a)MBOのプロセス等についての充実した開示、(b)市場株価引下げの疑義が生じうる場合のより充実した説明、(c)取締役の利害関係の内容についてのより充実した説明、(d)株式買取請求権（または価格決定請求権）の確保、(e)公開買付けで大多数の株式を取得した場合のスクイーズ・アウトの実施の原則およびスクイーズ・アウトの対価と公開買付価格の原則一致

②意思決定過程における恣意性を排除する措置
　(f)社外役員または独立した第三者委員会等に対する諮問、(g)取締役および監査役全員の承認、(h)独立した弁護士、アドバイザーからの助言と名称の公表、(i)独立した第三者評価機関からの株価算定書等の取得

③価格の適正性を担保する客観的状況を確保する措置

(j)公開買付期間の確保、(k)対抗買収の過度な制限の禁止
④その他の措置
(l)公開買付数の下限の引上げ

　もっとも、上記の各種の弊害防止措置は、MBOに新たな規制を課す趣旨ではなく実務上のMBOの公正なあり方を模索するものとして、あくまでも例示として紹介されたものであるし、利益相反性の程度によって個別的に検討することを予定しており、MBOの手法の差異等に応じて適宜改変すべきものといえる。また、これら措置には、「より充実した」といった抽象的なものや、取捨選択による組合せを予定しているものも含まれる。

　したがって、MBO指針によっても、個別事案についていかなる措置を講ずべきかが、一義的に明らかになるものではなく、それゆえに実務上の最大の悩みとなっている。対象会社が個別事情に適合した具体的措置を決するにあたっては、MBO指針の提案を前提として、法律専門家の助言の下で、後日の裁判所の審査に耐えうる程度の合理性が認められるか否かを検討する必要があるだろう。

5. 今後の展望

(1) 取締役が現実に損害賠償請求される可能性について

　以上、MBOにおいて、どのような場合に取締役の任務懈怠行為が認定されるのかについて検討してきた。その中で、取締役が会社に対して負担する善管注意義務・忠実義務には、株主との利益相反から生じる弊害を防止する措置を個々の事案に応じて適切に講ずべき義務（弊害防止義務）が含まれる、との見解を示した。また、MBO指針に提案された弊害防止措置を適切に講じていなかったという構成により、取締役の任務懈怠行為が認定されやすくなるのではないかとの見通しを示した。

こうして、MBOに反対する株主が、取締役に対する損害賠償請求訴訟において任務懈怠を主張・立証する道が広まることがあるとしても、会社を相手方として全部取得条項付種類株式の取得価格の決定の申立てをするのではなく、取締役に対する損害賠償請求訴訟を選択する現実の可能性は、どの程度あるのだろうか。

①全部取得条項付種類株式の取得価格決定の申立てが可能な場合

全部取得条項付種類株式の取得価格決定の申立てには、厳格な手続要件が課されており、取得決議をした株主総会で議決権を行使できない株主であるか、議決権を行使できる者であるならば、当該総会に先立って当該取得に反対する旨を会社に通知し、かつ当該総会において実際に当該取得に反対し、総会の日から20日以内に申立てをしなければならない（会172条1項）。

かかる手続要件を充足して株主が取得価格決定を申立てれば、株主は、取得日後取得価格の支払いまで、年率6パーセントの利息を受け取ることができる（同条2項）。

また、取得価格の決定の申立ては、非訟事件[25]（同868条以下）であり、立証は疎明（即時に取り調べられることができる証拠により行う。民訴188条）で足り、職権探知主義がとられ（非訟事件手続法11条）、権利の存否内容を法律要件の有無により決するのではないから立証責任の負担もない。

これに対して、取締役に対する損害賠償請求を選択する場合、会社に対する請求ではなく個人の取締役に対する請求となるため、株主が勝訴したとしても、現実の支払能力に不安がある[26]。遅延損害金については、履行の請求を受けたときから遅滞に陥り、利率は民事法定利率5パーセント（民404条）である（最判平成元・9・21集民157号635号）。

また、株主には、取締役の任務懈怠、これに係る悪意または重過失、損害、因果関係についての主張および立証の負担がある。主張においては、前記のとおり、任務懈怠の特定が難しい場合があろう。立証に際しては証拠資

料の収集が必須となるが、前述した情報の非対称性から、株主の証拠収集には困難が伴う。株主が証拠資料を得る手段としては、意見表明報告書等の公表資料を利用するほか、会社の取締役会議事録の閲覧謄写請求権（会371条2項）、（保有議決権割合等所定の要件を満たす株主のみが行使できる手段として）会社の会計帳簿等閲覧謄写請求権（同433条）等がある。しかし、取締役会議事録の閲覧謄写請求権については、会社が監査役設置会社または委員会設置会社である場合には、裁判所の許可を得なければ行使することができず（同371条3項）、会社の会計帳簿等閲覧謄写請求権については、請求の理由を明らかにして行使しなければならないため[27]、これらの制度に基づくディスクロージャーが必ずしも十分に機能するとはいいがたい。

　このように、株主にとって、取得価格の決定の申立てが可能である場合に、これに替えて、取締役に対する損害賠償請求をするメリットは見当たらない。そのため、取得価格の決定の申立てが可能であるにもかかわらず、株主があえて取締役に対する損害賠償請求をする場面は、経済的な合理性と無関係に、取締役の責任追及それ自体が目的となっている場合等に限定されるだろう。

②取得価格決定を申立てられない場合

　これに対して、株主が、厳格な手続要件を満たさないなどの理由で取得価格の決定の申立てをすることができない場合には、損害賠償請求訴訟を選択するより他なく、獲得金額が訴訟コストを上回ると期待されるのであれば、実際に提訴する可能性は十分にある。とりわけ、他の株主が取得価格決定申立てをし、自己の株式の売却価格を上回る「公正な価格」が決定された場合には、かかる決定が損害額を立証する際の有力な証拠として利用できることから、より提訴が促進されるだろう。

(2) 3つの歯止め

　このように、株主は、(i)全部取得条項付種類株式の取得価格決定の申立てをすることが可能である場合には、取締役に対する損害賠償請求訴訟ではなく、会社を相手方とする取得価格決定の申立てを選択するであろうが、(ii)厳格な手続要件を満たさないなどの理由で取得価格の決定の申立てをすることができない場合に、獲得金額が訴訟に係るコストを上回ると期待できるのであれば、取締役に対する損害賠償請求訴訟を提起する可能性は十分にあると考えられる。

　もっとも、以下に述べるような、①損害額の算定方法、②鑑定費用の負担、および③過失相殺等の各問題は、訴訟による獲得金額が訴訟コストを上回るとの期待を削ぐことから、株主に有利な形で解消されない限り、株主が取締役に対して責任追及訴訟を提起するにあたって歯止めになるだろう。

①損害額の算定方法

　第一点は、賠償の対象となる損害額の算定方法が不明確という問題である。請求される損害は、一般的には、MBOにより株主が失う株式の価値であり、本来あるべき株価と現実の株価（MBOが成功し反対株主がスクイーズ・アウトされる場合には、公開買付価格、取得価格、その他これに準じた任意での売却価格等が想定される）との差額になるだろう。

　4.(2)「①基準の不明確性」で述べたとおり、非訟事件における取得価格の算定方法は一律ではなく、上場株式の場合は市場価格を基本とするにしても、単純平均か出来高加重平均か、平均を算定する期間やプレミアムの率は、事案により異なりうる。損害賠償請求訴訟においても、取得価格決定と平仄をとるのであれば、損害の内容のうち、MBOにより株主が失う株式の価値に見合う部分は、取得価格の算定方法に準じて算定されることになるだろう。そうすると、裁判所の採用する取得価格の算定方法や損害算定方法

は、事案により変動する可能性が大きく、安定しない。

　また、一定期間の市場価格を基本とする基準は万能ではなく、他に適切な評価方法があるからといって裁判所が採用する保証もない。すなわち、上場株式であっても、日々の取引量が少ない場合や、値動きが不自然で人為的株価操作が疑われる場合等、市場における株価形成機能が適切に働かず、市場価格が企業価値を適切に反映していない場合がある。レックスHD事件高裁決定でも、「株価形成に係る様々な思惑や投機的取引などの影響」を排除する必要性を指摘し、「ある程度の継続的な期間の市場株価を平均化する」という対策をとるが、これで解消するとは限らない。例えば、PBR[28]が0.83以下の上場会社は1,785社あり（平成21年11月5日現在）、これらについて、「6ヶ月単純平均・20パーセントのプレミアムを付与」との基準を適用した場合、算定額が会社の帳簿上の清算価格を下回ることもあり得る（0.83＊1.2=0.996）。

　このように、裁判所の株価算定方法が不確定である以上は、株主が裁判所の決定する取得価格あるいは勝訴した場合の獲得金額を予測することは困難であるから、手続に要するコストとの兼ね合いもあるだろうが、株主は、そもそも取得価格決定の申立てと損害賠償請求訴訟のいずれも選択せず、会社が提示した価格を受け入れる可能性がある。

②鑑定費用の負担

　第二点は、鑑定費用の負担の問題である。株主が、株価算定に要する鑑定費用が高額になると予想して、価格決定申立てや責任追及訴訟の提起を躊躇する場合もあるだろう。

　例えば、会社が提示した価格が1株当たり160円、裁判所が決する見込みの取得価格または賠償額が1株当たり320円である場合に、申立て・訴訟コスト（申立て・訴訟費用、弁護士費用等の全て）が1株当たり160円（320円－160円）以上であれば、株主が会社の提示を拒絶することに経済的合理性

が失われる。

　非訟事件である営業譲渡の株式買取価格決定申立手続において、東京地決平成20年3月14日（判時2001号11頁、カネボウ事件）は、鑑定の費用（5,420万円）の負担について、株主と会社とは、それぞれが主張していた買取価格と裁判所が決定した買取価格との乖離率に応じて負担すべきであると決定した。損害賠償請求訴訟においても、鑑定費用は鑑定を申請した当事者が予納し、最終的には訴訟費用として裁判所が株主に負担を求める可能性がある。したがって、鑑定費用は株主の申立て・訴訟コストを大幅に押し上げる要因となりうる。

　株主が保有する株式の数が多ければそれだけ、一株当たりの申立て・訴訟コストを引き下げることができるが、わずかな数の株式しか保有していない株主の場合は、他の株主との共同訴訟が煩瑣であり必ずしも便宜にかなうものではないことから、高額の鑑定費用の発生を懸念して、会社の提示に応ずるのが妥当という結論に至りやすいものと思われる。

③過失相殺等

　民法709条に基づく損害賠償請求については、明文上過失相殺の可能性があるが（民722条2項）、会社法429条1項に基づく損害賠償請求についても、民法722条2項の規定を類推適用することにより賠償額を減額することができるとされている（最判昭和59・10・4判タ548号133頁）。ここでいう「過失」は、責任成立要件の過失と同一のものではなく、被害者の側にも責任原因が存在するときは、賠償額を算定するにあたりこれを考慮して加害者の責任の範囲を公平に定めるべきであるということを述べたものであるとされている[29]。また、判例は、いわゆる「危険への接近」の法理（被害者が危険に近づいたために、損害が発生し、または拡大した場合に、これを考慮に入れるという考え方）の適用を明言している[30]。

　これらを踏まえると、例えば、株主が、対抗する公開買付けにより公開買

第5章　MBOにおける取締役の責任

付価格が吊り上げられる可能性がある等の思惑から、公開買付けが公表された後にあえて株式を取得した場合等、株主がMBOの対象となった会社の株式を取得した経緯または時期等に照らして、株主自身の投資判断の失敗という側面がある場合には、これによって損害を被ったとしても、賠償額が、過失相殺または危険への接近の法理によって減額される可能性もある[31]。

こうした賠償額減額の可能性から、株主が提訴を断念することもあるだろう。

[注]

1) 平成21年6月26日付け株式会社シャルレのプレス・リリース（「訴訟の提起に関するお知らせ」）
2) 「日本経済新聞」2009年8月14日。
3) 「日本経済新聞」2009年10月31日。
4) 「企業価値の向上及び公正な手続確保のための経営者による企業買収（MBO）に関する指針」3頁（平成19年9月4日経済産業省）
5) ①から⑤の違反行為とその損害賠償責任の概要は、以下のとおりである（条文は全て金融商品取引法）。
　①27条の3第3項もしくは27条の8第7項の規定に違反して公開買付届出書もしくは訂正届出書の提出をせずに売付け等の申込みの勧誘等をした公開買付者等、または27条の9第2項もしくは第3項の規定に違反して公開買付説明書を交付せずにもしくは公開買付説明書を訂正して交付せずに当該株券等の買付け等をした公開買付者等は、公開買付けに応じて売付け等をした者に対し、違反行為により生じた損害につき、賠償責任を負う（27条の16、16条）。
　この「公開買付者等」とは、公開買付者（公開買付開始公告を行った者）に加え、その特別関係者（買収会社の役員を兼ねている、買収会社と特別資本関係がある、買収会社との間で公開買付後に相互に当該株式を譲渡することを合意している者等）、その他の一定の関係者が含まれる（②も同じ）。
　②27条の5または27条の8第10項の規定に違反して公開買付けによらない買付け等をした公開買付者等は、公開買付けに応じて株券等の売付け等をした者に対し、損害賠償責任を負う（27条の17第1項）。同条2項には、賠償額の算定方法が定められている。

③27条の13第4項の規定に違反して全部買付けをせずに公開買付けをした者は、公開買付けに応じて株券等の売付け等をした者に対し、損害賠償責任を負う（27条の18第1項）。同条2項には、賠償額の算定方法が定められている。

④重要な事項について虚偽の記載があり、または表示すべき重要な事項もしくは誤解を生じさせないために必要な重要な事実の表示が欠けている公開買付説明書その他の表示を使用して株券等の売付け等をさせた者は、記載が虚偽であり、もしくは欠けていることまたは表示が虚偽であり、もしくは誤解を生ずるような表示であり、もしくは表示が欠けていることを知らないで当該公開買付けに応じて株券等の売付け等をした者に対し、違反行為により生じた損害につき、賠償責任を負う（27条の19、17条本文）。本条に基づく責任は、責任を負うべき者が、善意無過失であったことを証明することにより、免れることができる（17条但書）。

⑤重要な事項について虚偽の表示があり、または表示すべき重要な事項もしくは誤解を生じさせないために必要な重要な事実の表示が欠けている、(i)公開買付開始公告等を行った者、(ii)公開買付届出書またはその訂正届出書を提出した者、(iii)公開買付説明書を作成した者、および(iv)対質問回答報告書またはその訂正報告書を提出した者は、公開買付けに応じて株券等の売付け等をした者に対し、損害賠償責任を負う（27条の20第1項、18条1項）。

(ii)および(iii)の者については、一定の場合につき同条2項に賠償額の算定方法の定めがある。また、2項の適用がない場合には、違反者の特別関係者等は、善意無過失を証明しない限り、違反者と連帯責任を負う（同条3項）。

6) 日野正晴『詳解金融商品取引法〔第2版〕』352頁以下（中央経済社、2009年）。
7) 株式会社と取締役との法律関係は委任の規定が適用されるから（会330条）、取締役は会社に対して善管注意義務（民644条）を負う。忠実義務（会355条）はこの善管注意義務と同じものと理解されており、最高裁判例においても、旧商254条3項（取締役の忠実義務を規定していた）につき、「商法254条3項は、民法644条に定める善管義務を敷衍し、かつ一層明確にしたにとどまり、通常の委任関係に伴う善管義務とは別個の高度な義務を規定したものではない」とした（最判昭和45・6・24民集24巻6号625頁）。そのため、「善管注意義務・忠実義務」と一体で呼ぶ慣行があり、本章でもそれに従う。
8) 東京地方裁判所商事研究会編『類型別会社訴訟〔第2版〕Ⅰ』341頁（判例タイムズ社、2008年）
9) 株主は、その直接損害については、本条における第三者に該当すると考えられているが（江頭憲治郎『株式会社法〔第3版〕』467頁（有斐閣、2009年））、間接損害については、株主代表訴訟により回復すべきものであるとの理解から、これに該当しないとの考えがあり、明確ではない（間接損害についても株主を第三者と認める裁判例として大阪

高判平成11・6・17金判1088号38頁（最判平成9・9・9判時1618号138頁の差戻審）、これを否定するものとして東京高判平成17・1・18金判1209号10頁）。もっとも、MBOにおいて株主の間接損害が問題となる場面とは、取締役の任務懈怠により会社が経営破たんし株式が無価値になった等の、かなり限定された場合であろう。

10) 東京地方裁判所商事研究会編・前掲注(8)346頁。なお、相当因果関係の存否は、民416条の場合と同様に判断されることになる。また、会社法429条1項に基づき間接損害の賠償を請求する場合は、任務懈怠行為と会社の損害との間の相当因果関係および会社の損害と第三者の損害との間の相当因果関係との双方が必要である。

11) 意見表明報告書に記載しなければならない事項の概要は、次のとおりである（金商27条の10第1項、発行者以外の者による株券等の公開買付けの開示に関する内閣府令25条1項各号）。
　①公開買付者の氏名または名称および住所または所在地
　②公開買付けに関する意見の内容および根拠
　③当該意見を決定した取締役会の決議等の内容
　④対象会社役員が所有する当該公開買付けに係る株券等の数およびその議決権の数
　⑤対象会社役員に対する公開買付者またはその特別関係者が供与することを約した利益の内容または
　⑥会社の支配に関する基本方針に係る対応方針（買収防衛策の内容等）
　⑦公開買付者に対する質問および公開買付期間の延長請求

また、意見表明報告書の法定様式（同府令4号様式）の記載上の注意(3)では、記載すべき公開買付けに関する意見の内容、根拠および理由について、以下のとおり規定している。
　a 意見の内容については、例えば「公開買付けに応募することを勧める。」、「公開買付けに応募しないことを勧める。」、「公開買付けに対し中立の立場をとる。」、「意見の表明を留保する。」等わかりやすく記載すること。
　b 根拠については、意思決定に至った過程を具体的に記載すること。
　c 意見の理由については、賛否・中立を表明している場合にはその理由を、意見を留保する場合にはその時点において意見が表明できない理由および今後表明する予定の有無等を具体的に記載すること。
　d 公開買付者が対象者の役員、対象者の役員の依頼に基づき当該公開買付を行う者であって対象者の役員と利益を共通する者または対象者を子会社とする会社その他の法人等である場合であって、利益相反を回避する措置を講じているときは、その具体的内容を記載すること。

12) 株式会社シャルレのプレス・リリース・前掲注(1)
13) こうした問題は、第三者に対する直接損害の類型（会社に損害の生じない場合）について、共通に生じ得る。この類型について、判例は、返済見込みのない借入れを任務懈怠行為とする（前掲最判昭和44年11月26日（3.(2)①））など、明確な理由なく肯定している。学説は、返済見込みのない借入れについて、会社の信用を傷つけるため任務懈怠とする説、取締役には会社債権者の損害拡大を阻止するため再建可能性・倒産処理等を検討すべき義務が善管注意義務として課されているとする説など（東京地方裁判所商事研究会編・前掲注(8)333頁）、見解が分かれる。
14) 会社に対する善管注意義務・忠実義務とは、究極的には総株主の経済的利益を最大にすべき義務と解すべきであるとの有力な見解がある（江頭・前掲注(9)20頁および401頁）。なお、本文でいう「会社の不利益」とは、抽象的な損害であり、損害賠償請求により塡補すべき具体的損害（会社財産の減少）とは別異に観念される。
15) 江頭・前掲注(9)433頁。なお、経営判断原則は、当該取締役が判断対象に利害関係を有するものには適用されないと一般に解されている（新井修司「取締役の経営上の判断と対会社責任」家近正直編『現代裁判法体系⑰』183～184頁（新日本法規出版、1999年））。
16) 平成18年12月期（1月1日から12月31日まで）について、55億円弱の特別損失の発生（中間期計上分33.9億円、下期計上予定21億円）、売上高200億円の減少（平成18年2月17日付け決算短信記載の予想値1,900億円から1,700億円へ修正）、経常利益41億円の減少（同105億円から64億円へ修正）、当期純利益45億円の減少（同45億円から0円へ修正）というもの。
17) レックスHDの株価（終値）は、業績下方修正の発表日の30万4,000円から、翌22日の25万4,000円、同年9月26日の14万4,000円と下落した後、公開買付け公表日には21万9,000円まで回復しており、その後は概ね22万円前後で推移した。
18) その記載とは、「公開買付けに応じない株主は、普通株式の1株に満たない端数しか受け取れないところ、当該株主が株式買取請求権を行使し価格決定の申立てを行っても、裁判所がこれを認めるか否かは必ずしも明らかではない旨」や、「公開買付けに応じない株主は、その後の必要手続等に関しては自らの責任にて確認し、判断されたい旨」である。
19) 同決定は、「MBOを計画する経営者は、株主に対してはその利益を図るべき善管注意義務がありながら、MBOが実施された際、あるいはその後の再上場を行う際に、自己の利益を最大化するため、対抗的公開買付を仕掛けられない範囲で、自社の株価をできる限り安値に誘導するよう作為を行うことは見やすい道理であるから」「MBOの準備を開始したと考えられる時期から、公開買付けを公表した時点までの期間における株価に

ついては、特段の事情の無い限り、原則として、企業価値を把握する指標として排除すべきものと思料される。」とした。もっとも、取得日より1年も前の市場株価を、取得日の会社の客観的企業価値の基準としたことは、不自然さを否めない。
20) MBO報告書およびMBO指針は、いずれも経済産業省のホームページ上で公表されている。
　　MBO報告書（http://www.meti.go.jp/press/20070802008/mbo.pdf）
　　MBO指針（http://www.meti.go.jp/press/20070904004/mbo--shishin.pdf）
　　（ともに平成21年11月5日現在）
　なお、企業価値研究会は、2004年9月に設置された経済産業省経済産業政策局長の私的研究会である。座長は、神田秀樹東京大学大学院教授。
21) MBO指針の公表後、全てのMBOにおいて、そこに規定されたMBOの公正性を確保するための措置の全部または一部が講じられたとの指摘もある（十市崇「MBO（マネージメント・バイアウト）における利益相反性の回避又は軽減措置」判タ1259号110頁（2008年））。
22) 例えば、吉本興業株式会社の意見表明報告書（平成21年9月11日、公開買付者はクオンタム・エンターテイメント株式会社）は、第三者委員会を設けるなどMBO指針に提案される弊害防止措置の多くを盛り込んでいる。
23) 江頭・前掲注(9)433頁。
24) 学説として、企業再編におけるシナジーの分配についてであるが、適切な情報開示の下で独立した当事会社の交渉により定まった金額は公正なものと扱って良いとの見解がある（藤田友敬「新会社法における株式買取請求権制度」黒沼悦郎＝藤田友敬編『（江頭憲治郎先生還暦記念）企業法の理論（上巻）』288〜290頁（商事法務、2007年））。また、こうした見解を前提に、MBO取引において、買収者と利害関係のない大株主との間での独立当事者間交渉で価格決定された場合や、利益相反回避措置が十分に存在し独立当事者間取引と評価される場合には、公開買付価格を公正な価格と理解するものとして、加藤貴仁「レックス・ホールディングス事件最高裁決定の検討(上)(中)(下)—「公正な価格」の算定における裁判所の役割」商事1875号4頁以下、同1876号4頁以下、同1877号24頁以下（2009年）。
　　近時の裁判例として、東京地決平成21年9月18日（サイバード事件）では、「①MBOの目的や実施後の事業計画から予想される収益力や業績についての見通しのほか、②利益相反関係に配慮した措置、買付価格についての交渉の有無、経過、旧経営陣の立場等に照らし、MBOが、いわゆる独立当事者間（支配従属関係に無い当事者間）において、第三者機関の評価を踏まえ合理的な根拠に基づく交渉を経て、合意に至ったなどと評価し得る事情があるか、また③適切な情報開示が行われた上で、対象会社に対する株式公

開買付けが成立し、株主総会において全部取得条項付種類株式の発行と取得が承認されるなど、一般に公正と認められる手続によってMBOの一連の手続きが行われたと認められるかなど、諸々の事情を総合考慮して、既存株主に対して分配されるべき「MBOの実施後に増大が期待される価値」を算定するのが相当である。」としている。

25）訴訟と非訟との区別は必ずしも絶対的なものではないが、第1に、訴訟が紛争解決制度であるのに対して非訟は必ずしも争訟性はないこと、第2に、実体法上の権利義務の存否内容を審判対象とする訴訟事件に対して、非訟事件では権利の具体的態様であることから裁判所の裁量性が高いこと、第3に、訴訟手続きは公開の口頭弁論で行われるのが原則であるが、非訟手続きではこれに限らないという審理方式の差で、区別される（伊藤眞『民事訴訟法〔第3版3訂版〕』7頁以下（有斐閣、2004年））。

26）第三者責任について取締役の支払能力を補うものとして、賠償責任を負う役員等の連帯責任（430条）、会社役員賠償責任保険（D&O保険）がある。また、代表者の行為については、別に会社が賠償責任を負い（350条）、第三者責任と請求権競合になるため、株主は会社と代表取締役に対して同時に競合的に責任を問うことが可能である。

27）明らかにすべき請求の理由として、閲覧を求める理由および閲覧させるべき会計帳簿または資料の範囲等を会社において認識および判断できるように、閲覧目的等を具体的に記載しなければならないとされる（最判平成2・11・8判時1372号131頁）。ただし、株主は、請求の理由を基礎付ける事実が客観的に存在することを立証する必要はない（最判平成16・7・1民集58巻5号1214頁）。

28）PBR（Price Book-value Ratio）とは、株価を一株当たり純資産額で除した値であり、株価が一株当たり純資産額（帳簿上の清算価値を意味する）と均衡する場合には1.0、割安の場合には1.0を下回る。

29）我妻榮＝有泉亨＝清水誠＝田山輝明『我妻・有泉コンメンタール民法—総則・物権・債権—〔第2版〕』1389頁（日本評論社、2008年）。

30）航空機騒音による被害に基づく多数の被害者の提起した損害賠償請求訴訟において、滑走路の拡大、第一次訴訟の提起、ジェット機の離着陸の増加に伴う騒音の増大、右騒音問題の頻繁な日刊新聞紙への掲載等の事情にてらし、その後に空港の近辺に転入した原告につき、「航空機騒音が問題とされている事情ないし航空機騒音の存在の事実をよく知らずに入居したということは、経験則上信じ難」く、原告は自分が見聞した程度の「騒音の悪影響ないし被害はやむをえないものと容認して入居したものと推定することができる。」とされている（大阪国際空港事件、最大判昭56・12・16民集35巻10号1369頁）。同判決は、損害額における斟酌ではなく、不法行為責任の成立そのものを否定しているようにも読める。

31）組織再編の公表時以後に株式を取得した者の株式買取請求権をめぐり、行使の可否お

よび買取価格決定基準について、投機行為を助長するとして学説の対立がある。株式交換における株式買取請求価格決定申立て（会786条2項）に対する近時の裁判例では、公開買付け後に株価が下落した場合に、公開買付け後に株式を購入した株主に対しても、「公正な価格」は原則として公開買付価格を下回ることは無いとし、その理由として「株主らが株式交換を知ってことさらに買い集めたといった事情が認められない」ことを指摘している（東京地決平成21・3・31金判1315号26頁）。この指摘は、知って取得した場合に減額される可能性を示唆するものといえるだろう。

第Ⅲ部

会社役員の経営上のリスクと保険

　会社役員が業務を執行する上で、経営上のリスクは不可避である。他方、会社役員が思い切った経営を行うために、経営上のリスクを経済的な面から軽減する保険制度は重要である。そこで第Ⅲ部では、会社役員賠償責任保険（D&O保険）や会社情報の開示に関する賠償責任保険等についての最新情報を解説する。
　会社役員賠償責任保険については、認知度が高くなっていることから、その導入の経緯から基本構造や概要、さらには会社役員賠償責任保険を活用する際の留意事項に至るまで詳説する。また、会社役員賠償保険で必ずしもカバーされる補償のない会社情報の開示や、近時に話題となることが多い敵対的な企業買収に対応する新しい保険の内容の概要についても紹介する。

第6章

会社役員賠償責任保険
（D&O 保険）

　会社役員賠償責任保険（D&O 保険）は、会社の取締役その他の役員が業務を執行するにあたって、会社または第三者に損害を与えたとして損害賠償請求されたことによる損害をてん補する保険である。会社の活動に伴う役員の賠償責任リスクが増大している現代社会において、D&O 保険は多くの企業に必要な保険であるといえよう。

　D&O 保険の基本的構造は、会社が保険契約者として保険料を支払い、役員が被保険者として損害賠償金および争訟費用をてん補する保険金を受け取ることになる。ただし、会社に対する損害賠償等がてん補されるのは株主代表訴訟による場合に限られ、しかも敗訴の場合の保険料は役員の負担となる。D&O 保険の内容は約款（普通保険約款および特約）に詳細に規定されているが、当初米国の約款をモデルとしたものがわが国の実情に合わせて修正され、また会社法、保険法の大幅な改正を踏まえて改定されたものである。

第Ⅲ部　会社役員の経営上のリスクと保険

1. 序──会社役員賠償責任保険(D&O保険)とは

　会社役員賠償責任保険とは、会社の取締役その他の役員がその業務を執行するにあたり、会社または第三者に損害を与えたとの理由で損害賠償請求を受けた場合に、当該役員が負担する損害賠償金および争訟費用を保険金として支払う損害保険（責任保険）である。また、D&O保険とはその略称であり、米国の呼称であるDirectors and Officers Liability Insuranceに由来するものである。日本語の正式名称よりもD&O保険という方が一般に流布しているので、本章では、特に正式名称を用いる必要がある場合を除き、この略称を用いることにする。

　D&O保険は、Liability Insuranceすなわち賠償責任保険の一種であり、リスク管理の視点からみれば、会社役員が負担する損害賠償責任のリスクの相当部分を保険契約によって保険者に移転し、当該リスクを軽減するところにその本質的な意義がある[1]。

　現在の複雑化、多様化、グローバル化した経済社会にとって、会社の活動に伴う役員の賠償責任リスクも増大しているといってよい。このような事態に対応するためには、コーポレート・ガバナンスやコンプライアンスの強化が一つの施策となるが、それで完全に防止できるものではなく、むしろリスクへの対応手段としては、D&O保険が極めて重要な意義をもっている。役員に対する第三者からの損害賠償請求や株主代表訴訟の中には合理的な理由を欠くケースもあり、また、役員が損害賠償責任を負う場合であっても、業務執行に伴うリスクとみるべき場合が多い。D&O保険により、会社役員の不測の損害に対応できるのみならず、役員の賠償責任リスクが軽減されれば、役員のより積極的な行動が期待されるし、また有能な人材の役員登用が可能となって会社のビジネスの活性化をもたらすものと考えられる。したがって、D&O保険の活用は、会社役員、会社の双方に大きなメリットをもた

らすものである。

　D&O保険は、会社の役員（被保険者）が役員としての業務を行った行為に起因して損害賠償請求がなされたことにより被る損害を、保険会社（保険者）が保険金を支払うことによっててん補する保険である。保険料の大部分は会社（保険契約者）が負担し、通常、会社と保険会社の2者の保険契約（被保険者は会社役員となることから、第三者のためにする保険契約[2]）となる。D&O保険の基本構造は、基本契約部分である「会社役員賠償責任保険普通保険約款」と「株主代表訴訟担保特約条項」その他いくつかの特約条項で構成されている。

　本章においては、最初に米国のD&O保険をモデルとしてわが国にD&O保険が導入されたときの経緯、議論を紹介した上で、現在のD&O保険の基本的な構造およびその概要について約款の規定を中心に説明することとし、さらに若干の留意事項についても触れることとする。

2. わが国におけるD&O保険の導入

(1) 米国におけるD&O保険

　米国においては、D&O保険が開発される前から、会社の役員について職務上発生した損害賠償責任を会社が補償できるかという議論があり、その結果、各州で会社による補償を許容する立法が成立していた。その後、D&O保険が導入されると多数の州でこれを認める立法が行われた[3]。当時、一般的なD&O保険は2部構成をとり、会社が役員に対して行った補償支払いについて付保する場合（Indemnification；Company Reimbursement）と、会社によって補償されない役員の賠償責任および費用負担について付保する場合（Directors and Officers Liability）を含んだ2部構成であった。現在では、統合された約款としてパッケージ・ポリシーとなっているが、その内容

としては、現在でも会社の補償した費用をてん補する保険部分の比重が大きいことが米国D&O保険の特徴となっている。

　米国D&O保険の一般的なケースでは、保険によりてん補される損害は、法律上の損害賠償金、判決金額、和解金および訴訟・手続などに要した費用である。ただし、罰金、科料、課徴金や懲罰的損害賠償金は損害に含まれない。また、損害であっても、私的な利益を違法に得ていた場合、犯罪行為、法令違反行為、不誠実行為等には保険金の支払いは行われない。一般に、各国のD&O保険をみても、役員の賠償責任を保険でてん補する場合、公序による制約が課されるのが原則で、故意による犯罪や不誠実行為は保険の対象から除かれる。この点は、約款上の文言に相違はあるものの、わが国のD&O保険も同様である。

　また、D&O保険はリスクの高い保険とされ、標準約款（Policy）に沿った保険のてん補限度額の範囲で契約が締結され、保険金が支払われる。このほか多くの特約によって、保険の支払いの制限条項が存在し、リスクや料率についてケースバイケースで契約が締結されている。なお、1980年代において、保険会社間の競争激化、取締役責任追及訴訟の厳格化（デラウェア州最高裁Smith v. Van Gorkum事件判決[4]）等により保険会社の保険引受収支が悪化したため、D&O保険の引受けの条件が厳しくなった[5]。その後も状況に応じた約款の改定が行われており、現在ではその内容も会社によって多様化している。

(2) わが国におけるD&O保険の導入

　わが国においても、1970−1980年代にD&O保険の導入に向けた検討が行われていたが[6]、まず海外活動している子会社などの役員を対象として、1990年に英文のD&O保険が発売された。これは米国の約款をほとんどそのまま採用したものであったが、わが国の実情に合わせて、1993年に初めて和文のD&O保険が認可され、発売された。

第6章 会社役員賠償責任保険（D&O保険）

　当時、1993年の商法改正において株主代表訴訟の規定が改正されて訴訟提起が容易になり、株主代表訴訟の頻発が予想されたことから、D&O保険が注目され、さかんに議論された。わが国の場合は、役員の負担する賠償責任を会社が補償する制度はなかったので、米国のように基本が2本立てになることはなく、役員の賠償責任による損害を保険金でてん補する形が基本とされた[7]。ただし、保険金は会社の経費で支払う形を想定していたので、株主代表訴訟によって役員に会社に対する損害賠償が請求された場合の取り扱いが問題とされた。株主代表訴訟は株主と会社の意見が食い違う場合に生じるが、少なくとも、役員が勝訴した場合に弁護士費用等の争訟費用を会社が負担するのは問題がないし、保険料を負担するのも問題がないであろう。問題とされたのは、役員が敗訴して会社に損害賠償を行う場合に保険料を会社が負担することができるかという点で、①会社の損害賠償請求権の放棄（債務免除）にあたり違法であるとする見解[8]、②取締役の報酬規制との関係で問題あり（定款、株主総会で定めればよい）とする見解[9]、③保険のてん補範囲に犯罪行為や私的利益を得る場合は含まれず、不注意により会社に与えた損害で職務上生じるリスクが対象であるから会社が保険料を負担しても問題ないとする見解[10]など、学者の意見が大きく分かれていた。

　結局、解釈上の疑義の生じない実務上の取り扱いとして、「普通保険約款」による基本契約と「株主代表訴訟担保特約」による特約部分とに分けて、後者の保険料に相当する部分は役員が負担するという形で整理された[11]。すなわち、代表訴訟による役員の会社に対する責任追及に関しては、役員勝訴の場合は基本契約により争訟費用のてん補がなされ、役員敗訴の場合には株主代表訴訟担保特約に基づいて損害てん補および争訟費用のてん補がなされることになる。なお、実務上は全体の保険料の10パーセント程度を役員が負担する形になっている。

(3) その後の動き

その後、会社法制の大きな改正としては、取締役の責任の減免を認めるとともに株主代表訴訟の手続面の修正を織り込んだ改正（2001年）、委員会設置会社の導入を認めた改正（2003年）、会社法制現代化のための全面改正（2005年）が行われ、それぞれ会社補助参加担保特約条項、委員会等設置会社特約条項、会社法対応特約条項等によりD&O保険約款の一部修正が行われた。2005年会社法の施行（2006年）に伴う株主代表訴訟の見直し、役員の責任の過失責任化、内部統制システムの構築義務などにより、役員のリスクに変化が生じていると考えられるが[12]、普通保険約款への大きな影響は生じていない。

さらに、2008年に改正された保険法（以下「新保険法」という）が、2010年4月から施行されることに伴い、D&O保険約款は普通保険約款を中心として大幅に改定された。この結果、保険法の現代化と保険契約者の保護という法改正の趣旨に沿って、約款は従来よりも詳細な規定となった。ただし、D&O保険は法人等の事業活動に伴って生じる損害をてん補するものであるから、新保険法への対応は積極的に進めたものの、そのままの形で全て約款の改正につながるとは限らないことに留意する必要がある[13]。

3. わが国D&O保険の基本的な構造

(1) 役員の会社に対する責任

会社と取締役、監査役等の役員との関係は委任の規定に従う（会330条）ので、役員はその職務の遂行にあたって「善良な管理者としての注意義務」（以下「善管注意義務」という）を負う（民644条）。取締役の忠実義務（会355条）は、委任に伴う善管注意義務を取締役の場合に敷衍し、これを明確

にしたものと一般に解されている（最大判昭和45・6・24民集24巻6号625頁）。

　会社法423条の取締役の任務懈怠責任（損害賠償責任）すなわち「取締役………は、その任務を怠ったときは、株式会社に対し、これによって生じた損害を賠償する責任を負う」というのは、取締役が善管注意義務ないし忠実義務に違反した場合の効果である。取締役の任務懈怠責任には、業務担当取締役としての行為について責任を問われる場合と、取締役として他の取締役の監視・監督の責任を問われる場合の双方が含まれる。また、取締役の任務懈怠責任を考えるとき、取締役は経営における意思決定について、広範囲の裁量権をもっていることに留意すべきである。すなわち、経営判断にあたっての事実認識および意思決定の過程に注意義務違反がなければ、結果的に会社が損害を被っても、取締役は責任を問われないとする「経営判断の原則」が適用される[14]。

　さらに、会社法は特別な場合として競業避止義務（会356条1項1号）、利益相反取引回避義務（会356条1項2号、3号）、株主に対する利益供与責任（会120条4項）、剰余金配当責任（会462条）、株式買取請求に応じて株式を取得した場合の責任（会464条）、期末欠損てん補責任（会465条）、資本充実責任（会52条）などの詳細な規定を置いている。これらは原則として過失責任（取締役に立証責任）であるが、取締役が利益相反行為の直接の相手方となった場合および直接利益供与を行った場合は無過失責任とされている。

　取締役が会社に対して責任を負う場合に、会社から直接取締役に対して損害賠償責任請求を請求する場合は、D&O保険の対象とはならない（約款6条⑧）。会社法による取締役の行為規制が意味をもたなくなり、また、馴れ合い訴訟が発生するおそれがあるからである。一方、株主代表訴訟の場合は、会社の意思とこれを提起する株主の意思が異なっていること、濫訴の可能性があることなどから、D&O保険の対象とする理由があり、株主代表訴訟担保特約部分の保険料負担を役員とすることで導入されたことは既に述べ

た通りである。実務上も、会社に対する取締役の責任は株主代表訴訟で争われるケースが圧倒的に多いと考えられる。

(2) 役員の第三者に対する責任

取締役がその職務を行うについて、悪意または重過失の行為によって第三者に損害を与えた場合は、損害賠償の責任を負う（会429条）。第三者に対する任務懈怠行為の責任であるが、会社に対する責任とは異なり、任務懈怠についての悪意または重過失を要件とし、軽過失の場合の責任は問われない。任務懈怠行為と第三者の損害に因果関係があれば、直接損害（会社に損害がなく、直接第三者が損害を被る場合）、間接損害（会社が損害を被り、その結果第三者に損害が生じる場合）を問わない。

(3) D&O保険の基本構造

D&O保険によりてん補される役員の損害は、損害賠償金（敗訴または和解のケース）および争訟費用（全てのケース）であるが、第三者からの損害賠償請求と株主代表訴訟を合わせて整理すると、D&O保険の基本構造は、下表のようになる。株主代表訴訟担保特約条項は全契約に自動付帯され、同特約部分の保険料は被保険者である役員が負担する。

D&O保険の基本的な構造

訴訟形態	保険によりてん補される損害	
	役員勝訴	役員敗訴または和解
第三者からの損害賠償請求	（普通約款）争訟費用	（普通約款）損害賠償金および争訟費用
株主代表訴訟	（普通約款）争訟費用	（株主代表訴訟担保特約）損害賠償金および争訟費用

（注）本表は、三井海上株式会社編『株主代表訴訟と会社役員賠償責任保険（D&O保険）の解説』18頁（保険毎日新聞社、1994年）および小林秀之＝近藤光男編『新版株主代表訴訟体系』418頁（弘文堂、2002年）の図を参考に作成した。

4. D&O保険の概要

　D&O保険の内容について、標準的な約款に沿って重要なポイントを中心に概説する。以下は、山下友信編著『逐条D&O保険約款』[15]に掲載されている保険約款（2005年8月現在）の最新版に拠って説明する。2008年改正新保険法の施行（2010年4月）に伴う約款の大幅な改定を取り込み、最近の状況をフォローしたものである。D&O保険を体系的に説明するために約款の文言に補足を加え、また一部省略した部分もあるが、新約款の趣旨を十分に反映させたものとなっている。なお、各社の約款は基本的に同様ではあるが、細部において若干の差異があるので、契約の締結等にあたっては個別の保険会社の約款を確認されたい。

(1) 当事者・定義等の説明（約款3条、4条）

①保険会社・保険者

　D&O保険契約において、保険金支払いの義務を負う保険会社（保険者）は、約款上「当会社」と表現されている。本章では、以下「保険会社」または「保険者」という。

②会社・保険契約者（約款3条①）

　保険証券の記名法人欄に記載された法人（以下「記名法人」という）および記名法人の子会社の中で、保険証券の記名子会社欄に記載された法人（以下「記名子会社」という）をあわせて「会社」という。
　記名法人が保険契約者として保険会社と本保険契約を締結する。

③子会社（約款3条⑦）

　「子会社」とは、会社法に定める子会社または子会社に該当していた法人

をいう。2005年会社法の改正で「子会社」の定義が拡大され、親会社が直接または間接に50パーセント超の株式を保有することから、親会社による株式保有以外の要素も加えた経営支配という実質基準に改められた[16]。

④役員(約款3条②)

　会社法上の取締役、執行役および監査役ならびにこれらに準ずる者として法令または定款の規定に基づいておかれた保険証券の被保険者欄に記載された地位にある者を「役員」という。ただし、会計参与および監査法人を除く。

⑤被保険者（約款3条③）

　ア　「被保険者」とは、保険契約により補償を受ける者で、会社（記名法人および記名子会社）の全ての役員をいう。なお、個別の役員を単独で被保険者とすることはできない。

　イ　被保険者は、既に退任した役員および保険期間中に新たに選任された役員を含む。ただし、初年度契約の保険期間の開始日より前に退任した役員を除く。

　ウ　役員が死亡した場合は相続人を、役員が破産した場合は破産管財人を、それぞれ同一の被保険者とみなす。損害賠償債務を包括承継した場合を想定している。

(2) てん補責任（約款1条）

　被保険者が会社の役員としての業務につき行った行為に起因して、保険期間中に被保険者に対して損害賠償請求がなされたことを保険事故として、保険会社は被保険者が被る損害を約款に従ってん補する。

①　「会社の役員としての業務につき行った行為」が対象とされているので、その他の職業にかかる行為、業務とは関係のない個人としての行為は対象

とならない。「行為」には不作為も含むものと解され、役員相互の監視・監督義務違反が問われる場合も含まれる。「起因して」というのは、相当因果関係よりも広く、事実的因果関係を指すものと解されている[17]。被保険者が損害賠償請求を受けることが保険適用の要件であり、会社が単独で訴えられた場合には適用されない。

② 「損害賠償請求」の内容は、既に「3 わが国D&O保険の基本的な構造」で述べた「役員の会社に対する責任」および「役員の第三者に対する責任」がその中核であり、会社法に基づく特別な法定責任も含めた広義の損害賠償責任と解される[18]。被保険者が損害賠償請求を受けた事実があれば保険は適用され、その結果として被保険者が法律上の損害賠償責任を負うことは必ずしも要求されない。被保険者が勝訴して損害賠償責任の不存在が確認された場合、争訟費用が役員の被る損害とされて、保険金が支払われる。

③ 損害賠償がなされた時もしくは場所または損害賠償請求者の数等にかかわらず、同一の行為またはその行為に関連する他の行為に起因する全ての損害賠償請求（以下「一連の損害賠償請求」という）は、最初の損害賠償請求がなされた時に全てなされたものとみなされる（3条④）。

④ D&O保険は、保険期間中に損害賠償請求があったことをもって保険事故とする請求事故方式[19]をとっているため、損害賠償請求がなされた時点で保険に加入していなければ原則として保険の保護を受けることができない。そこで、原因行為と損害賠償請求のタイムラグによって生じる問題を調整するため、約款6条1-4号により保険期間の始期よりも前に原因行為のある損害賠償請求を免責にするとともに、約款20条2項により損害賠償請求がなされるおそれのある状況が生じたときに保険会社に通知することによって通知の時点で請求があったものとみなして、現実の請求が後年度になされた場合であっても通知した時点の保険契約による保護を与えている[20]。

(3) 損害の範囲（約款2条、3条）

D&O保険によりてん補される損害は、次の法律上の損害賠償金および争訟費用を被保険者が負担することによって生じる損害に限られる。

①法律上の損害賠償金（約款3条⑤）

法律上の損害賠償金とは、法律上の損害賠償責任に基づく賠償金であって、訴訟による確定判決で支払いを命じられた損害賠償金（判決金）と和解により支払うこととされた損害賠償金（和解金）がある。

税金、罰金、科料、過料、課徴金、懲罰的損害賠償金、倍額賠償金（これに類似するものを含む）の加重された部分および被保険者と他人との特別の約定によって加重された損害賠償金は上記の法律上の損害賠償責任に基づく賠償金に含まれない。

②争訟費用（約款3条⑥）

争訟費用とは、被保険者に対する損害賠償請求に関する争訟（訴訟、仲裁、調停、和解等をいう）によって生じた費用（被保険者または会社の従業員の報酬、賞与、給与等を除く）で、妥当かつ必要と認められるものをいう。一般に、弁護士費用がその大宗を占める。

(4) 保険期間（約款4条）

① 保険期間は保険証券に記載された初日の午後4時に始まり、末日の午後4時に終わる。ただし、保険証券にこれと異なる時刻が記載されている場合はその時刻による。
② 上記①の時刻は日本国の標準時による。
③ 保険期間の開始後であっても、保険料が支払われていない場合は、原則として保険者は免責されて損害賠償請求に起因する損害をてん補しない。

(5) 免責条項―その1（約款5条）

　免責条項は、これに該当すれば保険会社は保険金の支払を免れ、損害賠償請求に起因する損害をてん補しない。これは保険が保護する範囲を画することになるから、契約上極めて重要な条項である。約款5条による免責条項は、犯罪行為、悪意の違法行為などによる賠償責任を保険でてん補することが公序に反するという観点から、以下の①－⑥が免責の対象とされたものである[21]。保険者の引受けに関する政策上ないし業務上の判断とされる約款6-8条の免責事由とは性格を異にしている。米国のD&O保険約款にも同様の規定があり、これをわが国の体系に取り込んだものである。これらの条項は、被保険者である個々の役員ごとに適用され、免責事由に該当する行為のない役員に対して、保険会社は損害賠償請求に起因する損失をてん補する。
①私的な利益または便宜の供与を違法に得たことに起因する損害賠償請求
②犯罪行為（刑を科されるべき違法な行為をいい、時効の完成等によって刑を科されなかった場合を含む）に起因する損害賠償請求
③法令に違反することを認識しながら（認識していたと判断できる合理的な理由がある場合を含む）行った行為に起因する損害賠償請求
④被保険者に報酬または賞与等が違法に支払われたことに起因する損害賠償請求
⑤公表されていない情報を違法に利用して、株式、社債等の売買等を行ったことに起因する損害賠償請求
⑥政治団体、公務員または取引先の会社役員、従業員等（これらの代表者、代理人、家族、関係団体等を含む）に対する違法な利益の供与に起因する損害賠償請求

　若干のコメントを加えると、①は役員が個人的な利益を違法に得ていた場合で、取締役会の承認を得ないで行われた会社との取引（利益相反取引）な

どが例としてあげられる。①および④－⑥は役員の業務に関係する違法行為の典型的な場合として規定されている。

②の犯罪行為[22]では、故意の内容として「事実の認識」と「違法性の認識の可能性」があれば、違法性の認識がなくても犯罪として認定されて保険会社は免責される。これに対して、③の「法令に違反することを認識しながら行った行為」というのは、行政法規違反などで刑事罰に該当しないような場合、法令に違反することの認識を保険の免責条項の要件としたものである。これは、違法性の認識がある状態で行った行為を免責とすることで、役員の法令違反を助長すること（モラルハザード）を避けるための規定である。会社の業務に関連する行政的な規制法規は極めて多く存在するので、法令違反の認識を欠いた場合を保険の免責事由としなかったことはそれなりの合理性がある。なお、かっこ書の「認識していたと合理的に判断される場合」を認識していたものとして扱うのは、立証責任を軽減したとみることもできるが、訴訟実務上当然のことというべきであり[23]、業務上重要な法令についてはこのかっこ書に該当する場合が多いであろう。

(6) 免責条項―その2（約款6条）

約款6条による免責条項①－⑨は、三つのグループに分けられる。第一のグループ（①－④）は、保険の引き受け技術上の観点からみて、保険の対象となる損害賠償請求の発生可能性が高くなってから保険に加入するのを防止し、あるいは前後のどちらの保険契約が損害をてん補するのか明確にするためのものである。D&O保険の請求事故方式を部分的に修正している。第二のグループ（⑤－⑥）は、保険の引受技術上異なった性質であると考えられる一定のリスクを対象外とするものである。公害等による環境汚染や原子力施設の放射能汚染は特殊なリスクであり、巨大損害が発生する可能性もあるので、D&O保険になじまない。地震、噴火や戦争・内乱等による損害も同様である。第三のグループ（⑦－⑨）は他の被保険者（役員）、記名法人、

その子会社、大株主などからの損害賠償請求で、馴れ合い訴訟や内輪もめ訴訟が生じやすいため、免責とされたものである[24]。

また、①から⑦までの事由または行為について、実際に生じた、または行われたと認められない場合であっても、被保険者に対してこれらを理由として損害賠償請求がなされた場合について本条が適用される。

さらに、本条の規定は、被保険者ごとに個別に適用されず、それらの事由または行為があったと申し立てられた役員に限らず、すべての被保険者に対して適用される。

① 初年度契約の保険期間の開始日より前に行われた行為に起因する、一連の損害賠償請求
② 初年度契約の保険期間の開始日より前に会社に対して提起されていた訴訟およびこれらの訴訟の中で申し立てられた事実に起因する損害賠償請求
③ 保険契約の保険期間の開始日において、被保険者に対する損害賠償請求がなされるおそれがある状況を被保険者が知っていた場合（知っていたと判断できる合理的な理由がある場合を含む）に、その状況の原因となる行為に起因する一連の損害賠償請求
④ 保険契約の保険期間の開始日より前に被保険者に対してなされていた損害賠償請求の中で申し立てられていた行為に起因する一連の損害賠償請求
⑤ 直接であると間接であるとを問わず、次の事由に起因する損害賠償請求
　ア　(a)汚染物質[25]の排出、流失、いっ出、漏出またはまたはそれらが発生するおそれがある状態
　　　(b)汚染物質の検査、監視、清掃、除去、漏出等の防止、処理、無毒化または中和化の指示または要請
　イ　核物質[26]の危険性[27]またはあらゆる形態の放射能汚染
　ウ　地震、噴火、洪水、津波またはこれらに類似の自然変象
　エ　戦争、外国の武力行使、革命、政権奪取、内乱、武装反乱その他これ

らに類似の事変または暴動（群集または多数の者の集団の行動によって、全国または一部の地区において著しく平穏が害され、治安維持重大な事態と認められる状態をいう）
⑥ 次に掲げるものに対する損害賠償請求
　ア　身体の障害（疾病または死亡を含む）または精神的苦痛
　イ　財物の滅失、損傷、汚損、紛失または盗難（それらに起因する財物の使用不能損害を含む）
　ウ　口頭または文書による誹謗、中傷または他人のプライバシーを侵害する行為による人格権侵害
⑦ 記名子会社の役員に対する損害賠償請求のうち、次のいずれかの間に行われた行為に起因する損害賠償請求
　ア　記名子会社が会社法に定める子会社に該当していなかった間に行われた行為
　イ　会社法施行（2006年5月1日）前に行われた行為の場合は、記名法人が直接であると他の子会社を通じて間接であるとを問わず、その記名子会社の発行株式（議決権のない株式を除く）総数の50パーセントを超える株式を所有していなかった間に行われた行為
⑧ 他の被保険者または記名法人もしくはその子会社からなされた損害賠償請求、および株主代表訴訟であるか否かを問わず、被保険者または記名法人もしくはその子会社が関与して、記名法人またはその子会社の発行した有価証券を所有する者によってなされた損害賠償請求
⑨ 会社の発行済株式（議決権のない株式を除く）総数につき、保険証券記載の割合（会社が複数である場合には、個々にその割合を算出するものとする）以上を直接であると間接であるとを問わず所有する者（株主権行使の権限を与える者を含む。以下、「大株主」という）からなされた損害賠償請求、または株主代表訴訟であるか否かを問わず、大株主が関与して、会社の発行した有価証券を所有する者によってなされた損害賠償請求

(7) 免責条項—その3（約款7条）

① 株主代表訴訟等による損害賠償請求の結果、被保険者である役員が会社に対して法律上の損害賠償責任を負担する場合に被る損害はてん補されない。これは普通約款上の規定であって、既に前記2(2)で経緯を説明したように、実務上疑義のないよう「株主代表訴訟担保特約条項」で修正され、被保険者が所定の保険料を支払うことを条件に損害がてん補されることになっている。

② 上記の規定は、法律上の損害賠償責任を負担することとなった被保険者以外の被保険者には適用されない。

(8) 免責条項—その4（約款8条）

① 記名法人が第三者と合併した場合、記名法人が第三者に全ての資産を譲渡した場合または第三者が記名法人を子会社にした場合は、これらの取引の発効日の後に行われた行為に起因する損害賠償請求にかかる被保険者の損害はてん補されない。また、保険料も返還されない。

　このようなM&A取引が行われれば、記名法人の実態ないし支配権が変わることによってトラブルも予想され、D&O保険のリスクが著しく増加する可能性が大きいからである。

② ただし、保険契約者または被保険者が上記取引の事実を書面により遅滞なく保険会社に通知して、書面により承認された場合はこの免責規定は適用されない。

(9) てん補責任限度額（約款9条）

① 保険会社は被保険者の損害額（法律上の損害賠償金および争訟費用）の全額を支払うのではなく、合理的なリスクの負担ないし分担という観点から、免責金額、てん補責任限度額等が約款により設定されている。

ア　一連の損害賠償請求について保険会社がてん補すべき損害の額は、被保険者ごとに、次の算式によって得られた金額とする。
　　（損害の額の合計額－保険証券記載の免責金額）×保険証券記載の縮小てん補割合
　イ　上記アの免責金額は、次の算式によって得られた金額または保険証券記載の被保険者1名あたりの免責金額のいずれか低い方の額とする。
　　保険証券記載の1損害賠償請求あたりの免責金額÷損害を被った被保険者の人数
② このように損失の一部を被保険者に負担させることは、リスクの対価としての保険料を少なくする効果のほか、被保険者のモラルハザードを抑制する効果があるといわれている。すなわち、被保険者の不正行為を抑止するとともに、被保険者をして根拠のない請求に対して活発に争わせる効果が期待される[28]。
③ 保険会社が支払う金額にも上限としててん補限度金額が設定される。すなわち、保険会社がてん補する金額は、すべての被保険者に対しててん補する金額の合計で、保険証券記載の総てん補限度額を限度とする。限度額は保険者ごと、また保険に加入する会社ごとに異なるが、5億円程度のことが多く、高額でも10億円程度といわれている[29]。被保険者ごとの個別の運用ではなく、全ての被保険者に対する総合計額に対して適用される。このような付保限度額の設定は、D&O保険のリスクが大きく、再保険も容易ではないためと説明されている[30]。

⑽ 他の保険契約等との関係（約款10条）

　上記(9)①アおよびイにかかわらず、他の有効な保険契約等（本保険契約の全部または一部に対しててん補責任が同じである他の保険契約または共済契約をいう。以下「他の保険契約等」という）が存在するときは、本保険契約は他の保険契約等の上乗せ保険契約として適用され、損害額が他の保険契

約等による損害てん補額と免責金額を合計したものまたは本契約の免責金額のいずれか大きい金額を超過する金額について、本保険契約の縮小てん補割合を乗じて得た金額がてん補されることになる。ただし、他保険契約を本保険契約の上乗せ契約とする規定がある場合は本条の規定は適用されない。

新保険法では、任意規定として、重複保険がある場合において保険会社がてん補責任の全額を支払う義務を負う独立責任額全額方式を導入したが、D&O保険では原則として従来と同様の方式が維持されたものである。

⑾ 告知義務（約款11条）

① 保険会社がリスクを負担する保険制度一般について、被保険者の情報を保険会社に提供することが重要であり、このためにD&O保険約款には告知義務が記載されている。すなわち、保険契約者または被保険者になる者は、保険契約締結の際、保険契約申込書およびその付属書類（以下「保険契約申込書等」という）の記載事項について、事実を正確に告げなければならない。新保険法は告知義務を質問応答義務として構成した[31]が、旧約款時代から保険契約申込書等の記載事項を告知事項とすることで、質問応答義務の形になっている。以下、②から⑤までは新保険法の趣旨を踏まえて改定されたものである。

② 保険契約締結の際、保険契約者または被保険者が、保険申込書等の記載事項について、故意または重大な過失によって、事実を告げなかった場合または事実と異なることを告げた場合は、保険会社は保険契約者に対する書面による通知をもって、保険契約を解除することができる。

③ 上記②の規定は、以下のアからオまでのいずれかに該当する場合は適用しない。

　ア　②の事実がなくなった場合
　イ　保険会社が保険契約締結の際、②の事実を知っていた場合または過失によってこれを知らなかった場合（保険会社の代理人が、事実を告げる

ことを妨げた場合または事実を告げないこともしくは事実と異なることを告げることを勧めた場合を含む）
　ウ　保険契約者または被保険者が、損害賠償請求がなされる前に、保険契約申込書等の記載事項につき、書面をもって訂正を申し出で、保険会社がこれを承認した場合。なお、保険会社は、訂正の申出を受けた場合において、その訂正を申し出た事実が、保険契約締結の際に保険会社に告げられていたとしても、保険会社が保険契約を締結していたと認められる場合にかぎり、これを承認するものとする。
　エ　保険会社が②の規定による解除の原因があることを知った時から1ヶ月を経過した場合または保険契約締結時から5年を経過した場合
　オ　②の事実が、保険会社が保険契約締結時に交付する書面において定めた危険（損害発生の可能性をいう）に関する重要な事項に関係ないものであった場合
④　約款14条によれば解除の効果は将来に向かってのみその効力を生じるが、告知義務違反の解除の場合は損害賠償請求がなされた後の解除であっても、保険会社は損害のてん補を行う必要はなく、既にてん補していたときはその返還を請求することができる。
⑤　④の規定は、②の事実に基づかずになされた損害賠償請求による損害については適用しない。

⑿ 通知義務（約款12条）

①　通知義務は、被保険者の情報を保険会社に提供するものとして、告知義務と同様に重要である。保険契約締結の後に、次のアまたはイのいずれかに該当する事実が発生した場合は、保険契約者または被保険者は、事実の発生がその責めに帰すべき事由によるときはあらかじめ、責めに帰すべきことのできない事由によるときはその発生を知った後、遅滞なくその旨を保険会社に申し出てその承認を請求しなければならない。ただし、その事

実がなくなった場合は、保険会社に申し出る必要はない。
　ア　保険契約申込書等に記載された事項の変更
　イ　他の保険契約等の締結
② ①の事実がある場合（④ただし書の規定に該当する場合を除く）は、保険会社は、その事実について承認請求書を受領したと否とを問わず、保険契約者に対する書面による通知をもって、この保険契約を解除することができる[32]。
③ ②の規定は、保険会社が②の規定による解除の原因があることを知った時から1ヶ月を経過した場合または①の事実が生じた時から5年を経過した場合は適用しない。
④ ①の手続がなされなかった場合は、保険会社は、①の事実が発生した時（①の事実の発生が保険契約者または被保険者の責めに帰すことのできない事由による場合は、保険契約者または被保険者がその発生を知った時）から保険会社が承認請求書を受領するまでの間になされた損害賠償要求による損害については、てん補しない。ただし、①アの事実が発生した場合において変更後の保険料が変更前の保険料より高くならなかったとき、または①イの事実が発生した場合を除く。
⑤ ④の規定は、①の事実に基づかずになされた損害賠償要求による損害については適用しない。

⒀ 保険契約の解除（約款13条）

① 保険契約者は、いつでも任意に、保険会社に対する書面による通知をもって、保険契約を解除することができる。
② 保険会社は、次のアからウまでのいずれかに該当する事由がある場合は、保険契約者に対する書面による通知をもって、保険契約を解除することができる[33]。
　ア　保険契約者または被保険者が、保険契約に基づき損害をてん補させる

ことを目的として損害を生じさせ、または生じさせようとしたこと
　イ　被保険者が、保険契約に基づく保険金の請求について、詐欺を行い、または行おうとしたこと
　ウ　保険契約者または被保険者が、アおよびイと同程度に保険会社の信頼を損ない、保険契約の存続を困難とする重大な事由を生じさせたこと
③　②の規定による解除が、損害賠償請求がなされた後に行われた場合であっても、保険会社は、14条の規定にかかわらず、②アからウまでの事由が生じた時から解除が行われた時までになされた損害賠償請求による損害をてん補しない。既に損害をてん補していたときは、その返還を請求することができる。

⒁ 保険契約解除の効力（約款14条）

　保険契約の解除は将来に向かってのみ効力を生じる。したがって、解除時前に保険事故が発生していれば、解除されたからといって、保険事故に遡って保険会社のてん補責任がなくなるものではなく、既に支払われた保険金の返還を請求することはできない。また、解除時までの保険期間に対しては、保険者は保険料請求権を有するということになる。

　ただし、告知義務違反、通知義務違反、故意による保険金目的の行為、詐欺等による解除では、前記(11)(12)(13)で述べた通り、例外として損害賠償請求による損害をてん補しない等の特則が設けられていることに注意すべきである。

⒂ 保険契約の無効・取消し（約款15条）

①　保険契約者が、保険金を不法に取得する目的または第三者に保険金を不法に取得させる目的をもって締結した保険契約は無効とする。
②　保険契約者または被保険者の詐欺または強迫によって保険会社が保険契約を締結した場合は、保険会社は、保険契約者に対する書面による通知を

もって、保険契約を取り消すことができる。
③　保険契約が無効とされ、または取り消された場合、保険契約は最初から存在しなかったことになる。したがって、解除の場合と異なり、保険期間中に発生した保険事故に対しても遡って保険会社のてん補責任が消滅し、支払われた保険金を回収することができる。一方、受領した保険料は不当利得として返還しなければならない。

(16) 保険料の返還または請求―告知・通知事項等の承認の場合（約款16条）

この規定は、保険者が保険契約を解除等により終了させることができる場合であっても、解除せずに契約の継続を承認して追加保険料の支払を受けることができるようにしたものである。

① 保険会社が前記(11)③ウ（保険契約申込書等の記載の訂正）の承認をする場合において、保険料を変更する必要があるときは、変更前の保険料と変更後の保険料との差額を返還し、または追加保険料を請求する。

② 保険会社が前記(8)②（合併、資産譲渡、株式譲渡）の承認または(12)①ア（保険契約申込書等に記載された事項の変更）の変更の承認をする場合において、保険料を変更する必要があるときは、次の規定に従い計算した保険料を返還し、または追加保険料を請求する。

　ア　変更後の保険料が変更前の保険料よりも低くなる場合
　　返還保険料＝（変更前の保険料－変更後の保険料）×（1－既経過期間に対応する短期料率）

　イ　変更後の保険料が変更前の保険料よりも高くなる場合
　　追加保険料＝（変更後の保険料－変更前の保険料）×未経過期間に対する短期料率

③ 保険会社は、保険契約者が①または②の規定による追加保険料の支払いを怠った場合（保険会社が保険契約者に対し追加保険料の請求をしたにもかかわらず相当の期間内にその支払がなかった場合に限る）は、保険契約

者に対する書面による通知をもって、保険契約を解除することができる。
④　保険会社が①または②の規定による追加保険料を請求する場合において、③の規定により保険契約を解除できるときは、損害をてん補しない。既に損害をてん補していたときは、その返還を請求することができる。
⑤　①および②のほか、保険契約締結の後、保険契約者が書面をもって保険契約条件変更の承認の請求を行い、保険会社がこれを承認する場合において、保険料を変更する必要があるときは、保険会社は②の規定に従い計算した保険料を返還し、または追加保険料を請求する。
⑥　保険会社が⑤の規定により追加保険料を請求する場合において、保険契約者がその支払いを怠ったときは、保険会社は、追加保険料領収前になされた損害賠償請求による損害については、保険料条件変更の承認の請求がなかったものとして、約款の規定に従いてん補する。

⑰　保険料の返還―契約の無効・取消し・失効の場合（約款17条）

①　保険契約が無効となる場合は、保険会社は、既に払い込まれた保険料の全額を返還する。ただし、(15)①の規定により、この保険契約が無効となる場合は、既に払い込まれた保険料を返還しない。
②　前記(15)②の規定により、保険会社が保険契約を取り消した場合は、既に払い込まれた保険料を返還しない。
③　保険契約が失効となる場合は、保険会社は、つぎの算式により計算した保険料を返還する。
　　既に払い込まれた保険料×（1－既経過期間に対応する短期料率）

⑱　保険料の返還―保険契約解除の場合（約款18条）

①　(11)②、(12)②、(13)②または(16)③により、保険会社が保険契約を解除した場合は、次の算式により計算した保険料を返還する。
　　既に払い込まれた保険料×（1－既経過期間に対応する短期料率）

② (13)①により、保険契約者が保険契約を解除した場合は、保険会社は、次の算式により計算した保険料を返還する。

既に払い込まれた保険料×（1－既経過期間に対応する短期料率）

(注) 既経過期間　1ヶ月に満たない期間は1ヶ月とする。

⑲ 保険会社による調査（約款19条）

保険会社は、保険期間中いつでも、保険契約者または被保険者の同意を得て、保険契約申込書等に記載された事項ならびに前記(8)②または(12)①にかかる通知事項に関して必要な調査をすることができる。

⑳ 損害賠償請求の通知（約款20条）

下記①および②は、保険契約者または被保険者の通知義務を定めたものであるが、①は通常の損害賠償請求の通知（保険事故の通知）であり、②は損害賠償請求が合理的に予想される場合の通知である。実際に損害賠償請求がなされれば、②は①と同様に効果（保険事故の通知）とみなされる。

① 保険契約者または被保険者は、被保険者に対してなされた全ての損害賠償請求ならびに損害賠償請求者の氏名、請求を知ったときの状況、申し立てられた行為および原因となる事実に関する情報を、遅滞なく書面で保険会社に通知しなければならない（20条1項1号）。

② 保険契約者または被保険者は、保険期間中に被保険者に対して損害賠償請求がなされるおそれのある状況（損害賠償請求がなされることが合理的に予想される状況に限る）を知った場合は、その状況ならびにその原因となる事実および行為について、詳細な内容を添えて、遅滞なく保険会社に書面により通知しなければならない。この場合、通知した事実または行為に起因して被保険者に対してなされた損害賠償請求は、通知の時をもってなされたものとみなす（20条1項2号）。

③ 保険契約者および被保険者が、正当な理由なく上記①②の通知を行わないときは、その損害はてん補されない（20条2項）。

ところで、上記②の解釈・運用については議論のあるところである。すなわち、②の「損害賠償請求がなされるおそれのある状況」ないし「損害賠償請求が合理的に予想される状況」とは、損害賠償請求がなされる蓋然性が相当程度高くなった状況をいうものと解されているが、この通知を怠ったことによって生じる保険保護の空白[34]を避けるため、保険契約者または被保険者はそのようなおそれが少しでもあれば通知を行うであろう[35]。その場合に、②の通知の効果が認められずに、保険会社から翌期以降の契約更改を拒絶される可能性がある。そこで、上記の「損害賠償がなされるおそれのある状況」を広く解釈するとともに、保険契約者等の将来の保険請求を確保するための権利として構成すべきという見解が主張されている[36]。約款の解釈としては若干無理があるようにも思われるが、検討すべき課題であろう。

(21) 損害の防止軽減（約款21条）

① 保険契約者または被保険者は、被保険者に対して損害賠償請求がなされた場合または被保険者に対して損害賠償請求がなされるおそれのある状況を知った場合は、次のアおよびイの事項を履行しなければならない。
　ア　被保険者が第三者に対して求償できる場合は、求償権の保全または行使に必要な手続をすること
　イ　損害の発生および拡大の防止に努めること
② 保険契約者または被保険者が正当な理由なく上記①に違反した場合は、保険会社は次の金額を差し引いて、損害をてん補する。
　ア　上記①アに違反した場合は、第三者に損害賠償の請求をすることによって取得することができたと認められる額
　イ　上記①イに違反した場合は、発生または拡大を防止することができた

と認められる損害の額

⑫ 争訟費用・法律上の損害賠償金（約款22条）

①　保険会社は、必要と認めた場合は、損害賠償請求の解決に先立って、あらかじめ争訟費用を支払うことができる。ただし、被保険者は、既に支払われた争訟費用について、約款の規定によりてん補が受けられないこととなった場合は、支払われた金額を限度として返還しなければならない。
②　保険会社は、保険契約による防御の義務を負担しない。
③　被保険者は、あらかじめ保険会社の書面による同意がない限り、損害賠償責任の全部もしくは一部を承認し、または争訟費用の支払いを行ってはならない。この保険契約では、保険会社が同意した法律上の損害賠償金および争訟費用のみが損害としててん補の対象となる。
④　保険会社は、被保険者およびその他の者に対してなされた損害賠償請求に関する争訟費用と被保険者およびその他の者が連帯して支払う法律上の損害賠償金について同意した場合は、保険契約者、被保険者および保険会社は、被保険者およびその他の者各々が負担すべき金額の公正妥当な配分を決定するために協力するものとし、保険会社はその配分の決定に基づいて損害をてん補する。

⑬ 損害賠償請求解決のための協力（約款23条）

①　保険会社は、必要と認めた場合は自己の費用をもって、被保険者に対する損害賠償請求についての調査、調停、仲裁、和解または訴訟につき、被保険者に協力することができる。
　　この場合、被保険者は、保険会社の求めに応じ、協力し必要な情報を提供しなければならない。
②　被保険者が正当な理由なく①の保険会社の求めに応じない場合は、保険会社はそれによって被った損害の額を差し引いて損害をてん補する。

㉔ 保険金の請求（約款24条）

① 保険会社に対する保険金請求権は、次の時から発生し、これを行使することができる。

　ア　前記(3)①の法律上の損害賠償金に係る保険金については、被保険者が損害賠償請求権者に対して負担する法律上の損害賠償責任の額について、判決が確定した時、または裁判上の和解、調停もしくは書面による合意が成立した時

　イ　前記(3)②の争訟費用に係る保険金については、被保険者が負担すべき費用の額が確定した時

② 被保険者が保険金の支払を請求する場合は、次のアからオまでの書類または証拠のうち、保険会社が求めるものを提出しなければならない。

　ア　保険金請求書

　イ　被保険者が損害賠償責任を負担することを示す判決書、調停調書、和解調書または示談書

　ウ　被保険者の損害賠償金の支払およびその金額を証明する書類

　エ　被保険者が保険金を請求することについて、損害賠償請求権者の承諾があったことおよびその金額を証明する書類

　オ　その他保険会社が次の(25)①に定める必要な事項の確認を行うために欠くことのできない書類または証拠として保険契約締結の際に保険会社が交付する書面等において定めたもの

③ 保険会社は、損害賠償請求の内容、損害の額等に応じ、保険契約者または被保険者に対して、上記②に掲げるもの以外の書類もしくは証拠の提出または保険会社が行う調査への協力を求めることがある。この場合、保険契約者または被保険者は、求められた書類または証拠をすみやかに提出し、必要な協力をしなければならない。

④ 保険契約者または被保険者が、正当な理由なく上記③に違反した場合ま

第6章 会社役員賠償責任保険（D&O保険）

たは上記②もしくは③の書類に事実と異なる記載をし、もしくはその書類もしくは証拠を偽造・変造した場合は、保険会社はそれによって被った損害の額を差し引いて、損害をてん補する。
⑤　保険金請求権は、①に定める時の翌日から起算して3年を経過した場合は、時効によって消滅する。

㉕ 保険金の支払い（約款25条）

①　保険会社は、上記(22)②の手続を完了した日（以下「請求完了日」という）からその日を含めて30日以内に、次のアからオまでの事項の確認を終え、保険金を支払う。
　ア　損害賠償請求の原因、損害賠償請求の状況、損害発生の有無および被保険者に該当する事実
　イ　保険金が支払われない事由として保険契約に定める事由に該当する事実の有無
　ウ　損害の額および行為と損害との関係
　エ　保険契約において定める解除、無効、失効または取消しの事由に該当する事実の有無
　オ　アからエまでのほか、他の保険契約等の有無および内容、損害について被保険者が有する損害賠償請求権その他の債権および既に取得していたものの有無および内容等、保険会社が支払うべき保険金の額を確定するために確認が必要な事項
②　上記①の確認をするため、次のアからオまでに掲げる特別の照会または調査が必要な場合は、①にかかわらず、保険会社は請求完了日からその日を含めて次のアからオまでに掲げる日数（複数に該当するときはその最長の日数）を経過する日までに保険金を支払う[37]。この場合において、保険会社は、確認が必要な事項および確認を終えるべき時期を被保険者に通知するものとする。

ア 上記①アからエまでの事項を確認するための、警察、消防その他の公の機関による捜査・調査結果の照会　180日

イ 上記①アからエまでの事項を確認するための、専門機関による鑑定等の結果の照会　90日

ウ 災害救助法が適用された災害の被災地域における上記①アからオまでの事項の確認のための調査　60日

エ 上記①アからオまでの事項の確認を日本国内において行うための代替的な手段がない場合の日本国外における調査　180日

オ 損害賠償の内容もしくは根拠が判例もしくは他の事例に鑑み特殊である場合または行為と被保険者に対してなされた損害賠償請求について当事者間に争いがある場合において、上記①アからエまでの事項を確認するための、専門機関による鑑定等の結果の照会または関係当事者への照会　180日

③ 上記②アからオまでに掲げる特別な照会または調査を開始した後、②アからオまでに掲げる期間中に保険金を支払う見込みがないことが明らかになった場合は、上記期間内に保険会社は被保険者との協議による合意に基づき、その期間を延長することができる。

④ 上記①から③までに掲げる必要な事項の確認に際し、保険契約者または被保険者が正当な理由なくその確認を妨げ、またはこれに応じなかった場合は、これにより確認が遅延した期間については、①から③までの期間に参入しないものとする。

㉖ 代位（約款26条）

① 損害が生じたことにより被保険者が損害賠償請求権その他の債権（他の被保険者に対する債権を含む）を取得した場合において、保険会社がその損害をてん補したときは、その債権は被保険者から代位により保険会社に移転する。ただし、移転するのは、次のアまたはイのいずれかの額を限度

とする。
　ア　保険会社が損害の全額をてん補した場合
　　被保険者が取得した債権の全額
　イ　ア以外の場合
　　被保険者が取得した債権の額から、てん補されていない損害の額を差し引いた額
② 上記①イの場合において、保険会社に移転せずに被保険者が引続き有する債権は、保険会社に移転した債権よりも優先して弁済されるものとする。
③ 保険契約者および被保険者は、保険会社が取得する上記①の債権の保全および行使ならびにそのために保険会社が必要とする証拠および書類の入手に協力しなければならない。この場合、協力するために必要な費用は、保険会社の負担とする。

⑵⑺ 先取特権

① 損害賠償請求権者は、被保険者の保険会社に対する保険金請求権（前記(3)②の争訟費用に対する保険金請求権を除く。以下同じ）について、先取特権を有する[38]。
② 保険会社は、次のアからエまでのいずれかに該当する場合に、前記(3)①の法律上の損害賠償金について、保険金を支払うものとする。
　ア　被保険者が損害賠償請求権者に対してその損害の賠償をした後に、保険会社から被保険者に支払う場合。ただし、被保険者が賠償した金額を限度とする。
　イ　被保険者が損害賠償請求権者に対してその損害賠償をする前に、被保険者の指図により、保険会社から直接、損害賠償請求権者に支払う場合
　ウ　被保険者が損害賠償請求権者に対してその損害の賠償をする前に、損害賠償請求権者が上記①の先取特権を行使したことにより、保険会社か

ら直接、損害賠償請求権者に支払う場合
　エ　被保険者が損害賠償請求権者に対してその損害の賠償をする前に、保険会社が被保険者に保険金を支払うことを損害賠償請求権者が承諾したことにより、保険会社から被保険者に支払う場合。ただし、損害賠償請求権者が承諾した金額を限度とする。
③　保険金請求権は、損害賠償請求権者以外の第三者に譲渡することはできない。また、保険金請求権を質権の目的とし、または上記②ウ（先取特権の行使）の場合を除いて差し押さえることはできない。ただし、上記②アまたはエにより被保険者が保険会社に対して保険金の支払を請求することができる場合を除く。

㉘ 訴訟の提起・準拠法（約款28条、29条）

　この保険契約に関する訴訟は、日本国の内における裁判所に提起するものとする。この約款に規定のない事項は、日本国の法令に準拠する。

㉙ 特約条項

　主要な特約条項として、以下のものがある。なお、新保険法の施行に伴う約款の見直しで、会社法対応特約条項の重要部分（役員に関する読み替えおよび子会社に関する読み替えの規定）は普通約款に取り込まれ、残りの部分は供託金貸付特約条項として整理された。

①株主代表訴訟担保特約条項

　これについては既に説明したとおり、普通約款7条の規定に関わらず、株主代表訴訟によって被保険者が会社に対して法律上の損害賠償責任を負担する場合に被る損害をてん補するもので、必ず付帯される。

②知的財産訴訟に起因する損害賠償請求不担保特約条項

知的財産権が侵害されたことまたは侵害されるおそれがあることを理由として、会社役員に対して提起された損害賠償請求等の訴訟に起因する損害賠償請求に関わる損害をてん補しない。

③供託金貸付特約条項

被保険者に対して保険会社が責任を負うかぎりにおいて、上訴のときの仮執行を免れるため被保険者が供託した供託金相当額を、供託金に付されると同率の金利で被保険者に貸し付けることができる。

④公告費用担保特約条項

被保険者に対し株主代表訴訟が提起された場合において、
　ア　定款の定めに基づき取締役会が取締役の責任免除の決議を行った場合の責任軽減額の算定根拠
　イ　会社が取締役の責任追及等の訴えを提起しない理由
　ウ　訴訟告知を受けたこと
について、会社が株主に公告または通知する費用を負担することによって生じる損害をてん補する。

⑤訴訟対応費用担保特約条項

普通約款20条の通知の後に被保険者が負担する文書作成費用、証拠収集費用等で会社が事前に承認した費用を争訟費用に含める（社会通念上妥当な範囲で争訟費用の範囲を拡大する）。

⑥会社補償担保特約条項

役員の損害を会社が補償する場合に生じた会社の損害をてん補するもので、既に述べたように、国内では通常付帯されない。

⑦会社補助参加担保特約条項

株主代表訴訟で、会社が役員の側に補助参加した場合に、会社が負担する争訟費用をてん補するものである。

⑧執行役員担保特約条項・会計監査人担保特約条項・会計参与担保特約条項

被保険者となる役員の範囲に、執行役員、会計監査人および会計参与を含めるものである。

5. D&O保険を活用する際の留意事項

(1) 契約締結のための準備と交渉

契約者となる会社は、保険会社と契約を締結するにあたって、まずD&O保険で担保されるべき役員の損害賠償リスクについての状況を十分に把握する必要がある。その上で、保険会社から説明を受けた約款の内容を検討し、会社のニーズにあわせるようにする。また、D&O保険は保険会社のリスクが大きいため、保険契約者および被保険者の告知義務や通知義務の範囲が広いのでこの点についても十分注意する必要があろう。告知義務や通知義務に違反した場合には、保険会社から契約を解除されたり、被保険者が損害のてん補を受けられなくなることがある。交渉に入ると、保険会社からヒアリングを受け、資料の提出を求められるであろうが、将来のトラブルを避けるためリスクに対する認識を共通のものとすることが必要であり、できるだけ率直に意見交換し資料を提出することが望ましい。また、保険料等の設定はリスクの評価と微妙に関係するものであるから、会社の財務諸表を中心とする経営状況に加えて、株主、役員、職員の状況、コンプライアンス体制の現状をよく説明して交渉することが肝要である。交渉の内容、経緯は文書で記録

にとどめておけば、契約・約款の解釈の参考となるであろうし、万一のトラブルのときに役立つことになる。契約の締結にあたっては、保険でカバーされる範囲や役員の保険料負担割合など被保険者となる役員にその内容を周知徹底して理解を求めることも重要である。

(2) 保険会社の引受け

　保険会社が会社と交渉してD&O保険の引受け条件等を決定するにあたっては、会社の業績・財務状況等について、現状はもちろん、時系列で長期間の動向を分析し、あわせて会社の所属する業界の現状、同業他社との比較も分析する。一般的に、業績の悪い会社、業績の悪化している会社は役員に対する賠償請求のリスクが大きいからである。さらに、コーポレート・ガバナンス、コンプライアンス、リスク管理、子会社、関連会社、M&A、人事、労働組合、トラブル、訴訟等あらゆる角度から分析する。その上で役員の損害賠償リスクについて会社と認識をすり合わせ、保険金の金額、保険料、免責条項等必要な条件を盛り込んで保険契約を締結する。その際、保険会社はこれらの内容について、会社の担当者および担当役員には十分な説明を行うことが肝要である。

(3) 保険事故と保険金の支払

　保険事故の発生から保険金の支払までは、実務上最も重要かつ複雑な手続である。既に約款の説明で概略を述べたところであるが、基本的な手続として、損害賠償請求等の通知（約款20条）、保険金の請求（同24条）、保険金の支払（同25条）があり、さらに関連の手続として、被保険者、保険契約者による告知義務（同11条）、通知義務（同12条、20条）、保険会社による調査（同19条）などがあって、これらが十分に機能することを前提として、損害額、事実関係の正確かつ迅速な把握と保険金の円滑な支払が可能となる。

　また、請求事故方式により本来損害賠償請求のあった時点が事故日となる

が、損害賠償請求のおそれがあるとの通知を行った後に損害賠償請求が行われた場合は、おそれの通知を行った時点で損害賠償請求があったものとみなされる（同20条2項）ので、その時点で事故日となる。事故日において有効な保険契約が適用されることになるので注意する必要がある。

事故通知がなされると、保険会社は損害賠償請求の内容、てん補責任について調査を行うのが通例であり、被保険者はこれに協力する義務がある（同24条3項）。新保険法の施行に伴う約款の改定により、これらの調査の期間と保険金の支払時期について詳細な規定が置かれている（同25条）。また、和解等により被保険者が損害賠償責任の全部または一部を承認する場合は保険会社の同意が必要である（同22条3項）。争訟費用については、損害賠償請求の解決に先立って、必要に応じてその前払いが可能である(同22条1項)。

(4) 保険料の税務処理

保険料の税務処理については、普通約款部分を中心とする会社支払い部分は会社の経費として処理することができる。すなわち、第三者からの損害賠償請求で役員が損害賠償責任を負担する場合に会社が支払ったとしても、法人税基本通達9-7-16では「その損害賠償金の対象となった行為等が法人の業務の遂行に関連するものであり、かつ、故意または重過失に基づかないものである場合には、その支出した損害賠償金の額は給与以外の損金の額に参入する。」とされており、保険料の支払いもこれに準じて処理することが可能である。また、役員勝訴の場合は、第三者からの損害賠償請求でも株主代表訴訟でも役員が適正な業務の執行を行っていたので、会社が保険料を負担することに問題がない。したがって、会社の保険料負担が役員に対する給与として扱われて役員に所得税が課税されることはない（会社が源泉徴収する必要はない）ということである。

一方、株主代表訴訟担保特約の保険料については、原則として役員個人負担または役員報酬からの天引きとして処理される。これを会社負担とした場

第6章　会社役員賠償責任保険（D&O保険）

合には、役員に対して経済的利益の供与があったものとして、給与課税の対象とされることになる。

以上は、日本損害保険協会からの照会に対する国税庁課税部長回答（1994年1月20日付）により国税当局の見解として確認され、実務上定着した取扱いとなっている。

(5) 新保険法の施行および保険約款の改定

およそ100年ぶりの大改正となった新保険法の施行（2010年4月）は、D&O保険も含めて全ての保険契約、保険約款に及ぶものであり、各保険会社で約款の見直しが行われた。D&O保険は法人等の事業活動に伴って生じる損害をてん補するものであるから、新保険法への対応は任意とされている部分が多く、そのまま全て約款の改定につながるものではないが、できる限り法改正の趣旨を踏まえて実務上の要請に沿った約款の改定が行われた。

約款の詳細はすでに説明したが、約款は保険契約の内容となり、当事者はこれに拘束されることとなる（約款の拘束力）。これは、保険者の定める保険約款に基づき契約する旨表示された保険契約申込書に任意に署名して申込をした以上、約款により契約する保険契約者の意思が推定されるからである（大審院大正4年12月24日判決）[39]。

[注]

1) 保険の経済的要件は、リスク移転、リスク集積、リスク分散であるとされる（吉澤拓哉『保険の仕組み』5頁（千倉書房、2006年））が、リスク集積とリスク分散は保険会社が多数の被保険者のリスクを統合管理することによるのであって、個々の保険契約はリスクの移転を主たる目的とするものである。
2) 保険契約の場合、一般の第三者のための契約と異なり、受益の意思表示を必要とすることなく、被保険者は当然に当該保険契約の利益を享受する（新保険法8条参照）。もっとも、D&O保険では特約により被保険者が保険料の一部を負担することとされてい

231

るので、実際は同意が必要となる。
3) 石田満「会社役員の責任と保険」上智法学論集19巻2-3号41頁（1976年）。近藤光男「取締役の責任とその救済（二）」法学協会雑誌第99巻第7号99頁（1982年）。
4) 488 A.2d 858（Del.1985）。同判決は、会社の合併を決定した取締役会における取締役の説明が不十分として経営判断の原則の適用を否定した。近藤光男「取締役の責任保険と責任制限（一）」民商96巻6号4頁（1987年）。
5) 近藤光男「取締役の責任保険と責任制限（二完）」民商97巻1号42頁（1987年）。
6) 石田・前掲注(3)、西嶋梅治「米国における会社役員賠償責任保険」商事765号10頁（1976年）、近藤光男「取締役の責任を填補する保険に関する一考察」ジュリ752号98頁（1981年）、甘利公人「会社役員賠償責任保険(1)(2)」上智法学論集26巻1-2号（1983年）など。
7)「会社補償担保特約条項」も存在するが、もっぱら米国現地法人の役員が対象とされている。
8) 竹内昭夫「取締役の責任と保険」『会社法の理論Ⅱ』（有斐閣、1984年）、前田庸「商法等改正法案に関する質疑応答」商事1320号（1993年）。
9) 江頭憲治郎『株式会社法〔第2版〕』445頁（有斐閣、2008年）。
10) 近藤光男「取締役責任保険の保険料の支払い」商事1329号40頁（1993年）、小林秀之「株主代表訴訟の構造と役員賠償責任保険（下）」NBL533号28頁（1993年）、甘利公人『会社役員賠償責任保険の研究』171頁（多賀出版、1997年）。
11) 山下友信『逐条D&O保険約款〔山下友信〕』4-5頁（商事法務、2005年）。
12) 伊藤卓「新会社法施行に伴う会社役員賠償責任保険への影響」商事1774号76頁（2006年）。
13) 新保険法36条では、「法人その他の団体又は事業を行う個人の事業活動に伴って生ずることのある損害をてん補する損害保険契約」については、重要事項の片面的強行規定としての適用を緩和している。
14) ただし、米国における経営判断の原則と異なり、判断内容の合理性に一切踏み込まないというものではなく、裁量の範囲を逸脱するケースもありうる。江頭・前掲注(9)428-429頁。
15) 山下・前掲注(11)
16) 新しい会社法のもとでの子会社は、①他の会社等の議決権総数に対する自己（子会社・子法人等を含む）の計算において所有している議決権の割合が過半数である場合、②他の会社等の議決権総数に対する自己の計算において所有している議決権の割合が40パーセント以上であって、かつ、(a)自己と緊密な関係にある者が所有する議決権等を加えると過半数である、(b)他の会社等の取締役会等の構成員の過半数を自己の役員等が占

めている、(c)自己が他の会社等の重要な財務・事業の方針の決定を支配する契約が存在する、(d)他の会社の資金調達額の総額に対する自己が行う融資等の割合が過半数である等のいずれかである場合、③他の会社等の議決権総数に対する自己所有等議決権数の割合が過半数であって上記(b)または(c)に該当する、等の要件をみたすものである。(会施規3条)

17) 山下・前掲注(11)[洲崎博史]25頁。
18) 山下・前掲注(11)[洲崎博史]18頁。
19) これに対し、損害賠償請求を生じさせ得る事実の発生をもって保険事故とする方式を発生事故方式という。発生事故方式の場合は、損害賠償請求の原因となる事実が発生したときの保険で損害がてん補される。責任保険であっても、自動車保険などでは、発生事故方式が採用されている。
20) 20条2項の「損害賠償請求がなされるおそれのある状況」を狭く解すると、被保険者が通知したにもかかわらず契約の継続を拒否されて不利益をこうむる可能性が指摘されている。山下・前掲注(11)[洲崎博史]29-31頁。
21) 山下・前掲注(11)[山下友信]65頁。小林秀之=近藤光男編著『新版・株主代表訴訟体系』[淡路伸宏]424頁(弘文堂、2002年)。
22) 犯罪とは、刑法等に規定される構成要件に該当し、違法性(正当防衛等の違法性阻却事由がない)および有責性(責任能力、故意・過失の存在)が認められるものである。ここでは、刑法による詐欺罪、横領罪、贈収賄罪等の犯罪のほか、会社法、金融商品取引法、独占禁止法等により罰則適用となる犯罪を念頭においている。
23) 山下・前掲注(11)[洲崎博史]90頁。
24) 小林ほか・前掲注(20)[淡路伸宏]425頁。
25) 汚染物質とは固体状、液体状もしくは気体状のまたは熱を帯びた有害物質または汚染の原因となる物質をいい、煙、蒸気、すす、酸、アルカリ、化学物質および廃棄物等を含む。廃棄物には再生利用される物質を含む。
26) 核物質とは、核原料物質、特殊核物質または副生成物をいう。
27) 危険性には、放射性、毒性または爆発性を含む。
28) 甘利公人『会社役員賠償責任保険の研究』57頁(多賀出版、1997年)。
29) 山下・前掲注(11)[山本哲生]150頁。
30) 小林ほか・前掲注(20)[淡路伸広]421頁。
31) 新保険法4条は、「保険契約者又は被保険者になる者は、損害保険契約の締結に際し、損害保険契約によりてん補することとされる損害の発生の可能性に関する重要な事項のうち保険者になる者が告知を求めたものについて、事実の告知をしなければならない。」と規定して、告知義務を従来の自発的応答義務から改めて、質問応答義務として構成し

た。

32）この保険会社の解除権は、「（危険の増加に対応する保険料の引き上げで保険契約が継続できる場合であっても）保険契約者又は被保険者が故意又は重大な過失により遅滞なく前号の通知をしなかったこと」を解除の要件とする新保険法29条の規定に比べて、かなり広範なものとされている。

33）この保険会社の解除権は、新保険法30条（重大事由による解除）に対応している。すなわち、損害保険契約の存続を困難とする重大な事由がある場合に、保険者は契約を解除することができることとされた。

34）(20)②（約款20条1項）の通知を怠ると、(20)③（同20条2項）により保険者はてん補責任を免れ、さらに契約更改後に損害賠償請求がなされても前記(6)③（同6条3項）「保険期間の開始日において、被保険者に対する損害賠償請求がなされるおそれがある状況を知っていた場合」に該当しててん補責任を免れ、保険保護の空白が発生する可能性がある。

35）山下・前掲注(11)［甘利公人］204頁。

36）洲崎博史「会社役員賠償責任保険と取締役の法令違反」『龍田還暦論文集』399頁（有斐閣、1997年）。

37）新保険法21条では、保険給付を行う期限を定めた場合であっても、その期限が保険給付を行うために確認をすることが保険契約上必要とされるための相当の期間を超える場合は、その相当の期間を経過する日をもって保険給付を行う期限とされた。そこで、約款において相当な期間について具体的かつ詳細に規定したものである。

38）責任保険契約に基づく被保険者の保険金請求権は、被害者が損害をこうむることにより発生するもので、その保険金は本来被保険者が被害者に対して行う損害賠償に充てられるべきものである。ところが、被保険者が倒産すると破産手続等で保険金請求権は一般財産になり、他の債権者への弁済にも充てられて被害者が十分な救済―損害回復を受けられなくなるという問題が指摘されていた。そこで、新保険法22条において、責任保険契約の被保険者に対して損害賠償請求権を有する者(被害者)は被保険者の保険金請求権について法律上の優先権である先取特権を有することとされた。先取特権が与えられた結果、被保険者につき破産手続または再生手続が開始されたとしても、被害者は保険給付請求権につき別除権を有する者として優先的に権利行使ができる。日本生命保険生命保険研究会『解説保険法』［大串淳子］240頁（弘文堂、2008年）。なお、この規定は法律上の担保権を付与するものであるから強行規定とされている。萩本修『一問一答保険法』134頁（商事法務、2009年）。

39）約款の拘束力については、白地商慣習によるという説もあるが、山下友信『保険法』112頁（有斐閣、2005年）は、判例の考え方で十分であると指摘している。

第 7 章

その他の保険

　企業活動をめぐるビジネスチャンスには様々なリスクが表裏の関係で存在する。経営陣は大胆にビジネスチャンスに挑戦する一方で、リスクの発現可能性を極小化し、万一、リスクが顕在化した場合であっても、それによって生ずる企業の損害を最小限にとどめるべくその対策を講じておくことが求められる。
　今日、企業経営において、内部統制・マネジメントの専門性が深化を遂げつつある中で、リスクマネジメントも重要な経営課題の一つである。
　企業活動上のリスクを移転する方法として損害保険が広く活用されており、モノの損害に備える保険、賠償責任の負担に備える保険、取引先の破綻に備える保険、従業員の傷病に備える保険、そして前章で詳説した会社役員の責任に備えるＤ＆Ｏ保険などがあげられる。
　本章では、それらのうち比較的最近に開発・発売された「会社情報の開示に関する賠償責任保険」と「敵対的な企業買収に対応する費用保険」を取り上げ、その概要を紹介する。

第Ⅲ部　会社役員の経営上のリスクと保険

1. 序

前章においてD&O保険の内容を詳説したが、D&O保険は会社役員の業務執行過程において生じる可能性のある損害賠償リスク全般を保険カバーの対象としているため、その保険カバーの範囲は極めて広範である。一方、保険カバーの範囲が広範であるために、その免責事由も詳細かつ多岐に及んでいる。

そこで、本章では、会社経営上のリスクをカバーする保険のうち、保険カバーの範囲を限定的に特化した二つの保険、すなわち、「会社情報の開示に関する賠償責任保険」と「敵対的な企業買収に対応する費用保険」を取り上げ、その概要を紹介する。

2. 会社情報の開示に関する賠償責任保険

(1) 主たる保険カバー

近時、西武鉄道事件やライブドア事件のように、有価証券報告書等の虚偽記載を原因として、株主が株価下落などにより損害を被ったとして、会社役員などに対して不法行為等に基づく損害賠償を求めた事案において、その請求の一部を認容する裁判例が公表されている[1]。

有価証券報告書等のディスクロージャー資料に虚偽記載があったケースにおいて、会社およびその役員が投資家に対して負う損害賠償責任をカバーする保険として、上場会社を対象にした「情報開示賠償責任保険（又は会社情報開示賠償責任保険）」がある。

以下では、同保険について、損害保険会社のホームページ等において公表された内容[2]に基づいて概観する。

(2) 開発・販売の経緯

　2004年12月3日に施行された改正証券取引法（現　金融商品取引法）において、情報開示に関する有価証券発行者の民事責任について、従来の発行市場における民事責任にくわえて、流通市場における継続開示についても民事責任規定が明文化された（金商21条の2）。

　金商21条の2は、流通市場における有価証券発行者の継続開示に係る民事責任規定と投資家が被る損害額の推定規定を新設し、不実記載等に起因して株価が下落し、不実記載ある開示書類が公衆縦覧期間中に有価証券を取得した投資家に損害が生じた場合、当該会社はその投資家に対して法律上の損害賠償責任を負うこととなった（なお、発行市場における民事責任や損害賠償額は、金商18、19条に定めがある）。

　また、同法22条は、これらの責任を発行者だけではなく当該会社の役員にも課すこととした（発行市場における役員の責任は、金商21条に定めがある）。

　これにより、市場で有価証券を発行し流通させる会社とその役員は、投資家に対し投資判断に必要な情報を適時適切に開示することが強く求められ、従来にも増して「正確な情報」を「速やかに開示する」義務を負うこととなった。

　会社の情報開示に関する不祥事は従来から散見されたことから、「正確な情報」を市場に「速やかに開示する」ことは、企業の内部統制に関する体制構築の根幹の一つといってよく、昨今の内部統制の体制構築とリスクマネジメント強化といった社会環境の変化も踏まえて、本保険が開発された。

(3) 保険の概要

　情報開示賠償責任保険は、被保険者（会社・役員）が、日本国内において保険期間中に、有価証券報告書等の開示書類における不実記載や不実開示に

起因して、金商18条、21条、21条の2、22条に基づいて、当該会社または役員が当該会社の有価証券保有者から損害賠償請求を受けた結果、法律上の賠償責任を負担することによって被る損害をてん補する。

なお、情報開示賠償責任保険の保険契約者は会社（本保険の性質上、国内の有価証券市場に上場している会社が対象となる）であり、被保険者は会社およびその役員である。

①保険金額の設定

原則として、保険金額は1～5億円の範囲内で設定する。

②免責金額等の設定

原則として、縮小てん補割合95％、1事故につき免責金額10万円を設定する。

③支払われる保険金の概要

D&O保険と同様に、判決または和解に基づく損害賠償金と争訟費用（訴訟費用、和解・調停費用、弁護士報酬、調査費用等）が保険金額の範囲内で支払われる。

④主要な免責事由

(a)被保険者（会社・役員）、被保険者の親会社またはその役員の故意
(b)被保険者（会社・役員）、被保険者の親会社またはその役員の犯罪行為
(c)被保険者（会社・役員）、被保険者の親会社またはその役員が法令違反を認識しながら行った行為
(d)身体障害、財物損壊を理由とする損害賠償請求

(4) D&O保険との調整

　会社情報の開示に関する損害賠償責任に係る保険カバーは、D&O保険と情報開示賠償責任保険との間では重複する関係にあるが、以下の点において両者の調整が行われる。

①D&O保険は役員を被保険者とするものであるため、会社情報の開示に係る損害賠償請求が会社のみに対してなされた場合には、情報開示賠償責任保険の保険カバーのみが機能する。

②会社情報の開示に係る損害賠償請求が役員のみに対してなされた場合、D&O保険と情報開示賠償責任保険の双方の保険カバーが適用される可能性がある。この場合、D&O保険には同一のリスクを担保する他の保険があるときには他の保険が優先適用される旨の約款規定がある（D&O保険10条）ことから、情報開示賠償責任保険が先に適用されることになる。

③会社情報の開示に起因して、役員に対して責任追及の訴えが提起された場合にはD&O保険のみが適用対象となる。情報開示賠償責任保険は、会社情報の開示に起因して「投資家が被った損害」に係る賠償責任を保険カバーの範囲としており、「会社が被った損害」に係る賠償責任は保険カバーの対象としていないからである。

④情報開示賠償責任保険では、役員のうちの一人でも故意・犯罪行為等が存する場合には全体として免責となる。一方、D&O保険では役員の有責・免責は役員個々に適用されるため、故意・犯罪行為等が存しない役員を名宛人とした損害賠償請求は有責として扱われる。

3. 敵対的な企業買収に対応する費用保険

(1) 主たる保険カバー

　敵対的な買収が行われた際、それに対抗するため必要な費用を保険カバーの対象としている。

　この意味で、D&O保険や情報開示賠償責任保険が、会社または会社役員の損害賠償リスクを保険カバーの目的としていたのに対して、本保険は損害賠償責任の存否を問題としていない点で、保険の性質が異なる。

　以下では、同保険について、損害保険会社のホームページ等において公表された内容[3]に基づいて概観する。

(2) 開発・販売の経緯

　会社法施行後、新株予約権を活用したいわゆるポイズンピルの導入、拒否権付き株式（黄金株）の発行、事前警告型ライツプランの導入など、企業価値を毀損するおそれがある敵対的な企業買収に対する防衛策の導入例が散見された。

　こうした社会環境を踏まえて、会社が敵対的な買収を目論む者に対抗するため必要な費用を保険カバーする保険商品が開発された。

(3) 保険の概要

　保険期間中に、被保険者（上場企業）を対象にした「敵対的TOB」が開始された場合、当該企業の企業価値または株主共同の利益が害されることを防ぐため、敵対的TOBに対抗するために講ずる必要かつ相当な対抗策実施のための費用のうち、以下に示す費用を保険カバーする。

　ただし、敵対的TOBが開始されたときから180日以内に発生したもので、

この期間に対応する費用であって、かつ、保険会社が認めた費用に限る。なお、被保険者がTOBに賛同したとき、または公開買付者が当該TOBを撤回したとき以降に発生する費用は除かれる。

①保険カバーの対象となる費用
　(a)敵対的TOB調査費用
　　（例）提案内容やTOB価格などの検証費用
　(b)差止請求争訟費用
　(c)弁護士・法律事務所、公認会計士・監査法人、証券会社、危機管理会社等の外部の専門機関に支払うコンサルティング費用
　　（例）フィナンシャルアドバイザリー費用
　(d)敵対的TOBを行った者に対抗するために必要な決議を行う目的で開催する臨時株主総会の開催費用
　(e)株主に対して被保険者の意見表明を行うための費用
　(f)委任状闘争（プロキシーファイト）を実施するための費用
　(g)広報費用・通信費用・文書作成費用・対策本部設置費用

なお、公開買付者がその公告前に敵対的TOBの条件を被保険者に対して提示している場合で、損害保険会社が認める場合は、敵対的TOBが開始された日の30日前から敵対的TOBが開始された日までに被保険者が負担した上記の費用でこの期間に対応する費用は、敵対的TOBが開始された時に生じたものとみなされ保険カバーの対象になる。

②保険カバーの対象とならない費用
　(a)株券等を購入するために要した費用
　　（例）逆買収（パックマンディフェンス）、防戦のための自社株取得
　(b)株券等を発行、分割、付与・信託・譲渡・行使、貸借するために要した

費用
　　（例）新株予約権の発行
(c)違約金、その他契約に基づく責任を履行するために要する費用
(d)役職員に対する報酬、給与または退職金
　　（ゴールデンパラシュートなど敵対的TOBの防衛策の発動により発生する退職金を含む）
(e)配当に要する費用
　　（例）増配
(f)その他防衛策自体を発動するために要する費用
(g)正当理由なく、通常の措置にかかる費用以上に要した費用

③保険金額の設定

原則として、1～5億円の範囲内（1億円単位）で設定される。

④免責金額の設定

原則として、縮小てん補割合95％が設定され、免責金額の設定はない。

⑤主な免責事由

(a)被保険者の親会社を公開買付者とする敵対的TOBに起因する損害
(b)前記②の「対象とならない費用」を負担することによって被る損害
(c)役員に対する責任追及の訴えに起因する損害
(d)被保険者が法律上の賠償責任を負担することによって被る損害
(e)保険期間開始日において敵対的TOBが開始される恐れがあることを保険契約者、被保険者が知っていた場合（知っていたと合理的に判断される場合を含む）

(4) 保険契約上の留意事項

　保険事故発生時の損害拡大防止の観点から、契約者・被保険者となる企業は、本保険を締結していることについてPR（ピーアール）してはならない。

[注]

1)　西武鉄道事件の裁判例として東京高判平成21・2・26判時 2046号40頁・東京高判平成21・3・31金判1316号2頁があるほか、ライブドア事件の裁判例として東京地判平成21・5・21判時2047号36頁がある。
2)　各損害保険会社のホームページ上で概要が紹介されているが、本章では損害保険ジャパン社（http://www.sompo-japan.co.jp/news/200509221846.html）の概要紹介を参照した（2010年1月12日現在）。
3)　各損害保険会社のホームページ上で概要が紹介されているが、本章では損害保険ジャパン社（http://www.sompo-japan.co.jp/news/200605101659.html）の概要紹介を参照した（2010年1月12日現在）。

索 引

あ

委員会設置会社 31, 35
委員会等設置会社 30
意見陳述義務 38
意見表明報告書 164, 187
委任状闘争（プロキシーファイト） 241

裏取引や資金提供の禁止 145
上乗せ保険契約 212

海老晃農水損害賠償事件 27
MBO（Management Buyout） 158
MBO指針 176
MBO報告書 174, 176

か

解雇無効確認 109
会社法制 200
会社役員賠償責任保険 196
外部専門機関との連携 145
外部調査委員会 136
過失相殺 131
カネボウ事件 184
株式の客観的価値 169, 170
株主総会参考書類 33
株主代表訴訟 196, 199
株主代表訴訟制度 39
株主代表訴訟担保特約 199
株主代表訴訟担保特約条項 197, 211
株主の権利行使 129
監査役設置会社 35
監視・監督義務 59, 60, 70

監視義務取締役の責任 25
管掌取締役 23
間接暴力 141
鑑定費用 183
管理運用体制 109

危機管理行動チェックリスト 100
企業価値研究会 177, 189
企業が反社会的勢力による被害を
防止するための指針 144
企業行動憲章 96
企業統治 20
企業統治研究会 20
企業年金連合会 42
企業倫理違反行為 109
企業倫理ヘルプライン 96
共栄商会事件 27
業務執行取締役 22
業務執行報告 68
金融庁の各業者向けの総合的な監督指針 147
金融庁監督指針 148
金融庁金融審議会金融分科会 20

経営判断（の）原則 28, 76-78, 106, 142, 201
継続開示 237

コーポレート・ガバナンス報告書 146
公営住宅 150
公益通報 112
公益通報者保護法 96
公正な価格 170, 191
行動規範 146

神戸製鋼所株主代表訴訟事件............80,124
合理的根拠............................107
告知義務..............................213
国土交通省............................149
コニカミノルタ株式会社.................41
コンプライアンス......................108
コンプライアンス委員会................102
コンプライアンス体制...................95

さ

サーベンス・オクスリー法...............20
サイバード事件........................189
サイバードホールディングスの
株式取得価格決定申立事件..............175
債務不履行責任........................110
債務不履行の一般原則...................21
サンスター株式会社の
株式取得価格決定申立事件..............175

市営住宅条例..........................150
事業報告...............................33
自浄作用...............................95
執行役員制.............................38
社外監査役.............................29
社外通報窓口..........................102
社会的責任............................108
社会的非難を浴びて信用を
失墜するリスク........................122
社外取締役.............................29
社内規則..............................146
社内取締役.............................32
蛇の目ミシン工業株主代表訴訟事件......128
シャルレ事件..........................165
縮小てん補割合........................212

取得価格..................169, 170, 175, 180
情報開示賠償責任保険
（又は会社情報開示賠償責任保険）........236
情報の非対称性....................159, 181
信義則による責任の制限................132
信認関係...............................26
信頼の権利..........................60, 80
信頼の抗弁.............................60

スクイーズ・アウト....................168
スルガコーポレーション事件............134

請求事故方式..........................205
誠実な行動............................107
責任軽減制度...........................45
責任限定契約...........................44
責任限度額.............................44
説明責任...............................43
善管注意義務................21, 200, 201
善管注意義務違反................103, 142
全国銀行協会..........................148
先取特権..............................225
全部取得条項付種類株式......169, 175, 180

組織としての対応......................145
争訟費用..................202, 205, 206, 221
訴訟委員会.............................39
損害額の推定規定......................237
損害賠償金............................202
損害賠償請求......................197, 205
損害賠償責任..........................111

た

大規模第三者割当増資...................39

第三者責任	161
第三者特別委員会	39
第三者に対する任務懈怠行為	202
大和銀行株主代表訴訟事件	28, 61, 85, 92
拓銀栄木不動産事件	73, 78
拓銀カブトデコム事件	72, 77, 87
ダスキン株主代表訴訟事件	33, 61, 81, 83, 87, 98
妥当性監査	42
田原睦夫裁判官	174
忠実義務	129, 201
通知義務	214
D&O保険	196, 201
敵対的TOB	240
敵対的な企業買収	240
適法性監査	42
デュープロセス	153
てん補責任限度額	211
登記事項	34
東京証券取引所	146
東京電力株主代表訴訟事件	80
匿名通報	102
独立社外取締役	20
独立性要件	43
独立責任額全額方式	213
独立当事者間取引	177
トナミ運輸事件一審判決	109
取締役の裁量	74, 79, 88
取締役の忠実義務	200
取締役の任務懈怠責任	201
取引を含めた一切の関係遮断	145

な

内部通報制度	86, 95
内部通報制度構築・監視義務	98
内部統制システム	28, 60, 62-64, 68, 70, 72, 83, 85, 86
内部統制システム構築義務	58, 61, 67, 83
内部統制システムのフェーズ	64
馴れ合い訴訟	209
日本経団連	42
日本システム技術事件	94
日本取締役協会	42
ニューヨーク証券取引所	20
任務懈怠	21
ネオ・ダイキョウ株主代表訴訟事件	32

は

買収防衛策	39
賠償責任請求	196
賠償責任リスク	196
パラダイムシフト	152
犯罪行為	207, 208
犯罪対策閣僚会議	144
反社会的勢力の排除	149, 150
反社会的勢力リスク	122
反社会的勢力リスク管理体制	123, 152
非訟	180, 190
非侵害利益	141
被保険者	197, 204

フェーズ	65, 67-72, 83, 85, 87
不実記載	237
不祥事公表義務	104
付随義務違反	111
普通保険約款	197, 199
不動産取引	149
不当要求を受けるリスク	122
不利益処分	101
プリンスホテル損害賠償請求事件	138
プレミアム	169, 173, 175
プロセス管理	153
弊害防止措置	167, 178
米国証券取引委員会	20
弁護士法違反	134
法的義務	107
法律上の損害賠償金	206
暴力団排除条項	148, 150
暴力団排除条例（福岡県）	150
法令に違反する行為	207, 208
他の保険契約	212
保険期間	206
保険契約者	197, 203
保険契約を解除	213
保険事故	204
保険者	197, 203
保険法	200
保険料	197
保険料の税務処理	230
補足意見	174

ま

免責金額	211, 212
免責事由	207
免責条項	207
モニタリング	67, 70

や

ヤクルト株主代表訴訟事件	62, 82, 84
有価証券報告書等の虚偽記載	236
有事における民事と刑事の法的対応	145
吉本興業株式会社の意見表明報告書	189

ら

利益相反構造	166
利益相反取引	207
リスク管理体制	61, 63, 81, 84, 85, 93
倫理規定	146
レックスホールディングス事件	168
レピュテーションリスク	24, 97, 152

判 例 索 引

昭和

最判昭和44・11・26民集23巻11号2150頁…162
最判昭和44・11・26民集23巻11号2159頁…50
最大判昭和45・6・24民集24巻6号625頁…201
最判昭和45・6・24民集24巻6号625頁…186
最決昭和48・3・1民集27巻2号161頁…176
最判昭和48・5・22民集27巻5号655頁…50, 59
最判昭和48・5・22民集27巻5号655頁…162
札幌地判昭和51・7・30判時840号111頁…50
東京地判昭和55・4・22判時983号120頁…51
最大判昭和56・12・16民集35巻10号1369頁
………………………………………………190
大阪地判昭和59・8・17判タ541号242頁…51
最判昭和59・10・4判タ548号133頁……184

平成元〜10年

最判平成元9・21集民157号635号……………180
最判平成2・11・8判時1372号131頁…………190
東京地判平成5・9・22判時1469号25頁……49
神戸地裁尼崎支判平成7・11・17
　金判1106号15頁………………………………51
東京地判平成8・6・19判タ942号227頁……51
東京高判平成8・12・11金判・1105号23…50
東京地判平成9・5・22労判718号17頁……119
最判平成9・9・9判時1618号138頁……187
大阪高判平成10・1・20金判1106号9頁……51

平成11〜15年

東京地判平成11・3・4判タ1017号215頁…80
大阪高判平成11・6・17金判1088号38頁…186
最判平成12・7・7民集54巻6号1767頁…50
最判平成12・10・20金判1106号23頁……52

大阪地判平成12・9・20金判1101号3頁………51
大阪地判平成12・9・20判タ1047号86頁
………………………………………………80, 81
大阪地判平成12・9・20判時1721号3頁………92
東京高判平成15・3・27判タ1133号271頁…155
大阪地裁堺支判平成15・6・18
　判タ1136号265頁……………………………119
大阪地裁堺支判平成15・6・18労判855号22頁
………………………………………………119

平成15〜20年

東京地判平成16・5・20判時1871号125頁…51
最判平成16・7・1民集58巻5号1214頁………190
東京地判平成16・12・16判時1888号3頁…118
東京高判平成17・1・18金判1209号10頁…187
東京地判平成17・2・10判時1887号135頁…51
富山地判平成17・2・23判時1889号16頁
………………………………………………9, 119
最二小判平成18・4・10民集60巻4号1273頁
………………………………………………10, 155
大阪高判平成18・6・9資料版商事268号79頁
………………………………………………51
大阪高判平成18・6・9判タ1214号115頁…82
大阪高判平成18・6・9判時1979号115頁
………………………………………………8, 114
東京地決平成19・12・19判タ1268号272頁169
最二小判平成20・1・28判タ1262号56頁…87
最二小判平成20・1・28判タ1262号63頁…7, 87
最二小判平成20・1・28判タ1262号69頁…7, 87
東京地決平成20・3・14判時2001号11頁…184
東京高判平成20・4・23金判1292号14頁
………………………………………………10, 155

249

東京高判平成20・5・21判タ1281号12頁……114
東京高判平成20・5・21判タ1281号274頁
　………………………………………………51, 82
東京高決平成20・9・12金判1301号28頁……169

平成21年

東京高判平成21・2・26判時 2046号40頁……243
東京高判平成21・3・31金商1316号2頁……243
東京地決平成21・3・31金判1315号26頁……191

東京地判平成21・5・21判時2047号36頁……243
最決平成21・5・29金判1326号35頁……159, 174
最一小判平成21・7・9判タ1307号117頁……85
最判平成21・7・9判時2055号147頁…………94
東京地判平成21・7・28判時2051号3頁……155
大阪高決平成21・9・1金判1326号20頁
　………………………………………………159, 175
東京地決平成21・9・18金判1329号45頁……175

【執筆者紹介】〈執筆順〉

亀井洋一（かめい・よういち）〔第2章〕
　弁護士（あさひ法律事務所パートナー）、青山学院大学大学院非常勤講師。
　東京大学法学部卒業。
　【主要著作】
　『コンメンタール信託法』共著（ぎょうせい、2008年）
　「金融機関の顧客情報と職業の秘密」（NBL876号、2008年）ほか

田島正広（たじま・まさひろ）〔第3章〕
　弁護士、弁理士（田島総合法律事務所 所長）、慶應義塾大学大学院非常勤講師。
　早稲田大学法学部卒業。
　【主要著作】
　『個人情報保護法と金融機関（三訂版）』（経済法令研究会、2010年）
　『インターネット法律相談所―ネットトラブルQ&A』共編著（リックテレコム、2004年）ほか

竹内　朗（たけうち・あきら）〔第4章〕
　弁護士（プロアクト法律事務所）、國學院大學法科大学院兼任講師。
　早稲田大学法学部卒業。
　【主要著作】
　『反社会的勢力リスク管理の実務』共編著（商事法務、2009年）
　『最新 金融商品取引法ガイドブック』共編著（新日本法規出版、2009年）ほか

内山美穂子（うちやま・みほこ）〔第5章〕
　弁護士（うちやま法律事務所）。
　一橋大学大学院国際企業戦略研究科経営法務専攻修士課程修了、修士（経営法）。
　【主要著作】
　『不正競争防止法コンメンタール』共著（レクシスネクシス・ジャパン、2004年）ほか

比護正史（ひご・せいし）〔第6章〕
　弁護士（㈱損害保険ジャパン 顧問）。
　一橋大学大学院国際企業戦略研究科経営法務専攻修士課程修了、修士（経営法）。
　【主要著作】
　『行政財産の実務』共編著（大蔵財務協会、1997年）
　「重要判例解説③店舗総合保険契約」（ほうむ56号、2010年）ほか

田爪浩信（たづめ・ひろのぶ）〔第7章〕
　㈱損害保険ジャパン 文書法務部部長、日本大学法学部非常勤講師。
　一橋大学大学院国際企業戦略研究科経営法務専攻博士後期課程修了、博士（経営法）。
　【主要著作】
　『会社法の基礎知識』共著（学陽書房、2009年）
　「責任保険契約における被害者の先取特権－保険法22条1項の意義と課題－」（日本法学75巻3号、2010年）ほか

【編集協力者】

橋本　円（はしもと・まどか）
　弁護士（ブレークモア法律事務所パートナー）。
　東京大学大学院法学政治学研究科総合法政専攻博士課程修了、博士（法学）。

【編著者紹介】

小林　秀之（こばやし・ひでゆき）〔編者、序章〕

一橋大学大学院国際企業戦略研究科教授、
弁護士、ブレークモア法律事務所パートナー。
東京大学法学部卒業後、東京大学助手、上智大学教授、
上智大学大学院教授を経て、現職。
この間イェール大学ロースクール客員研究員、ミシガン大学ロースクール
客員研究員等も務める。財務省財政審議会専門委員等を歴任。

【主要著書】
『クロスオーバー民事訴訟法・刑事訴訟法（第3版）』共著（法学書院、2010年）
『国際民事訴訟法』共著（弘文堂、2009年）
『株主代表訴訟とコーポレート・ガバナンス』共著（日本評論社、2008年）
『ケースで学ぶ民事訴訟法（第2版）』（日本評論社、2008年）
ほか多数。

高橋　均（たかはし・ひとし）〔編者、第1章〕

㈳日本監査役協会常務理事、一橋大学大学院非常勤講師。
一橋大学大学院国際企業戦略研究科経営法務専攻博士後期課程修了、
博士（経営法）、修士（法学）。
1980年新日本製鐵㈱入社。監査役事務局部長を経て、現職。

【主要著書】
『監査役監査の実務と対応（第2版）』（同文舘出版、2009年）
『最新金融商品取引法ガイドブック』共編著（新日本法規出版、2009年）
『株主代表訴訟の理論と制度改正の課題』（同文舘出版、2008年）
『企業集団の内部統制』編著（学陽書房、2008年）
ほか多数。

（検印省略）

平成22年4月10日　初版発行　　　　　　略称：役員責任

会社役員の法的責任と
コーポレート・ガバナンス

編著者	©	小林　秀之 高橋　均
発行者		中島　治久

発行所　**同文舘出版株式会社**

東京都千代田区神田神保町1-41　〒101-0051
営業（03）3294-1801　編集（03）3294-1803
振替 00100-8-42935　http://www.dobunkan.co.jp

Printed in Japan 2010　　　　　　製版　ダーツ
　　　　　　　　　　　　　　　印刷・製本　三美印刷

ISBN978-4-495-46421-9